영 포티,
X세대가
돌아온다

영 포티, X세대가 돌아온다

이선미 지음

young forty

밀레니얼, 90년생보다 지금 그들을 주목해야 하는 이유

앤의 서재

X세대를 알아야 대한민국이 보인다

#1

나는 트렌드의 속도가 가장 빠른 분야 중 하나인 패션업계에서 일한다. 대한민국을 강타한 MZ세대에 대한 관심은 패션계도 예외가 아니다. 그러다 보니 몇 년 전부터 MZ세대에 대한 트렌드 서적과 기사, 아티클을 꼼꼼히 챙겨보는 게 중요한 업무가 됐다. 글로만 배워서는 제대로 알 수 없는 법. MZ세대가 많이 본다는 SNS 계정을 팔로우하고, 그들이 모여 있는 메신저 오픈채팅방에 잠입해 실제 대화를 엿보기도 한다. 그러던 어느 날, '현타(현실 자각 타임)'가 왔다. '이게 진짜 맞는 걸까?'

마케팅 현업에서 실제로 벌어지는 현상은 트렌드 서적과 달랐다. 이른바 '힙Hip함'은 MZ세대의 전유물이 아니었다. MZ세대를 겨냥한 프로모션에 가장 적극적으로 반응하는 사람들은 이른바 X세대라고 불리는 40대였다. 너무 과감해서 나도 차마 못 입을 것 같은 옷을 망설임 없이 구매하는 고객도 X세대였다. '내가 마케팅을 잘못 하고 있는 건가?' 반성도 해봤다. 타사의 데이터와 다른 업종의 자료들도 살펴봤다. 그리고 결론에 도달했다. '판을 움직이는 건 X세대다.'

그들은 가장 빠르게, 가장 최신의 수단을 사용해서, 가장 트렌디한 상품을, 가장 왕성하게 구매하고 있었다. MZ세대의 라이프스타일이라고 불리는 현상을 관찰해보면 어김없이 X세대가 동참했다. MZ세대만 반응하는 트렌드는 반짝 했다 사라지는 유행에 그치는 일이 부지기수다. 반면, X세대까지 반응하는 트렌드는 이른바 메가트렌드가 되어 대한민국을 움직였다. 떠들썩하게 등장한 MZ세대에 이목을 빼앗긴 사이, 이렇듯 X세대는 수면 아래에서 판을 움직이고 있었다.

#2

현업의 마케팅이라는 것은 귀에 걸면 귀걸이, 코에 걸면 코걸이기에 여러 가지 잡일이 많다. 업무의 경계가 불명확한 일들이 내가 맡은 마케팅 부서로 넘어오는 일이 잦았다. 주로 X세대 팀장인 그들은 이런 말을 하면서 업무를 넘기곤 했다. "저 우리팀 애들한테 이런 것까지는 못 시켜요." 능력 만땅, 자신감 넘치는 그들도 팀원들 앞에선 작아지곤 했다.

그러고 보니 가장 늦게까지 남아 야근하는 것도 X세대 팀장들이다. 트렌드는 급변하고 매일 새로운 것들이 나타난다. 회사의 기대는 점점 커지고 그만큼 할 일도 많아졌다. 그렇지만 예전처럼 팀원들에게 업무를 시킬 수는 없다. 이른바 90년대생들이 사무실에 들어오면서부터다.

"까라면 까"라는 말을 들으면서 사회생활을 시작했던 X세대가 이제 중간관리자가 되어 '소확행'을 추구하는 MZ세대를 이끌고 일한다. 예전에 선배들이 했던 것처럼 과중한 업무를 줬다간 "퇴사하겠습니다"란 말이 돌아온다. 차마 팀원에게 시킬 수 없어 남은 업무를 부여잡고 늦은 밤 사무실에 홀로 남아 야근을 하는 것이다. '어디 하소연할 곳도 없고, 저 사람들 참 힘들겠구나.' 보고 있으면 한숨이 절로 나온다.

개인적으로 매우 인상 깊었던 위 두 가지 풍경이 X세대에 관심을 갖고 들여다보게 된 계기다. 그들은 현재 대한민국에서 가장 파워풀한 소비자 집단이다. 인구도 많고 경제력도 탄탄하다. 그냥 돈을 많이 쓰는 것이 아니라 가장 최신의 트렌드를 소비한다.

수동적 소비자에 그치지 않는다. 현재 가장 트렌디한 것을 만들어내는 문화 콘텐츠 제작자, 인플루언서, 경영자에 X세대가 다수 포진해 있다. X세대가 만들어낸 콘텐츠와 비즈니스에 MZ세대가 열광한다. 트렌드뿐인가. 현재의 정치 지형을 만들어낸 것도 첫 투표를 시작한 이래 꾸준히 진보 성향을 유지해온 40대의 유권자 파워다.

그럼에도 X세대에 대한 평가는 제대로 이루어진 적이 없다. 개개인이 대한민국 최고의 실력자들이지만 집단으로서의 X세대는 사회적으로 소외됐다는 느낌을 갖는다. 몇 년 전부터 불어닥친 MZ세대 열풍에 밀려 X세대는 세대 담론의 주인공이 될 기회를 놓쳤다. 나이는 마흔을 훌쩍 넘겼어도 마음은 여전히 청년인데, 후배 세대에게는 꼰대 취급 받는다. 그간 쌓아온 그들의 경험이 "라떼는 말이야"라며 비웃음의 대상이 됐다. X세대는 웃음거리가 되기보단 입을 닫는 쪽을 선택했다. 자신만만하고 패기 넘쳤던 그들이 언젠가부터 위축되고 소극적으로 변하기 시작했다.

X세대는 사회에서 소외됐다고 느끼지만 이를 공개적으로 토로할 만큼의 자신감은 없다. 이는 X세대의 특성에서 기인한다. X세대의 선배 세대는 민주화를 위해 집단적으로 연대했던 경험이 있다. 후배 MZ세대는 SNS를 통해 불특정 다수와 연대하는 데 익숙하다. X세대의 선배 세대와 후배 세대 모두 자신들의 요구를 주장하는 목소리를 집단적으로

내고 그것을 관철시켜본 경험이 있다. 반면 X세대는 그들을 대표하는 슬로건이 '난 나야'인 만큼 개인주의적인 특징을 가지고 있다. 똘똘 뭉쳐 자신들의 목소리를 집단적으로 내본 경험이 없다.

왜 우리는 지금 X세대에 대해 이야기해야 할까? X세대가 우리 사회에서 실질적인 영향력을 행사하고 있기 때문이다. 정치, 경제, 문화 등 모든 분야에서 리더 자리에 오르며 권력을 잡기 시작했다. 대한민국 인구의 16%를 차지하는 거대한 소비자 집단이자 유권자 집단이기도 하다. 게다가 기존의 중년 세대와도 확연히 다르다. 그래서 '영 포티Young Forty'라고 불린다.

이제 대한민국을 움직이는 세대는 X세대다. 그런데 이 세대에 대한 우리 사회의 이해도는 현저히 낮다. 아직도 X세대의 이미지는 1990년대에 머리를 노랗게 물들였던 오렌지족에 머물러 있다. 이래선 파워풀한 소비자이자 유권자인 X세대를 제대로 공략할 수 없다.

MZ세대의 일하는 법을 다루는 모든 논의는 조직 내 세대 갈등을 해결할 적임자로 X세대를 지목하며 마무리된다. 그런데 X세대가 어떻게 일하는지에 대해서는 아무도 관심이 없다. 조직 내에서 그들이 어떻게 성장했는지, 무슨 생각을 가지고 일하는지, 어떤 고충을 느끼는지 모른다. 그러면서 '선배 세대와 후배 세대를 연결하는 가교가 되라'고 한다. 이러한 주문이 실질적인 성과가 없는 공허한 메아리에 그치는 이유다.

문제는 X세대 본인들도 스스로에 대해 잘 모르고 있다는 점이다. 실질적으로 대한민국을 움직이는 세력이 되었는데 그들은 아직도 소외되어 억울한 '낀 세대'로 스스로를 평가절하하고 있다. 소비자로서 기업에 나를 위한 제품과 서비스를, 유권자로서 나를 위한 정책을 요구해도 될 만큼 파워풀한 집단임을 자각해야 한다. 조직 내에선 자신이 성장한 배경을 짚어보고 후배 세대와 내가 어떻게 다른지, 선배 세대와 내가 어떻게 다른지 알아야 한다. 그래야 세대 갈등을 해결하고 조직의 차세대 리더로 올라설 수 있다.

X세대는 이제 우리 사회를 바꿀 힘을 가지게 됐다. 가진 힘을 제대로 알아야 그 힘을 쓸 수 있다. 이들은 이제 곧 우리 사회의 기득권을 차지하는 세대가 된다. 역사상 후배 세대를 가장 잘 이해하는 선배 세대이기도 하다. X세대가 대한민국의 헤게모니를 쥐기 시작한 지금부터가 IMF 이후 한국 사회의 고질적인 문제가 된 양극화를 구조적으로 개선할 수 있는 기회다. 이를 통해 곧 닥칠 초고령화 사회에서 윗세대를 부양해야 하는 후배 세대의 부담을 덜어줘야 한다. 이는 곧 사회의 어른이 되는 세대로서의 의무이기도 하다.

나는 운이 좋게도 사회생활을 하며 좋은 선배들을 많이 만났다. 특히 방향을 잃었을 때 길을 알려주고, 자존감이 바닥을 칠 때 손을 내밀어준 건 모두 X세대 선배들이었다. 닮고 싶은 유능한 롤모델이었다. 이 책은 그들에게 받은 도움에 보답하는 하나의 방법이다. 최근 몇 년 사이 유독 의기소침해진 X세대 선배들에게 당신들은 충분히 중요하고 많은 것을 이루었으며 그만큼 대접받을 자격이 있다는 이야기를 하고 싶었다.

그래서 이 책을 누구보다도 X세대 본인에게 권한다. 이 책을 통해 X세대가 자신들의 중요성을 깨닫고 자존감을 되찾는 계기로 삼았으면 한다. 뿐만 아니라《영 포티, X세대가 돌아온다》는 거대한 소비자 집단인 X세대를 공략해야 하는 마케터, 이들의 마음을 얻어야 하는 정치 집단,

X세대와 함께 일하는 선배와 후배들, X세대를 통해 조직 내 세대 갈등을 해결하고자 하는 기업의 인사담당자와 리더에게도 유용할 것이다.

원고를 쓰는 내내 저녁 끼니를 챙겨주는 것으로 묵묵히 응원을 대신한 나의 X세대 남자친구에게 고마움을 전한다. 그리고 어린 시절 작가가 꿈이었던 엄마 전영숙 여사에게도 무심한 큰딸의 첫 책이 작은 기쁨이 되기를 바란다.

이선미

Contents

21세기 트렌드의 시작에는 X세대가 있다

X세대가 일하는 방식

X세대는 이렇게 돈 쓴다

X세대 마케팅의 모든 것

X세대가 살아갈 미래

Young Forty

Part
1

X세대의
귀환

'신세대가 나타났다.'

1990년대, 화려하게 등장한 청년들은 한국 사회에 큰 충격을 줬다. 그들이 즐기고, 입고, 생각하는 모든 것이 새로웠다. 젊은이들 중심의 대중문화 붐을 일으켰으며 자유분방한 패션을 즐겼다. '난 나야'라는 카피로 대표되는 '개인주의'라는 새로운 삶의 태도를 만들어냈다. 향락적 소비문화가 부각되며 기성세대로부터 '오렌지족'이라는 비난을 듣기도 했다. 우리는 그들을 'X세대'라고 불렀다.

X세대는 그렇게 기존 질서를 거부하며 세상을 완전히 뒤집어놓을 듯했다. 그러나 1997년 막 사회로 진출하기 시작할 무렵 들이닥친 IMF 외환위기의 여파로 갑자기 그들에게는 생존이 최대 과제가 됐다. 이들이 빠르게 현실에 순응해가면서 X세대의 담론도 막을 내렸다.

2020년을 기점으로 X세대의 맏형에 해당되는 1970년생이 50대를 맞았다. 그간 X세대는 세대 담론의 장에서 철저히 소외되어 왔다. 베이비붐 세대와 386세대는 경제성장과 민주화를 이뤄낸 세대로 인정받았다. 그런데 한국 사회는 그다음 세대인 X세대를 건너뛰고 밀레니얼 세대에 주목했다. '워라밸Work and Life Balance'과 '욜로YOLO:You Only Live Once'로 대표되는 밀레니얼의 새로운 라이프스타일을 집중 연구하기 시작한 것이다.

그러더니 몇 년 전부터는 90년생이 오기 시작했다. 휴대폰을 손에 쥐고 태어난 '디지털 네이티브Digital native'이자 '포노 사피엔스Phono sapiens'

인 Z세대야말로 새로운 미래를 여는 신인류라며 주목하고 있다.

X세대를 가리켜 흔히들 '낀 세대'라고 한다. 베이비붐 세대와 밀레니얼 사이에 낀 세대라는 뜻이다. '하면 된다' 정신으로 무장한 윗세대와 '욜로'를 외치는 자유분방한 아랫세대 사이에 X세대가 있다. X세대에게는 이 두 세대를 중간에서 조율하는 가교 역할을 주문한다.

현재 X세대에 대한 논의는 대부분 여기에 초점이 맞춰져 있다. X세대 자체에 집중하기보다는 다른 세대의 문제를 해결하는 수단으로 인식하는 것이다. 그러다 보니 X세대의 고유성과 성취, 고충에 대해 깊이 다루어질 기회가 없었다. 그래서 이들은 소외감을 느낀다. X세대의 존재감이 너무 약한 것이다. '우리는 투명인간이냐?'[1] 라는 불만의 목소리도 있다.

현재 X세대는 한국 사회의 중심이라고 할 수 있다. 40대의 전체를 X세대가 차지하고 있기 때문이다. 이 세대는 '100만 세대'라는 이야기를 귀에 못이 박히도록 들으며 자랐다. 한 해 100만 명이 태어난 세대라는 뜻으로 막강한 인구수를 자랑한다. 40대는 가장 소득이 많을 나이이고, 당연히 그만큼 구매력도 높다. 이들의 소비는 혼자 쓰는 게 아니라 부모와 자녀 등 다른 세대에게도 영향력을 미친다. 직장에서도 중간관리자이거나 빠르면 리더로 올라선 나이다. 이미 40대 CEO들도 많고 재벌 2~3세 중 X세대에 속하는 연령대가 속속 총수 자리에 오르고 있다. 한마디로 경제력으로는 한국 최고의 세대다.

문화적인 영향력 또한 만만치 않다. X세대는 K-POP 트렌드를 만들어가는 제작자나 영화감독, 예능 PD 등으로 활발히 활동하고 있다. 언론사에서도 중요한 결정을 하는 지위에 다수 포진해 있다. 정치적 이슈를 제기하는 유튜브 채널 등에서도 이 세대의 활동이 두드러진다. 막강한 유권자 수를 자랑하는 X세대는 지금 한국 사회의 여론과 정치적 판도를 결정한다.

1970년대생, 즉 X세대가 중심 세대가 됐으니 사회에서 큰 영향력을 미치는 건 당연하다고 생각할지 모르겠다. 그러나 우리는 이들이 선배 40대들과는 확연히 다르다는 것에 주목해야 한다. 중년에 접어드는 X세대는 20대와 30대를 거치며 지금의 한국 사회의 가치관 형성에 큰 영향을 미쳤다.

X세대는 경제적인 풍요와 정치적인 안정 속에서 '자기 방'을 갖고 자란 첫 세대다. 우리나라 최초의 개인주의 세대라고 할 수 있다. 처음으로 결혼과 출산을 의무가 아니라 선택으로 받아들였다. 권위적인 아빠가 아니라 친구 같은 아빠가 되려고 노력한다. '저녁이 있는 삶'이라는 구호에 열광하기도 했다. 이 세대가 처음으로 시도한 것들이 밀레니얼 세대를 거치며 오늘날 한국 사회의 상식으로 자리 잡았다. 지금은 당연해진 모든 새로운 것들의 시작점에 X세대가 있었다.

1. | X세대, 그들은 누구인가?

X세대의 연령 정의

세대Generation란 한 사회 내에서 공통의 체험을 바탕으로 공통점을 가지는 또래 연령대를 가리킨다. 같은 시기에 태어나서 비슷한 경험을 하며 자랐다면 비슷한 성향을 가질 가능성이 높다. 특히 우리나라는 의무교육 기간을 규정하고 있다. 한 세대가 집단적으로 같은 시기에 같은 교육 과정을 거친다. 거의 전 국민이 8살에 초등학교에 입학하고, 14살에 중학교에 입학한다. 대부분 19살에 첫 대입시험을 치른다. 이후에도 대입, 취업, 결혼, 출산, 퇴직 등 굵직한 생애주기를 또래들과 함께 경험한다.

세대는 '나이'와 '경험'으로 만들어진다.[2] 예를 들어, 보통 사람은 나이가 들면 보수화된다. 이러한 경향은 태어난 연도나 시대적 경험과는 무관하다. 사회학자들은 이를 '연령 효과Age effect'라고 한다.

한편, 취준생 시절에 IMF 외환위기를 겪은 일정 연령대의 사람들은 경제적으로 민감한 성향을 띨 수 있다. 비슷한 연령대에 동일한 경험을 함께 했다면 다른 세대와 구별되는 그 세대만의 가치관을 가질 수 있다. 이를 '코호트 효과Cohort effect'라고 한다. 즉, 한 세대의 정체성이 만들어지기 위해서는 비슷한 시점에 태어났다는 조건뿐 아니라 동일한 경험을 했다는 조건도 충족되어야 한다.

'코호트'는 고대 로마 군대의 조직 단위를 가리키는 말이었다. 300~600명의 부대 단위를 의미한다. 이들은 함께 훈련하고 생활하고 전쟁하는 과정에서 강한 동질성을 갖게 되는데, 이후 사회학자들이 같은 시기를 살며 특정한 사건을 같이 겪은 사람들의 집단을 부르는 용어로 사용했다.

사회학자 칼 만하임Karl Manheim이 강조한 코호트적 세대 개념이 있다. 이 개념에서는 개인이 청(소)년기에 경험한 사건들이 쌓여 이 집단의 고유한 심리적 속성이 된다고 전제한다.[3] 이들이 가진 공통적인 경험과 특징을 통해 그들을 더 잘 이해할 수 있다. 그래서 사회과학적 연구나 마케팅 소비자 조사에서 코호트적 세대 개념은 매우 중요하다.

X세대는 주로 1970년대생을 가리키는 용어로 쓰인다. 명확한 연령 구분은 없다. 연구자들에 따라 구분하는 방법이 다르다. 1975~1985년 생을 X세대로 보기도 하고, 1968~1974년생을 X세대로 분류하는 연구자들도 있다.

1970년대생도 연령에 따라 경험한 것이 다르다. 대학을 기준으로 보면, 1989년 이후 학력고사를 통해 입학한 세대는 마지막 학생운동 세대다. 이들은 경기호황의 혜택으로 취업이 쉬웠던 마지막 학번이다. 반면 졸업과 동시에 IMF의 충격을 정통으로 받은 학번도 있다.

이 책에서는 최샛별 교수의 《문화사회학으로 바라본 세대 연대기》의 구분에 따라 1970~1979년생을 X세대로 정의했다. 다만, 1960년대 후반이나 1980년대 초반 출생자도 상황에 따라 X세대로 넓게 볼 수 있다. 이 세대와 문화적 동질성을 갖고 있다면 말이다. X세대는 1990년대에 젊은 시절을 보낸 세대의 '문화적 특성'에 초점이 맞춰진 정의이기 때문이다. 이 세대는 경제적으로 풍요로운 환경에서 자랐다. 정치적 이슈보다 '나'의 개성에 집중하며 문화적으로 1990년대를 풍미했던 세대다.

X세대의 용어 정의

'X세대'는 미지수를 뜻하는 알파벳 X를 붙여 만든 용어다. '도무지 알 수 없는 세대'라는 의미다. 1991년 캐나다 작가인 더글러스 코플런드 Douglas Coupland가 쓴 소설 《X세대Generation X》에서 따온 말이다.

출판 당시에는 별 반향이 없었던 이 소설에 주목한 것은 미국 기업의 마케팅 담당자들이었다. 베이비붐 세대 이후 새롭게 나타난 세대에게 이전과 같은 판매전략이 먹히지 않았다. 그래서 이들에 대해 연구하기 시작했는데 이해하기도, 규정하기도 어려운 새로운 세대를 지칭하기에 'X세대'는 딱 맞는 단어였다.

우리나라에서 X세대라는 단어가 처음 쓰인 것은 광고를 통해서였다. 1993년 11월 23일부터 방송된 태평양화학(현 아모레퍼시픽)의 '트윈 X' 화장품 광고였다.

젊은 남성들을 겨냥한 이 광고에는 배우 이병헌과 가수 김원준이 출연했다. 날카로운 기타음을 배경으로 커다란 X자가 화면을 가득 메운다. 모델들의 얼굴이 클로즈업되는 사이사이에 '나는 누구인가', '무한 연출', '이성〈느낌'과 같은 문구가 삽입된다. 마지막에 '나, 트윈 X세대'란 문구가 내레이션과 함께 나타나며 끝난다. 지금 봐도 파격적인 광고다. 실제로 2021년 현재 유튜브에 올라온 이 영상에는 "지금 봐도 뭔지 잘 모르겠다"는 댓글이 달려 있다.

한국에서는 X세대라는 용어가 이런 과정을 거쳐 알려지다 보니, 학술적으로 받아들여지기 어려웠다. 당시 한국에선 '미국이 아닌 한국에 X세대가 존재하는가?'란 논쟁이 있었을 정도다. X세대란 광고 속에서나 존재하는 것이라고 비판하는 의견도 있었다. 제품을 팔아먹어야 하는 미디어가 만들어낸 허상이며, 고유한 세대로 인정할 수 없다는 것이다. 이에 반해 X세대가 인위적으로 창출된 것이 아니라 스스로 형성된 세대라고 주장하는 사람들도 있었다.[4] 즉, '트윈X'와 같은 광고는 결과이지 원인이 아니라는 것이다.

X세대를 둘러싼 이러한 논쟁은 역설적으로 X세대의 특징을 잘 드러낸다. 산업화 세대, 386세대와 같은 선배 세대와 X세대의 명칭에는 큰 차이가 있다. 윗세대의 명칭은 시대적 과제와 성취(산업화, 민주화)에 따라 붙여졌다. 기존의 연구자들은 한 세대란 특정 이데올로기를 공유해야 한다고 믿었다.

X세대는 정치·경제적 과제와 상관없이 문화적 특징으로 이름이 붙

여진 첫 세대다. 기존의 연구자들에게 특정 이데올로기가 없는 X세대는 없는 것과 마찬가지였다. X세대는 '문화 세대'[5]라 불릴 만큼 문화적으로 두드러진 세대이다. 그 기원이 광고에서 비롯된 만큼 폭발적인 소비문화를 자랑했다.

그동안 X세대를 다른 이름으로 정의하려는 여러 시도가 있었다. '신세대'를 비롯해 정치적으로는 '포스트 386세대', '탈정치 세대'가 있다. 정보화를 받아들인 세대라는 의미의 'N세대'나 '@세대'도 있고, 첫 배낭여행 세대답게 '국제화 세대', '세계화 세대'라고 불리기도 했다. 1990년대에는 이들의 향락적 소비문화를 비판하는 의미를 담은 '오렌지족'이라는 명칭이 유행하기도 했다. X세대를 부르는 다양한 명칭은 이 세대의 특징이 여러 가지 요소로 구성되어 있다는 점을 잘 보여준다.

한편, X세대 스스로도 자신을 'X세대'라고 정의하는 것으로 나타났다. 메디치미디어가 2019년 40대 남녀 700명을 대상으로 실시한 설문조사 결과다. '선생님께서 속한 세대를 말하는 이름으로 가장 공감이 되는 것은 다음 중 무엇입니까?'라는 질문에 47%가 "X세대"라고 답했다. "긴 세대(23%)", "없음(26%)", "영 포티(3%)"가 그 뒤를 이었다. 메디치미디어 창립 11주년을 맞아 진행한 심포지엄 〈X세대에서 긴긴세대로 - 40대, 그들은 누구인가〉를 위해 진행한 설문조사로, 주제문에서 알 수 있듯 연구자들은 X세대를 '긴 세대'로 가정하고 조사를 진행했다. 그러나 당사자인 40대는 자신을 'X세대'라고 규정했다.

40대는 '긴 세대'와 같이 다른 세대와의 관계 속에서 규정되는 수동적인 명칭을 거부한다. 다른 이름으로 정의하려는 여러 가지 시도가 있었지만, 이들은 젊었을 때 X세대라고 불렸던 것을 여전히 자신들의 정체성으로 생각한다. 이는 1990년대를 풍미했던 과거를 그리워하는 데서 그치지 않는다. IMF를 거쳐 디지털 시대까지 모두 경험하며 끊임없이 새로움을 추구하고 주도적으로 살아낸 자신감이 묻어 있다.

X세대의 맏형들이 2020년 50대를 맞이하며 우리 사회의 리더 자리로 진입하기 시작했다. X세대는 과거의 단어가 아니라 진화하고 있는 현재진행형이다.

2. 대한민국의 시간은 X세대와 함께 흐른다

30년간 한국의 평균

2019년 발표된 통계청 〈장래인구추계〉에 따르면 2020년 기준 우리나라의 중위연령은 43.7세, 평균연령은 42.8세다. 중위연령이란 전체 인구를 나이순으로 나열할 때, 한가운데 있는 사람의 연령을 말한다. 우리나라의 평균연령과 중위연령은 X세대가 20대일 때는 20대, 30대일 때는 30대였다. 그리고 그들이 40대가 된 현재는 40대가 되었다. X세대는 30년간 우리 사회의 평균연령과 중위연령에 해당하는 세대다.

평균연령은 그 사회의 기준이라는 의미고, 중위연령은 그 사회의 허리라는 뜻이다. 중위연령이 10대이던 1960년대, 고등학생들이 주축이 되어 4.19혁명을 일으켰다. 중위연령이 20대이던 1980년대, 대학생들이 주축이 되어 민주화운동을 이끌었다. 1990년대에는 중위연령에 해당하는 20대를 중심으로 대중문화 열풍이 불었다. 중위연령에 해당하는 세대가 그 사회의 시대정신을 이끈다.

예전에는 40대라고 하면 '불혹'이라는 단어가 자연스러웠다. 권위적이고 보수적인 이미지가 강했다. 하지만 X세대가 40대가 된 지금, 40대는 여전히 젊다. X세대가 40대가 되면서 '영 포티'라는 단어가 등장했다. 기성세대 같은 중년이 아니라 청년 같은 젊은 40대라는 뜻이다.

젊을 때부터 새로운 것을 적극적으로 시도하던 그들 아닌가. X세대는 나이를 먹어서도 유연하게 시대의 변화를 받아들이며 역사상 가장 젊은 40대가 되었다. 한국의 평균연령이 40대에 접어들었지만 우리 사회가 여전히 젊고 역동성을 유지하는 것은 '젊어진' 40대의 역할이 크다.

나를 위해 돈을 쓰는 '영 포티'의 등장

X세대가 젊은 사고방식을 유지하며 40대의 소비 성향도 크게 바뀌었다. 과거의 40대는 소득의 대부분을 내 집 마련과 자녀 교육비, 저축으로 다 썼다. 전통적인 가족 형태에서 부모를 모시고 자녀를 양육하는 데 소비하는 수동적 소비자였다. 적극적인 소비 주체가 아니었기 때문에 시장에서 중년은 크게 주목받지 못했다.

그러나 X세대가 중년이 되며 달라졌다. 어릴 때부터 '나'를 가장 중요하게 생각하며 자랐고, 소비문화의 전성기를 열었던 그들은 나이가 들어서도 스스로에게 투자하는 소비를 아끼지 않는다. 밀레니얼과 비슷한 소비 패턴이다. 하지만 X세대 소비자가 중요한 이유는, 밀레니얼의 소비 성향과 비슷하면서도 밀레니얼보다 뛰어난 경제력과 구매력을 갖췄기 때문이다

소비자로서 X세대의 파워는 막강한 인구수에서 비롯된다. 2019년 기준 40대(40~49세)의 인구 비중은 16%다. 전체 인구 5,000만 명 중 801만 4,000명을 차지한다. 836만 명으로 16.7%를 차지하는 50대보다는 조금 적고, 682만 1,000명으로 13.6%를 차지하는 30대보다는 월등히 많다.[6] 인구도 많은데 가장 돈을 많이 쓰는 세대가 된 것이다.

하나금융경영연구소에 따르면, 2018년 기준 40대 가구는 월 428만 원을 썼다. 50대는 405만 원을, 30대는 303만 원을 썼다. 벌이는 50대가 559만 원으로 40대의 534만 원보다 좀 더 많았지만, 돈은 40대가 더 많이 썼다.

정치의 판도를 확 바꾼 X세대

인구수가 많다는 것은 유권자가 많다는 뜻이기도 하다. 정치권에서는 보통 20대와 30대를 상대적 진보로, 40대와 50대를 상대적 보수로 봤다. 사람은 나이를 먹으면서 자연히 보수적인 성향을 띠게 마련이다. 젊어서 진보적이었던 사람도 40대가 되어 가진 것이 많아지면 안정을 추구하기 때문이다. 그런데 20~30대에 진보적이었던 X세대는 40대가 되어서도 여전히 진보적 성향을 유지하고 있다. 그러면서 20~40대가

상대적 진보로, 50~70대가 상대적 보수로 나뉘기 시작했다.

2012년 대선 당시 X세대는 30대 초반에서 40대 초반이었다. 이때 출구조사 결과를 보면 30대는 야당인 문재인 후보 지지 성향이 강했고, 50대는 여당인 박근혜 후보 지지 성향이 강했다. 다만 40대는 특이하게 초반, 중반, 후반의 성향이 다르게 나타났다. 40대 초반은 야당 후보, 40대 후반은 박근혜 후보를 지지했고, 40대 중반은 반반이었다. 이때 40대 초반을 구성했던 세대가 X세대다.

X세대가 40대의 거의 대부분을 차지한 2017년 조기 대선에서도 이들은 같은 성향을 유지했다. 그들이 20대와 30대였던 2002년과 2007년의 투표 성향과도 일치한다. X세대는 20대의 정치 성향을 40대까지 유지한 첫 세대다.

막강한 유권자 수를 자랑하는 X세대가 40대가 되어서도 보수화되지 않으며 정치권의 판도가 달라졌다. 과거에는 영남과 호남의 지역대결 양상이 뚜렷했다. 그런데 점점 진보적 성향의 20대, 30대, 40대와 보수적 성향의 50대, 60대, 70대의 세대 대결 양상으로 바뀌고 있다.

40대가 얼마나 늦게 보수화되느냐에 따라 정치권의 희비가 엇갈린다. 정치적 성향이란 우리의 미래가 어떠한 모습이기를 원하는지 투영하는 것이기도 하므로, 결국 X세대의 결정이 우리나라 미래의 방향성을 결정하게 될 것이다.

다시 말하지만, 중년이 된 X세대는 이전의 중년과는 확연히 다르다. 이들이 20대일 때, 전에는 없었던 파격적인 20대였다. X세대는 나이를 먹어서도 젊을 때의 성향을 유지하고 있다. 경제적 여유와 사회적 영향력을 가졌으나 기성세대의 관성에 의존하지 않는다. 20대와 30대에 세상의 변화를 주도했듯 지금도 젊은 사고방식으로 새로운 시도를 한다. X세대를 1990년대에 머물러 있는 세대가 아니라 현재 어떻게 진화했는지 재조명해야 하는 이유다.

3. 경제적 풍요와 정치적 안정 속에서 자란 첫 세대

2015년 11월부터 방영되어 큰 인기를 끌었던 tvN 드라마 〈응답하라 1988〉은 1988년 서울 쌍문동을 배경으로 하고 있다. 홈페이지의 프로그램 소개는 아래와 같이 시작된다.

> 386세대도 88만 원 세대도 아닌,
> 그래도 아직은 기성세대로는 불리고 싶지 않은 한 여자가 있다.
> 대한민국에서 가장 많다는 1971년생. 마흔다섯의 성덕선.
>
> 덕선이 열여덟이던 1988년,
> 건국 이래 최고의 행사인 '서울올림픽'이 열렸고

학력고사를 치르던 1989년, 베를린 장벽이 무너졌다.

대학에 입학하던 1990년,
MBC 라디오 '배철수의 음악캠프'가 시작됐다.
누구에게나 내가 살아온 시대는 특별하기에
그날들을 선명히 기억한다.

이 드라마의 주인공 덕선(혜리 분)은 1971년생이다. 덕선과 친구들 -
정환(류준열 분), 택(박보검 분), 동룡(이동휘 분), 선우(고경표 분) - 은 모두
X세대다. X세대로 이름 붙여지기 전 이들의 성장과정이 어떠했는지 드
라마를 보면 알 수 있다.

이들은 해결해야 할 정치적 문제나 경제적 과제 없이 성장한 우리나
라의 첫 세대다. 이 드라마에서 덕선의 아빠(성동일 분)는 만년 대리로 월
급이 적어 쪼들리는 생활을 한다. 빚보증을 잘못 서 덕선이네 가족은 반
지하방에 세 들어 산다. 없는 살림에도 덕선이네 엄마(이일화 분)는 손이
커서 한 번 요리를 하면 동네잔치가 벌어진다. 이 드라마에서 절대빈곤
에 허덕이는 가정은 없다.

덕선의 언니 보라(류혜영 분)는 서울대 재학 중인 운동권 학생 캐릭
터다. 드라마에서 보라의 학생운동 활동은 '아빠에게 걸리지 말아야 할
것' 정도로만 그려진다. 이렇듯 X세대는 정치적 안정과 경제적 풍요가
보장된 환경에서 성장했다.

X세대의 정치적 배경

X세대가 청소년기를 보낸 1980년대에는 광주민주화운동(1980년), 6월 민주항쟁(1987년)과 같은 대규모 민주화운동이 발생했다. 당시 대학생이던 1960년대생들이 주도하고 속칭 '넥타이 부대'라고 하는 화이트칼라 직장인을 비롯한 일반 시민들이 참여했다. 대규모로 확대된 민주화운동이 성공하여 1987년 6월 민주항쟁이 6.29선언을 이끌어냈다. 6.29선언을 계기로 대통령 직선제가 정착되었다. 13대 노태우 대통령부터 국민들이 직접 투표로 대통령을 선출했다.

1990년대는 정치적으로 한국인의 가치관이 크게 변화한 시기다. 1993년 김영삼 대통령이 취임하면서 문민정부가 탄생했다. 김영삼 대통령은 '역사 바로 세우기'를 실시하여 특히 군부정권 시 발생했던 과거사 청산에 주력했다. 하나회를 숙청하고 전두환, 노태우 두 전직 대통령을 정치자금과 군사반란 혐의로 법정에 세웠다. 푸른 죄수복을 입은 두 명의 전직 대통령이 손을 잡고 사형선고를 받는 장면은 깊은 인상을 남겼다. 32년간의 군부정권 하에서 대통령은 절대 권력이었다. 한국인들은 '대통령도 구속될 수 있다'는 인식을 처음 갖게 됐다.

헌정 역사상 최초로 정권 교체를 이루며 출범한 김대중 정부는 '햇빛정책'을 통해 남북관계를 급격히 진전시켰다. 2000년 6월, 김대중 대통령은 평양을 방문했다. 6월 13일부터 3일간 남북 최고 지도자들이 평양에서 최초로 남북 정상회담을 진행했다. 양 정상의 합의로 발표된 '6.15 남북 공동선언'은 이후 20년간 남북관계 해결을 위한 전제로 언급되고 있다. 또한 이 사건은 김대중 전 대통령이 한국인 최초로 노벨평화상을 수상하는 데 영향을 미쳤다.

　한편 세계적으로는 자유진영과 공산진영 간 냉전이 종식되는 시기였다. 1989년 베를린 장벽이 무너지고 독일이 통일됐다. 1991년에는 소비에트연방이 붕괴되었다. 사회주의가 무너진 것이다. 러시아의 고르바초프 대통령은 자본주의를 받아들여 개혁개방 정책을 펼쳤다. 중국에선 1949년부터 지속됐던 '죽의 장막Bamboo curtain'이 걷히기 시작했다. 죽의 장막이란, 자유진영 국가들에 대한 중국의 폐쇄정책을 중국의 명물인 대나무에 빗댄 말이다. 11억 인구의 중국이 개방되면서 중국이 '세계의 공장'으로 등장하게 된다.

X세대의 경제적 배경

X세대가 10대를 보낸 1980년대에는 박정희 정권에서부터 이어져 온 경제개발 정책의 성과가 드러나기 시작했다. 거기에 1986년부터 1988년까지 이어진 '3저 호황(저유가, 저금리, 저달러)'을 바탕으로 빠른 경제성장이 이루어졌다. '단군 이래 최고의 경제호황'이라는 말이 생겨날 정도였다.

　이 시기 노동자들의 권리 찾기도 활발해졌다. 기업들은 노사관계 안정을 위해 대폭적인 임금 인상을 실시했다. 1987년부터 1996년까지 10년간 평균 임금 상승률은 9.1%에 달했다. 부동산 투기와 주식 열풍도 불었다. 아파트 가격은 1988년 20%까지 상승했다. 종합 주가지수도 1980년 100P에서 1980년대 말 1,000P를 돌파했다.

이제 한국 땅에서 절대빈곤은 사라졌다. '굶지 않고 먹고 사는 것'이 목표였던 시대를 벗어났다. 노동자들도 '갖고 싶은 것을 사는' 소비를 본격적으로 시작했다. 정권이 바뀌며 허리띠를 졸라매고 근검절약을 외치던 사회 분위기도 바뀌었다.

저축을 미덕으로 삼고 소비를 자제하던 사람들의 인식이 달라졌다. 컬러TV나 냉장고, 세탁기 같은 가전제품을 구입하기 시작했다. 외식 빈도도 늘어났다. 이러한 분위기에서 국민의 60%가 스스로 중산층이라고 생각하는 '중산층 신화'가 만들어졌다.

이와 같은 경제적 풍요 속에서 성장한 X세대에게 소비는 일상적인 것이다. 소비란 미래를 위해 미루어야 하는 것이 아니라 '현재의 즐거움을 위한 것'으로 여겨졌다. 한편 서구의 소비 지상주의가 급격히 유입되며 기업의 마케팅 방법도 다양해졌다. X세대가 성인이 되었을 때 마케팅의 전성기를 맞으며 이들의 폭발적인 소비를 이끌어냈다. 공기방울 세탁기, 귀뚜라미 보일러, 국제전화 002, 애니콜, 하이트맥주, OB 라거, 햇반 등 마케팅의 교과서적인 제품들이 1990년대의 히트상품을 차지했다.

탈권위주의, 소비주의, 개인주의의 영향

역사학에 '망탈리테Mentalite'라는 개념이 있다. 특정한 시대에 개인들이 공유하는 집단적 의식 및 무의식을 뜻한다.[7] 사람은 10대 후반부터 20대 후반까지 갖게 된 의식을 평생 유지하는 경향이 있다. 이 시기에 X세대는 탈냉전, 민주화, 소비문화 확산이라는 큰 변화를 집단적으로 경험했다. 이 경험은 X세대의 망탈리테를 형성했다. X세대는 성장 시기에 탈권위주의, 소비주의, 개인주의를 자신들의 내면에 깊이 받아들였다.

X세대는 냉전이 종식되는 것을 지켜보며 과도한 이념주의에 거부감을 보이게 됐다. 민주화운동을 통해 국민이 투표권을 쟁취하는 과정과 전직 대통령이 구속되는 모습을 목격했다. 이들에게 윗세대의 엄숙한 권위주의는 통하지 않는다. 민주화된 자유로운 분위기 속에서 나를 위해 현재를 즐기는 소비를 하며 자랐다. 이들에게 소비는 남과 다른 '나'를 드러내는 방법이었다. 남들의 시선보다 나의 느낌, 나의 감정이 더 중요했다. 이 세상에서 가장 중요한 것은 '나'라고 생각하는 우리나라 최초의 개인주의 세대는 이렇게 탄생했다.

4. | 세계화와 정보화를 온몸으로 받아들인 세대

해외 배낭여행과 어학연수 1세대

1980년대 한국은 두 가지 큰 국제행사를 유치했다. 1986년 아시안게임과 1988년 서울올림픽이 그것이다. 국제적인 행사를 연달아 성공적으로 개최하면서 한국의 국제적인 위상도 높아졌다. 세계적인 스포츠행사가 열리자 단시간에 수많은 외국인이 입국했다. 한국인들은 우리가 세계 속에 살고 있음을 새삼 실감하게 된다. 드라마 〈응답하라 1988〉에선 덕선이 당시 이름도 생소했던 '마다가스카르'의 피켓 걸로 선정되어 연습하는 장면이 등장한다.

    X세대는 처음으로 젊을 때 해외에 나가본 세대다. 1989년 1월 1일,

해외여행 자유화가 시작됐다. 그전까지만 해도 여행 목적으로 해외에 나가려면 허가를 받아야 했다. 유학이나 출장, 해외취업 같은 이유가 없으면 여권이 잘 나오지 않았다.

자유롭게 해외여행을 할 수 있게 되자 여행자 수가 급증했다. 돈을 많이 쓸 수 있는 기회인 신혼여행을 해외로 가는 문화도 생겨났다. 대학생들 사이에서는 방학 때 배낭여행을 가는 것이 유행이 되었다. 워킹 홀리데이Working holiday와 해외 어학연수도 많아졌다. X세대는 배낭여행 1세대, 어학연수 1세대로 세계를 자유롭게 돌아다닐 수 있었다.

사회적 분위기도 세계화의 바람을 탔다. 우리나라는 1991년 UN에 가입한 데 이어 1996년 OECD에 가입하면서 국제 무대에 본격적으로 나서기 시작했다. 1995년 탄생한 WTO에 가입하면서 세계화에 적극 동참했다. 당시 정부는 농·축산물 14종의 전면적인 수입 자유화를 결정했다. 외국제품의 수입과 소비가 활발해졌다. 이러한 추세를 타고 1997년에는 초등학교 필수 교과목에 영어가 추가되었다. 아울러 1990년대부터 상용화된 인터넷을 통해 실시간으로 해외 소식을 접할 수 있게 된다. 당시의 정보화 바람은 X세대의 세계화에 큰 영향을 미쳤다.

PC통신, 삐삐부터 스마트폰까지 모두 경험한 세대

1990년 국내에서 처음으로 인터넷을 통한 국제 접속을 시작했다. 1995년엔 하이텔 PC통신이 시작됐다. PC통신은 전화망을 통해 접속할 수 있었다. X세대는 PC통신을 놀이 수단으로 사용하며 활발한 동호회 문화를 만들어냈다. 채팅이 생겨난 것도 이때다. 1997년 영화 〈접속〉은 PC통신 채팅을 통한 이 세대의 사랑을 그렸다.

1997년에는 인터넷 포털 사이트 '다음'이 국내 최초로 무료 이메일 서비스 '한메일'을 시작했다. '네이버'는 1999년에 정식 서비스를 시작했다. 포털 사이트가 생기면서 PC통신에서 인터넷으로 정보통신 문화의 중심이 급격히 이동했다.

인터넷의 발달과 함께 게임 문화가 급성장했다. 1998년 발매된 〈스타크래프트1〉은 엄청난 인기를 끌었다. 스타크래프트 출시 첫해 전 세계에서 팔린 게임 CD 950만 장 중 450만 장이 한국에서 판매됐다.[8]

1996년 300개였던 PC방은 1998년 〈스타크래프트〉가 출시되면서 6,000개가 되었으며, 1999년에는 15,000여 개까지 늘어났다.[9] 모든 가정에 개인용 컴퓨터가 보급되기 전, PC방은 컴퓨터에 쉽게 접근할 수 있는 곳이었다. PC방은 게임하는 장소를 넘어 우리나라 인터넷문화 확산에도 기여했다.

지금 스마트폰이 있다면 1990년대에는 삐삐가 있었다. 삐삐는 개인적인 통신수단의 시작을 알렸다. 이전까지는 집 전화를 모든 가족이 같이 사용해야 했다. 삐삐는 연락을 받을 수만 있는 단방향 통신이라는 한계가 있었지만, 개인주의적 성향의 X세대에겐 '나만을 위한' 고유번호라는 것이 더 중요했다.

X세대는 삐삐를 아주 잘 활용했다. 숫자만 보낼 수 있다는 한계를 숫자 약어를 만들어 극복했다. '8282(빨리빨리)'와 같은 기본적인 것에서부터 '17171771ı ɯv ʋ'까지 창의성을 십분 발휘했다. 1990년대부터 2000년대 초까지는 개인 통신수단의 격변기였다. 10여 년 사이에 X세

대는 삐삐부터 시티폰, PCS, 스마트폰을 모두 경험했다.

1990년대는 국가 차원에서 정보화를 적극 추진했다. 산업화는 늦었지만 정보화는 앞서가겠다는 목표였다. '21세기는 정보화 시대'라는 슬로건이 이때 등장했다. 정보화 사회의 기반을 구축하기 위한 다양한 정책이 시행됐다.

특히 IMF 외환위기 이후 정부는 침체된 경기를 극복하기 위해 IT 산업을 적극 지원했다. 1990년대 말에서 2000년대 초 벤처 붐이 일었다. 1998년 2,042개였던 벤처기업은 2001년 1만 1,392개까지 늘어났다.[10] 이후 IT 거품 붕괴로 2003년엔 7,700여 개까지 줄어들었다. 이시기를 잘 버틴 1세대 벤처기업은 현재까지 살아남아 넥슨, 카카오, 엔씨소프트, 네이버와 같은 IT 대기업이 되었다.

세계화와 정보화, X세대의 무기가 되다

X세대는 직장에 입사했을 때 책상에 컴퓨터가 놓여 있었던 첫 세대다. 당시 직장에 근무하고 있던 윗세대들은 컴퓨터를 다루는 데 서툴렀다. 타이핑을 못 하는 상사도 있었다. 게다가 이들의 선배는 1980년대에 대학을 다닌 386세대다. 1980년대에는 민주화운동으로 대학 교육이 정상적으로 이뤄지지 않았다. X세대는 상사보다 더 뛰어난 능력을 가진 신세대인 듯 보였다. X세대의 선배가 컴퓨터에 적응하기 위해 곤혹을 느꼈다면, X세대는 컴퓨터와 놀면서 성장한 세대다. 이들에게 컴퓨터는 삶의 일부다.

X세대의 정보화 능력은 '마이크로소프트 오피스'와 같은 사무 처리 분야에만 국한되지 않았다. 인터넷을 통한 지식 검색과 정보 습득에 있어서도 선배들보다 월등히 뛰어났다. 선배들은 신문이나 책, TV 프로그램을 통해 제한적인 정보를 습득했다. X세대가 인터넷을 통해 수집하는 정보와 양적·질적으로 비교가 안 된다. 게다가 이들은 인터넷을 통해 해외 정보에도 쉽게 접근할 수 있었다. X세대는 뮤직비디오, 영화, 위성방송 등을 통해 외국문화에도 익숙한 세대다. 이들이 좀 더 넓은 세계로 시야를 확장할 수 있었던 것은 당연한 일이다.

X세대가 직장에 들어간 직후 IMF 외환위기로 구조조정의 칼바람이 불었다. 취업시장이 얼어붙어 구직 자체가 어려웠던 학번들도 있다. 한편, 이미 직장에 들어갔다면 상황이 달랐다. 입사한 지 얼마 안 된 주니어들은 구조조정의 대상에서 비켜날 수 있었다. 구조조정 대상은 주로 중간관리자들이었기 때문이다. 칼바람을 피한 X세대는 외국어와 컴퓨터 실력이라는 두 가지 무기로 직장에서 살아남을 수 있었다. 상시적 구조조정으로 윗세대가 물러나며 빠르게 승진하는 경우도 많았다. 세계화와 정보화가 X세대에게 날개를 달아준 셈이다.

5. 문화 폭발의 시기를 경험한 세대

우리나라의 대중문화는 1980년대부터 급격하게 발전하기 시작했다. 박정희 정권은 검열로 문화를 억눌렀다. 반면 전두환 정권은 문화를 통해 군부체제를 정당화하고자 했다. 특히 전두환 정권은 '3S Sports, Sex, Screen'로 통칭되는 문화육성 전략을 사용했다. 군부 정권에 대한 국민들의 불만을 스포츠와 성 풍속, 그리고 영상 미디어로 해소하려 한 것이다. 문화 콘텐츠에 대한 검열이 완화되고 스포츠를 장려했다. 야간통행금지 조치가 해제되고 교복 자율화가 실시되었다. 사회적으로도 자유로운 분위기가 조성되었다.

1981년 KBS가 처음으로 컬러 방송을 송출하기 시작했다. 이를 계기로 전 국민에 컬러TV 보급이 확산됐다. TV의 영향력이 커지면서 방송가에 자본이 유입되기 시작했다. 이는 영상 미디어의 발달을 더욱 촉진시켰다. 1977년 시작된 대학가요제가 1980년대 들어 큰 인기를 끌었다. 많은 대학생 출신 가수들이 대학가요제를 통해 데뷔했다. 이처럼 X세대는 1980년대에 만들어진 문화적 토양에서 자유롭게 청소년기를 보낸다. 이는 1990년대에 그들이 문화 폭발의 시기를 만들 수 있었던 토대가 되었다.

스포츠 스타 1세대 탄생

스포츠를 적극적으로 장려한 전두환 정권은 '스포츠 공화국'이라고 불릴 정도였다. 1986년 아시안게임과 1988년 서울올림픽 등 국가적 규모의 스포츠 행사를 개최했다. 재벌 그룹들에게는 프로 스포츠팀 창단을 종용했다. 1982년 프로야구가 출범했다. MBC 청룡(서울), 롯데 자이언츠(부산), 해태 타이거즈(광주), 삼성 라이온즈(대구), 삼미 슈퍼스타즈(인천), OB 베어즈(대전) 총 6개의 구단이 탄생했다. 프로야구는 그해 관중 143만 8,768명(평균 5,995명)을 동원하며 성공적인 막을 올렸다. 이어 1983년에는 농구대잔치와 프로씨름, 프로축구가 시작됐다.

전두환 정권에서 스포츠는 국민을 통합하는 도구로 사용됐다. 국위 선양을 위한 엘리트 스포츠 지원에 집중했다. 때문에 국민의 건강을 위한 사회체육 시설에 투자가 부족했다는 비난을 받기도 한다. 그러나 이 시기 스포츠 강국의 토대가 마련된 것은 사실이다.

이후 1990년대 들어서며 X세대 출신의 해외 스포츠 스타 1세대가 탄생했다. 박세리(1977년생)와 박찬호(1973년생)가 해외에서 큰 성과를 거두었다. 이들이 활약한 시기 국내적으로는 IMF 외환위기를 통과하고 있었다. 국민들은 이들의 경기를 보며 부도국가의 무너진 자존심을 추슬렀다.

'서태지 현상', 대중음악의 판을 뒤집다

1992년 대중음악계에 역사적인 2가지 사건이 있었다. 첫 번째는 '뉴키즈온더블록New Kids On The Block'의 내한공연이다. 2월 17일 잠실 올림픽 체조경기장에서 열린 공연에는 1만 6천여 명의 10대 팬들이 몰려들었다. 주최 측이 안전에 무감했던 데다 수용인원이 훨씬 초과됐다. 결국 여고생 한 명이 숨지고 50여 명이 기절하는 등 부상을 당했다. 당시 기성 세대와 언론은 '광란'이라는 말로 철없는 10대들을 꾸짖었다.

같은 해 서태지와 아이들이 데뷔했다. 지난 30년간 우리 사회에서 사람 이름에 '현상'이라고 이름 붙여졌던 것이 3가지 있다. '서태지 현상', '노무현 현상', '안철수 현상'이 그것이다. 대중문화 분야에서는 서태지가 유일하다. 서태지와 아이들은 신인 가수를 소개하는 프로그램으로 데뷔했다. 첫 방송에서 심사위원을 맡은 선배 음악인들에게 최저점수를 받았다. 그렇지만 방송을 본 10대들은 열광했다. 하루아침에 가요계가 뒤집어졌다.

서태지와 아이들의 데뷔곡 〈난 알아요〉는 이전에 한국에서 볼 수 없었던 새로운 장르였다. 당시 미국에서 유행하던 흑인음악을 기반으로

록 기타 리프와 한국어 랩이 섞인 자유로운 음악이었다. 이들의 파격적인 음악과 자유분방한 이미지는 10대들의 열렬한 호응을 이끌어냈다. 이어 발표한 〈교실이데아〉, 〈필승〉, 〈컴백홈〉, 〈시대유감〉 등의 음악을 통해 사회 비판적이고 반항적인 메시지를 전달했다. 서태지는 10대들을 대변하는 '문화 대통령'이었다. 서태지의 등장과 그에게 열광하는 젊은이들은 '신세대'에 대한 사회적 논의를 불러일으켰다.

서태지와 아이들의 등장 이후 우리나라의 대중가요계는 10대 취향의 음악으로 재편되었다. 1993년 등장한 듀스의 데뷔곡 〈나를 돌아봐〉와 015B의 〈신인류의 사랑〉은 X세대를 대표하는 곡이었다. 1996년 서태지와 아이들의 은퇴 이후 10대 취향 댄스음악으로의 쏠림 현상은 더욱 심해졌다. SM기획(현 SM 엔터테인먼트)을 통해 1996년 H.O.T가, 1997년에는 S.E.S가 데뷔했다. 이때부터 '아이돌'이라는 단어가 유행했다. 외모나 춤 실력이 가창력보다 더 중요한 비디오형 가수들이 많이 나타나기 시작했다. 이후 유사한 형태의 보이그룹, 걸그룹의 아이돌 시장이 형성되며 지금까지 이어지게 된다.

또 다른 흐름을 만들어낸 가수로는 신해철이 있다. 그는 1988년 〈그대에게〉로 대학가요제 대상을 수상하며 화려하게 데뷔했다. 이후 테크노에서부터 국악까지 다양한 장르를 넘나들며 뮤지션으로 인정받았다. 철학과 운명, 저항정신을 담은 가사는 음악으로 시를 노래하는 철학자의 이미지를 구축했다.

그는 현실 세계에서 사회를 비판하는 논객이기도 했다. '〈100분 토론〉에 가장 많이 출연한 연예인'이라는 이색적인 기록을 가지고 있다. 대마초 비범죄화와 낙태죄 폐지 등의 이슈에 적극적으로 의견을 냈다.

신해철은 가장 자유롭고 진보적인 X세대를 대변했다.

삐삐가 X세대의 개인적인 통신수단이라면, 워크맨은 개인적인 음향 기기였다. X세대에게 이 두 가지는 필수품이었다. 1990년대는 라디오 음악 프로그램의 전성기였다. 이문세는 1985년부터 1996년까지 〈별이 빛나는 밤에〉를 진행했다. 청소년들에게 큰 인기를 끌며 '밤의 교육부 장관'이라 불렸다.

신해철과 유희열은 심야 음악프로그램 〈음악도시〉를 진행했다. X세대는 라디오에 사연을 보내 고민을 상담하기도 했다. 지금까지 방송 중인 〈배철수의 음악캠프〉도 1990년에 시작됐다. 좋아하는 음악을 반복해서 들으려면 라디오에서 나오는 음악을 카세트테이프에 녹음해야 했다. 이때 정성껏 녹음한 테이프는 마음을 표현하는 선물이기도 했다.

한국 영화산업의 르네상스

1990년대에 접어들며 영화산업은 르네상스를 맞이했다. 1985년과 1987년 5차, 6차 영화법 개정 덕분이었다. 2차례의 법 개정을 통해 영화사 설립과 외화수입 조건이 완화됐다. 한국 영화의 질적 상승과 해외 영화의 전성기를 위한 토대가 마련된 셈이다.

물론 1990년대 초반에는 외국 영화가 강세를 보였다. 당시 한국 영화의 기초 체력이 약했기 때문이다. 한국 영화계는 외화를 상영하는 극장에 뱀을 풀 만큼 위협을 느꼈다. 그 와중에 할리우드 영화의 세례를 온몸으로 받아들이는 '시네키즈'도 등장했다.

1990년 개봉한 〈사랑과 영혼〉은 한국에서 처음으로 관객 100만 명을 돌파했다. 이후 1991년 〈늑대와 춤을〉, 〈나 홀로 집에〉, 〈양들의 침묵〉, 1992년 〈보디가드〉, 1993년 〈쥬라기 공원〉, 1994년 〈펄프 픽션〉, 〈레옹〉, 〈쇼생크 탈출〉, 1995년 〈토이스토리〉, 1996년 〈유주얼 서스펙트〉, 1997년 〈굿 윌 헌팅〉, 1998년 〈타이타닉〉, 〈라이언 일병 구하기〉 등 쟁쟁한 할리우드 영화들이 극장에 줄지어 걸렸다. 영화 보러 극장가는 것이 문화생활의 하나로 확실하게 자리잡았다.

왕가위 감독의 〈중경삼림〉은 당시 X세대의 마음을 완전히 사로잡았다. 중국 반환을 앞둔 홍콩의 혼란을 상징하는 듯한 영화였다. 핸드헬드 기법으로 정신없이 흔들리는 화면이나, 이로 인해 흐릿해진 피사체 등이 감각적으로 받아들여졌다. 영화에 삽입된 올드 팝 〈California Dreaming〉도 30년 만에 다시 많은 사랑을 받았다.

왕가위 감독은 1997년 작 〈해피투게더〉에서도 올드팝 〈Happy Together〉를 다시 유행시켰다. 이후 한국 영화계에서도 핸드헬드 기법과 스텝 프린팅 기법, 올드 팝을 테마곡으로 사용하는 영화들이 많이 생겨났다.

1990년대 한국 영화는 할리우드에 대항해 살 길을 모색하는 과정이었다. 시도할 수 있는 거의 모든 장르가 시도되었다. 〈결혼 이야기〉는 한국 영화 역사상 첫 번째 기획 영화였다. 신세대 부부의 이야기를 그린 이 영화에는 전에 볼 수 없었던 주체적인 여성상이 등장한다. 이 영화는 1992년 한국 영화 중 최고의 흥행을 기록했다. 이후 한동안 한국형 로맨틱 코미디 붐이 일어났다. 1993년엔 〈서편제〉가 한국 영화 첫 100만 관객을 돌파했다. 1995년 개봉한 〈개 같은 날의 오후〉는 성차별에 맞서 연대하는 여성들이 코믹하게 그려졌다.

1997년에 개봉된 〈넘버3〉는 지금도 종종 회자되는 송강호의 인상적인 신 스틸링으로 기억되는 영화다. 사실 주연은 최민식과 한석규였다. 이 영화는 할리우드 영화의 기법을 받아들이면서도 내용은 완전히 한국적인 것으로 채웠다. 한국적 리얼리티의 시작을 알렸으며, 이후 무수히 패러디된 조폭 코미디의 원조가 되었다.

한편, 홍콩에 〈중경삼림〉이 있었다면, 한국에는 〈그대안의 블루(1992)〉, 〈비트(1997)〉, 〈접속(1997)〉 등이 있었다. 이 영화들은 당시 우리나라 청춘의 감성을 잘 그려낸 영화로 신세대들에게 사랑받았다. 〈비트〉의 정우성이 헬멧을 벗고 등장하는 장면은 1990년대 한국 영화를 대표하는 장면 중 하나로 기억되고 있다.

〈쥬라기공원〉, 〈더 록〉, 〈타이타닉〉과 같은 영화에 맞서 한국식 블록버스터도 계속 시도되었다. 당시 정부는 "〈쥬라기 공원〉 한 편이 벌어들인 수입이 현대자동차 150만 대를 수출하는 것과 맞먹는다"[11]며 영화산업을 장려했다.

이러한 분위기에서 1999년 〈쉬리〉가 한국적 블록버스터로 첫 성공을 거둔다. 타이타닉의 흥행 기록을 넘어서는 서울 244만 명, 전국 620만 명의 관객을 동원했다. 도심 총격전 같은 블록버스터적 요소를 자연스럽게 한국적 상황에 적용했다. 이를 위해 남북 대치 상황을 활용한 설정은 극에 현실감을 불어넣었다. 김대중 정부 이후 남북 화해 무드가 조성되었기 때문에 가능한 설정이기도 했다.

〈쉬리〉가 흥행 대박을 기록하던 시기, 한국에 첫 멀티플렉스가 생겼다. 1998년 강변 테크노마트에 생긴 CGV11은 CGV가 만든 첫 번째

극장이었다. IMF 외환위기 직후였음에도 불구하고 성황을 이뤘다. 이후 2000년대 들어 메가박스 코엑스가 생기며 본격적인 멀티플렉스 시대를 열었다. 조조할인과 통신사 할인, 카드 할인 등이 적용돼 저렴한 가격에 영화를 볼 수 있었다. 비디오를 빌려 보던 시네키즈들도 영화관으로 옮겨갔다. 〈스크린〉, 〈키노〉, 〈프리미어〉, 〈씨네21〉 등의 영화잡지도 이 시기 전성기를 맞이했다.

1990년대는 한국 영화의 르네상스이면서 태동기이기도 했다. 할리우드 영화의 공습에 맞서 한국적 영화의 가능성을 다방면으로 실험하던 시기였다. 홍상수, 허진호, 김기덕 같은 작가 감독이 이 시기에 데뷔했다. 이후 세계로 진출한 봉준호, 박찬욱, 김지운과 같은 감독들의 경력도 1990년대에 시작되었다. 정우성, 이정재, 한석규, 김혜수, 전도연, 최민식, 송강호 등 수많은 흥행 배우들이 이때 등장했다. 1990년대에 뿌리를 내린 시스템과 인물들이 2000년대 이후 한국 영화의 꽃을 피우게 된다.

TV 드라마의 황금기

영상 미디어의 비약적인 발전과 더불어 1990년은 TV 드라마에 있어서도 황금기였다. 사람들은 퇴근 후에 삼삼오오 모여서 TV 드라마를 본방사수했다. 시청률이 60%가 넘는 드라마도 나왔다. 1991년 방영된 〈여명의 눈동자〉는 최초의 웰메이드 드라마로 평가받는다. 2년 5개월의 제작기간과 해외 로케이션 촬영으로 화제가 됐다. '위안부' 문제와 '일본

731부대의 생체실험', '제주 4.3항쟁', '여수·순천 사건' 등 근현대사의 굵직한 사건들을 정면으로 다뤘다. '귀가시계'로 불렸던 〈모래시계(1995)〉도 대표적인 웰메이드 드라마다. '광주 5.18 민주화운동'을 자세히 묘사했다. "나 지금 떨고 있니?"와 같은 대사가 유행하기도 했다.

X세대의 감성을 겨냥한 트렌디 드라마의 유행도 이때 시작되었다. 1992년 방영된 〈질투〉를 시작으로 〈마지막 승부(1994)〉, 〈사랑을 그대 품 안에(1994)〉 등이 유행했다. 최진실, 최수종, 장동건, 심은하, 고소영, 이병헌, 김희선 등 청춘 스타들이 탄생했다. 젊은 남녀의 러브스토리와 신데렐라 스토리 등이 한국 드라마의 주요 클리셰가 된 것도 이때부터다. 1990년대 이전 TV 드라마의 주된 내용은 〈전원일기〉 등에서 볼 수 있는 가족 드라마였다.

예능이라는 장르가 생기기 전, 코미디와 드라마의 중간적인 느낌인 시트콤도 유행했다. 1993년 〈오박사네 사람들〉이 인기를 얻은 이후, 〈LA 아리랑(1995)〉, 〈남자셋여자셋(1996)〉, 〈순풍산부인과(1998)〉 등이 흥행했다.

미국 시트콤 〈프렌즈(FRIENDS, 1994~2004)〉는 미드 유행의 시작이었다. 이 시기 한국의 시트콤 중엔 〈프렌즈〉를 통째로 베낀 경우도 있었다. X세대들 사이에선 〈프렌즈〉를 보며 미국 현지 영어를 공부하는 유행이 생기기도 했다. 1998년부터 방영된 〈섹스 앤 더 시티Sex and the City〉는 X세대 여성들의 열광적인 지지를 받았다. 뉴욕을 배경으로 한 당당한 커리어우먼들의 자유분방한 라이프스타일은 선망의 대상이 됐다.

이해할 수 없는 독특한 패션문화

1990년대는 거의 모든 패션이 혼재되어 공존하던 시기였다. 어떤 여성들은 미니스커트에 하이힐을 신었다. 바로 옆의 여성은 짧은 헤어스타일에 군화를 신었다. 스키니 진에 웨스턴 부츠를 신은 장발의 남성들과 힙합 바지를 입고 머리를 노랗게 탈색한 남성들이 한 거리에 있었다.

한 마디로 그들은 '입고 싶은 대로' 입었다. "(남의 시선은) 전혀 신경 쓰지 않습니다. (…) 이렇게 입으면 기분이 조크든요(좋거든요)." 1994년 MBC 〈뉴스데스크〉에서 X세대의 패션을 다룬 보도에 나온 X세대 젊은이의 말이다. 이 영상은 얼마 전 유튜브를 중심으로 다시 화제가 되기도 했다.

이 시기 패션 브랜드 리바이스는 '난 나야'라는 카피로 유명해진 광고를 내보내기도 했다. X세대는 옷차림은 마음대로였지만 브랜드는 따졌다. 패션 아이템별로 입어야 하는 브랜드가 달랐다. 청바지는 '리바이스LEVI'S'나 '마리떼 프랑소와 저버MARITHE FRANCOIS GIRBAUD', '게스GUESS'를 입었다. 워커는 '팀버랜드Timberland'를 신었다. 알록달록한 양면 점퍼는 '노티카NAUTICA'를 입었다. 멜빵바지는 스트랩에 브랜드명이 새겨진 'GV2'를 입어야 했다. X세대는 브랜드로 자신을 표현하기 시작한 첫 세대다.

여성들은 패션과 메이크업, 헤어스타일에서 중성미를 추구했다. 립컬러는 어둡게 칠하고 쇼트커트나 짧은 단발로 강한 이미지를 연출했다. 신은경, 이상은 등 중성적인 스타일의 연예인이 인기였다. 여성들이 담배를 피우는 것도 패션의 하나로 간주되었다. 영화나 드라마에도 담배 피우는 여성이 등장했다. 남성들은 머리를 기르거나 꽁지머리를 하고, 김원준 같은 연예인은 치마를 입고 등장하기도 했다. 남녀 구분이 없는 유니섹스 스타일이 인기를 끌었다.

자유로운 패션으로 꾸민 X세대는 압구정동을 활보했다. 시인 유하는 1991년 출판된 시집 〈바람 부는 날이면 압구정동에 가야 한다〉에서 압구정동의 풍경을 그리기도 했다. 당시 최신 유행은 압구정동에서 시작됐다. 유학생들과 교포들이 많아 서구에서 넘어오는 트렌드를 가장 빨리 받아들이는 곳이었다. 길에는 이들이 타고 다니는 스포츠카가 가득했다. 기성세대는 압구정동의 젊은이들을 오렌지족이라고 불렀다. 압구정동은 한국 사회가 소비의 시대로 진입했음을 단적으로 보여주는 곳이었다.

1990년대에 기성세대는 X세대를 이해할 수 없었다. 특히 문화적인 측면에서 그들은 서로 다른 행성에 사는 사람들 같았다. 기성세대는 뉴키즈온더블록에 열광하는 소녀들을 '광란'이라며 질책했다. 배꼽티를 입고 다니는 학생들의 복장을 이해할 수 없다는 내용이 9시 뉴스로 방송됐다. 지금은 상상하기 어려운 일이다. 방탕하고 향락적인 소비문화를 즐긴다며 오렌지족을 비난했다. 서태지는 데뷔 당시 기성세대 음악인들로부터 혹평을 받았다.

이런 과정을 겪으며 성장한 X세대는 자신들이 기성세대로부터 받았던 비난을 반복하지 않으려 한다. MZ세대를 이해하기 위해《90년생이 온다》와 같은 책을 열심히 읽는다. '빠바(파리바게트)', '김천(김밥천국)'과 같은 생활 밀착형 줄임말은 외워서라도 사용하려고 한다. 카카오톡 메신저로 대화할 땐 이모티콘도 간간이 넣어준다. 딸과 함께 BTS '덕질'에도 열심이다.

선사시대 동굴벽화에서도 '요즘 젊은 애들은 버릇이 없다'는 내용이 발견되었다고 한다. 젊은이를 이해하지 못하는 것은 기성세대의 본능인 것이다. 그러나 X세대는 그 본능을 이겨내고 아랫세대를 이해하려고 노력하는 첫 어른 세대로 자랐다.

6. | X세대의 트라우마, IMF

1970년대생이 일생에서 가장 큰 영향을 받은 사건은 "1997년 외환위기"인 것으로 나타났다. 2019년 메디치미디어가 40대 남녀 700명을 대상으로 실시한 설문조사 결과다. 전체 응답의 44%를 차지했다. 비교적 최근에 있었던 "2016년 국정농단 촛불시위(7%)"나 아직도 진상조사가 진행 중인 "2014년 세월호 참사(7%)"보다 월등히 높다.

특이한 부분은 10%를 차지한 "2002년 월드컵"이다. "IMF 외환위기를 맞아 고생하다 경기가 좀 나아지고 2002년 월드컵이 터닝포인트가 되는 느낌을 받았다"고 답변한 사람이 꽤 있었다고 한다.[12] IMF와 연결된 맥락에서 기억하는 것이다. IMF 외환위기는 그만큼 X세대에게 깊은 트라우마를 남겼다.

국가부도의 날

1980년대 중반부터 OECD에 가입한 1996년까지 대한민국은 단군 이래 최대의 경제호황을 누렸다. 김영삼 문민정부의 경제정책 하에서 기업들은 부채에 의존한 과잉투자를 벌이고 있었다. 조짐은 1996년부터 나타났다. 1996년의 무역적자는 무려 206억 달러였다. 1993년 439억 달러이던 외채는 1996년 1,047억 달러로 불어나 있었다.

1996년의 경제성장률은 1995년 9.2%에서 7.6%로 하락했다. 언론에선 경기침체라는 보도가 조금씩 흘러나왔다. 그러나 7%대의 경제성장률도 낮은 수치는 아니었기 때문에 언론의 보도는 호들갑 정도로 치부되었다. 문제는 경제성장률 감소가 수출액 감소, 대외부채 폭증 등과 맞물려 있었다는 점이다.

그럼에도 불구하고 정부와 기업들은 이를 개선하려는 노력을 하지 않았다. 심지어 경제학자들은 당시 장기적인 경제침체를 겪던 일본 경제를 능가할 것이라는 장밋빛 전망을 내놓기도 했다. IMF 외환위기의 직접적인 원인은 대외 단기채무의 급증과 정부의 외환보유액 부족이었다. 대외 단기채무는 1년 안에 해외에 상환해야 하는 채무를 말한다. 그 규모가 1994년 362억 달러에서 1996년 703억 달러로 2배 가까이 급증했다. 당시 우리나라의 외환보유액은 332억 달러로 이를 상환할 능력이 없었다.[13]

"기아자동차와 진로, 한보, 대우 등 천문학적인 부채 위에 세워진 이른바 한국의 재벌기업이 문제의 시작점이었다. 10대 재벌의 부채비율은 500%를 웃돌았다. 상상하기 힘든 수치였다. 이들 재벌이 부채상환 불능상태에 이르면서, 11월이면 은행까지 채무 불이행(디폴트)에 빠질 위기였다."

1997년 11월 국제채권위원단 의장 신분으로 방한한 윌리엄 로즈 전 시티은행 부행장의 말이다. IMF 외환위기의 막전막후를 그린 영화 〈국가부도의 날(2018)〉에서 한국은행 통화정책팀 팀장 한시현(김혜수 분)은 외환위기의 원인을 한 마디로 정리한다. "돈을 꿨으면 제때 갚아야지, 돈 갚는 날 미뤄줄 줄 알고 펑펑 쓰다가 이 꼴 났습니다, 각하."

1997년 11월 19일, 강경식 경제부총리가 물러나고 임창열 통상산업부 장관이 경제부총리로 임명됐다. 11월 21일, 한국 정부는 국제통화기금 IMFInternational Monetary Fund에 구제금융을 신청하기로 한다. 전 세계에 한국의 국가부도를 인정하는 순간이었다. IMF는 조건 없이 돈을 빌려주는 곳이 아니다. 경제정책 전반을 IMF의 의견에 따라야 했다. 사실상 경제주권을 포기하는 것이었다.

그 무렵 한국은 15대 대통령 선거를 앞두고 있었다. IMF는 김대중, 이회창, 이인제 등 유력한 대선 후보들에게도 '협정 준수 이행 각서'에 서명을 받아냈다.

트라우마의 시작

1997년 12월부터 줄도산이 이어졌다. 중소기업은 물론, 한보그룹, 삼미그룹, 한라그룹, 뉴코아그룹 등 대기업과 고려증권, 동서증권 등 금융기관도 부도가 났다. IMF 외환위기 직전인 1997년 12월, 국내 실업률은 3.1%였다.[14] 1998년 1월, 한 달 만에 무려 3,323개의 기업이 도산했다. 실업자가 27만 명 늘어났다. 실업률은 4.5%까지 폭등했다.[15] 1년 후인 1999년 2월, 실업률은 무려 8.7%까지 치솟았다. 1년 만에 '단군 이래 최고의 경제호황'에서 '단군 이래 최악의 경제위기'로 돌아선 것이다.

1998년은 1990년대 초반 학번들이 대학을 졸업하는 해였다. 기업이 줄줄이 도산하고 해고가 이어지는데 취업이 될 리 없다. 취직이 된 사람은 손가락에 꼽을 정도였다. 우울한 졸업식이었다. 미래는 막막하고 빚내서 대학교육을 시켜주신 부모님께도 면목이 없었다. 그해 졸업한 X세대 중 한 명은 "그날 먹은 삼겹살은 꼭 종잇장 같이 씹히지도 않았고, 아무 말 없는 분위기는 도살장에 온 기분이었다"고 졸업식 당일을 기억한다.[16]

IMF 이전까지 취업준비생들은 대기업을 선호했다. 취업시장에서 봉급이 적은 공무원은 인기가 없었다. 그러나 IMF 이후 임금체불이나 해고의 위험이 없는 공무원이 엄청난 인기를 끌기 시작했다. 7급, 심지어 9급 공채에도 명문대 졸업생이 몰렸다. 이러한 경향은 지금까지도 이어지고 있다. 이 시기 20대 후반까지 안정적인 일자리를 얻지 못했다면 이후에도 확실한 직장에 들어가기는 어려웠다. 평생 불안정한 직장을 전전하는 사람들이 생겨났다. 취업을 포기한 학생들은 대학원 진학을 선택하기도 했다.

전국 349만 명이 참여한 '금 모으기 운동' 등을 통해 2001년 우리나라는 모든 국가채무를 상환할 수 있었다. 이어 2000년대 초반 대기업을 중심으로 서서히 대규모 신입사원 공채를 다시 시작했다. 사회는 점점 안정을 찾아가는 듯 보였다. 그러나 IMF를 겪으며 기업의 체질이 완전히 달라졌다. 고용의 유연성이 필수가 되고 구조조정이 일상이 됐다. 45세까지 차·부장 진급을 못 하면 명예퇴직을 당하는 게 당연해졌다. '사오정(45세 정년)', '오륙도(56세까지 직장에 다니면 도둑놈)'란 자조적인 유행어도 생겼다.

또 다른 트라우마, 사회적 참사

한편, 곪아 있던 한국 사회의 구조적 문제는 다른 형태로도 터져 나왔다. 1994년 성수대교 붕괴와 1995년 삼풍백화점 붕괴 사고가 그것이다. 1994년 10월 21일 오전, 성수대교 붕괴로 출근하던 직장인과 등교 중이던 학생 등 시민 49명이 한강으로 추락했다. 그중 32명은 사망했다. 1995년 6월 29일 오후에는 서초동에 있던 삼풍백화점이 무너졌다. 당시 건물 안에 있던 1천여 명의 종업원과 쇼핑 중이던 고객이 사망하거나 부상당했다.

이 두 가지 사고의 공통점은 인재(人災)라는 점이다. 부실시공과 부실 감리, 안전검사 미흡, 위험조짐에 대한 무시 등 안전불감증이 원인으로 지적됐다. 그간 급속한 경제성장을 위해 모든 것을 '빨리빨리' 이뤄냈던 한국 사회의 이면이었다.

2017년 JTBC 드라마 〈그냥 사랑하는 사이〉에서는 삼풍백화점 붕괴가, 2018년 개봉한 영화 〈벌새〉에서는 성수대교 붕괴가 다뤄졌다. 사회적 참사가 개인에게 어떤 영향을 미치는지 그려냈다. 다 잊었다고 생각하지만 그때의 상실과 아픔은 아직까지도 우리 사회에 영향을 미치고 있다.

'감정적 개인주의자'에서 '시장적 개인주의자'로

IMF 외환위기로 1970년대 '한강의 기적'에서 시작해 1980년대를 거쳐 1990년대에 정점을 찍은 대한민국의 풍요로운 시기가 막을 내렸다. 우리나라를 선진국 반열에 올려놨다는 자부심으로 충만했던 기성세대는 큰 상처를 받았다.

IMF 이전 1996년 우리나라 중산층의 규모는 전체 인구의 68.7%였다. 10년 후인 2006년에는 54.61%로 감소했다. 중산층의 감소는 양극화로 이어지고, 이는 상대적 박탈감을 불러일으켰다. 2008년 금융위기를 거치며 양극화는 더욱 심해져, '금수저', '흙수저'란 단어가 생겨났을 정도다.

X세대는 이 과정에서 정체성이 흔들리는 충격을 받았다. 이들은 청소년 시절을 개인주의와 자유주의의 세례 속에서 풍요롭게 자랐다. 그러나 사회로 막 진입하던 시점에 자신이 성장한 세계가 무너지는 것을 목격했다. 그리고 살아남기 위한 무한경쟁에 뛰어들게 됐다.

세상의 중심이었던 '나'는 생존을 위해 접어두고 사회와 조직에 순응해야 했다. 개인주의자인 이들은 불안한 미래에 대비하기 위해 '나'

를 업그레이드하는 데 몰두하기 시작했다. '나'의 시장가치를 높이기 위한 노력이다.

이들은 40대가 넘어서도 외국어학원을 전전하는 중년이 됐다. "난 나야"를 외치던 20대의 '감정적 개인주의자'들은 IMF를 거치며 '시장적 개인주의자'로 변모하게 된다.

Young Forty

21세기 트렌드의
시작에는 X세대가 있다

X세대는 1990년대 새로운 라이프스타일과 새로운 가치관, 새로운 문화를 창조했다. 하지만 대한민국을 뒤집어놓을 듯 했던 그들은 IMF 외환위기로 생존의 문제에 직면했다. 사회 초년생이던 그들은 생존을 위해 빠르게 현실에 순응한다.

조직 내에선 죽어라 일하는 쪽을 택했다. "내 멋대로 산다"를 외치던 그들이 '회식 사역', '등산 사역'을 자처하며 부장님 비위도 잘 맞추게 됐다. 부단한 자기계발을 통해 내 몸값을 올리는 게 최대 목표가 됐다. X세대가 살아남기 위해 몸부림치는 사이 1990년대를 휩쓸었던 X세대 열풍은 조용히 사라져갔다.

임홍택 저 《90년생이 온다》에 이런 에피소드가 나온다. 신입사원 입문교육을 진행하던 저자는 "임홍택 님! 혹시 X세대 아닙니까?"라는 질문을 받는다. 주변의 신입사원들은 낄낄대며 웃는다. 알고 보니 나이가 많다는 뜻이다. X세대가 트렌디한 신세대를 뜻한다고 생각했던 저자는 당혹스러워한다. 어느새 X세대는 나이 먹은 사람을 칭하는 단어가 된 것이다. 트렌디함과는 거리가 먼 단어가 됐다. 복고, 레트로를 얘기할 때나 나오는 추억의 단어가 됐다.

현재 한국의 트렌드는 MZ세대(1980년대 이후 출생한 밀레니얼Millennial 세대와 1990년대 중반 이후부터 2000년대 초반 사이에 출생한 Z세대를 통칭하는 단어)가 이끌어가는 듯 보인다. 매년 출간되는 각종 트렌드 서적은 이들 MZ세대의 라이프스타일과 소비 성향에 주목한다. 모든 기업은 MZ

를 겨냥한 마케팅을 하겠다고 선언한다. 언제부턴가 가장 젊은 세대가 사회의 트렌드를 이끌어가는 것이 당연해졌다. 언제부터? X세대가 20대였던 때부터다.

X세대가 윗세대와 가장 구별되는 것은 '문화'다. 이전의 세대는 유신 세대, 산업화 세대, 민주화 세대 등으로 불렸다. 정치적이거나 경제적인 차원에서 이름 붙여졌다. X세대는 이름의 뜻조차 모호하다. 뭔지는 잘 모르겠지만 새롭고 좋아 보이는 것들을 만들어냈다. 문화적인 부분에서 이 세대의 역량은 특출났다. 이들은 젊은 사람들이 이끌어가는 문화 트렌드를 만든 첫 세대다. 지금까지도 문화 영역에서 이들의 영향력은 지속되고 있다.

1990년대에 데뷔한 X세대 배우들은 아직도 주연 자리를 차지하고 있다. 배우뿐 아니라 MC나 예능인들도 그렇다. X세대 PD들이 전성기를 구가하고 있다. 1990년대 시네키즈였던 X세대 영화감독들은 세계적인 거장으로 성장했다. 이렇다 보니 계속 1990년대의 추억이 소환된다. X세대가 주인공이거나 이 세대를 겨냥한 레트로 콘텐츠들이 지속적으로 생산된다. MZ세대가 1990년대의 콘텐츠를 발굴하는 경우도 있다. 그들의 눈에 1990년대의 스타일은 촌스러운 것이 아니라 '오래된 새로운 것'이다. 이렇게 레트로는 커다란 트렌드로 자리 잡았다.

MZ세대가 소비 주체로 주목받고 있지만 그것을 만드는 주역은 X세대다. 전 세계의 MZ세대가 열광하는 아이돌을 키워낸 건 X세대 프로듀서다. 음악뿐 아니라 방송, 영화에서부터 책까지 콘텐츠 생산에 있어서 X세대는 아직까지도 탁월한 능력을 발휘하고 있다. MZ가 좋아하는 공간과 MZ가 자주 사용하는 서비스도 X세대가 만든 것들이 많다.

비즈니스 영역에서도 X세대는 강한 영향력을 행사한다. 지금은 당연하게 여겨지는 일하는 여성이나 싱글가구, 딩크족과 같은 라이프스타일도 X세대가 처음 시도한 것들이다. 트렌드를 이끌어간다는 것이 새로운 흐름을 만들어낸다는 의미라면, X세대는 아직도 트렌드를 선도하고 있다.

삐삐에서부터 시작해 PCS와 시티폰, 스마트폰까지 숨 가쁜 모든 변화를 무리 없이 따라잡은 그들이다. 아날로그의 시대에서 디지털 시대로 자연스럽게 넘어왔다. 자고 일어나면 새로운 것이 나타나는 과도기를 수없이 겪었다. 기술의 파도 속에서 살아남기 위해 끊임없이 배워야 했다. 배움이 일상이 된 세대다. 어떤 새로운 것이 나와도 겁먹지 않는다. 이들의 적응력은 상상을 초월한다. 그래서 트렌드에 민감하게 반응할 수 있다.

젊은 사고방식을 유지하고 있기에 나이를 먹어도 진보적이다. X세대가 한국 사회의 중심에서 계속 영향력을 발휘할 수 있는 것은 이런 성향 때문이다.

1.

X세대는
언제나 주인공

여전히 주인공인 X세대 배우들

연예계에서 X세대의 활약은 유독 두드러진다. 그들은 1990년대 대중
문화의 꽃을 피운 주역이다. 그때 경력을 시작한 X세대들이 아직까지
도 주인공 자리를 꿰차고 있다.

영화 〈비트(1997)〉로 1990년대의 X세대를 대표하는 얼굴이 된 배우
정우성(1973년생)은 아직도 톱스타다. "짜릿해! 늘 새로워! 잘 생긴 게
최고야!"[17]라는 유행어를 만들며 대한민국 대표 미남의 자리를 지키고
있다. 멜로 영화부터 액션, 정치적·사회적 메시지를 담은 영화까지 장르
를 넘나들며 활발하게 활동 중이다. 몇 년 전부터는 유엔난민기구 친선

대사로 활동하며 사회적으로도 적극적인 목소리를 내고 있다.

〈광해, 왕이 된 남자(2012)〉, 〈도둑들(2012)〉, 〈7번 방의 선물(2013)〉, 〈암살(2015)〉, 〈베테랑(2015)〉, 〈부산행(2016)〉, 〈신과 함께(2017·2018)〉, 〈극한직업(2019)〉, 〈기생충(2019)〉 등 최근 10년간 천만 관객을 모은 영화의 주연급 배우는 대부분 X세대가 차지하고 있다.

이병헌(1970년생), 황정민(1970년생), 류승룡(1970년생), 이정재(1972년생), 정우성(1973년생), 곽도원(1973년생), 이선균(1975년생), 하정우(1978년생), 공유(1979년생) 등 X세대 남자배우들이 없으면 영화 제작이 안 될 정도다.

아직까지 전성기를 유지하고 있는 X세대 여배우들은 더욱 특별하다. 예전에는 여배우들이 20대가 지나 나이를 먹으면 자연스럽게 조연으로 물러났다. 30대에는 (주인공의) 언니나 이모, 40대부터는 엄마, 좀 더 나이를 먹으면 할머니 역할이 자연스러웠다. 그러나 X세대 여배우들은 다른 길을 간다. 이들은 독립적인 싱글여성, 프로페셔널한 직업인 등 성별과 나이를 뛰어넘는 캐릭터를 연기한다. 전형적인 여성상을 뛰어넘어 연기할 수 있는 역할의 스펙트럼을 확장하고 있다.

김혜수(1970년생)는 범죄 조직의 우두머리(〈미옥(2017)〉, 〈차이나타운(2014)〉)로 분하는가 하면, 미혼모를 주제로 임신한 싱글 톱배우를 연기(〈굿바이싱글(2016)〉)한다. 한국을 대표하는 여배우 전도연(1973년생)은 여전히 사랑에 빠지는 여주인공(〈남과 여(2015)〉)이자 직업을 통해 자신을 찾아가는 변호사(〈굿와이프(2016)〉)이고, 세상을 떠난 아들을 잊지 못하는 엄마(〈생일(2018)〉)이기도 하다. 1990년대 톡톡 튀는 신세대를 대표했던 김희선(1977년생)은 여전히 발랄한 이미지를 간직하고 있다. 역시

X세대 배우인 김선아(1973년생)와 투톱으로 출연한 JTBC 드라마 〈품위 있는 그녀(2017)〉는 당시 역대 종편 시청률 1위를 기록했다.

2000년대 초반부터 2010년대 초반까지는 '20대 여배우 기근'이라는 얘기가 많았다. 최근에는 그런 말이 잘 들리지 않는다. 20대 여배우들이 많아져 기근이 사라진 것일 수도 있다. 한편으론 '젊은 여성만 할 수 있는 역할'이라는 분야가 희미해지고 있는 것이기도 하다. 그동안 X세대 여배우들이 여러 가지 가능성을 시험하며 역할의 폭을 넓혀놓은 덕이다. 20대 여배우만 고집해야 하는 작품이 줄어든 것이다. 시대가 변하면서 40대, 50대 여배우가 커리어우먼으로, 사랑에 빠지는 주인공으로 전면에 나서는 게 어색하지 않게 됐다.

계속해서 X세대가 주인공으로 등장하니 콘텐츠도 자연히 X세대를 다루게 된다. 1990년대부터 지금까지 X세대는 대중문화 콘텐츠의 주인공이었다. 이들이 20대일 때 X세대 청춘을 다룬 〈비트(1997)〉가 제작됐다. 이들이 30대로 접어들고 골드미스라는 말이 생길 무렵, 〈내 이름은 김삼순(2005)〉이 제작됐다. 노처녀지만 실력 있고 당찬 전문직 여성으로 등장한다. X세대가 40대로 접어들며 〈신사의 품격(2012)〉이 방영됐다. 40대 남자배우 4명을 주인공으로 내세운 이 드라마는 미중년, 꽃중년 열풍을 일으켰다.

X세대는 자신들이 주인공인 콘텐츠를 지속적으로 만들어왔다. 그리고 대중적으로도 흥행이 된다는 것을 계속 증명해왔다.

진화하는 X세대 예능인들

2019년부터 2020년까지 예능계의 이슈는 누가 뭐래도 〈놀면 뭐하니?〉
이다. 유재석(1972년생)은 이 프로그램에서 드러머 '유고스타', 트로트
가수 '유산슬', 라면가게 사장 '라섹', 하프 연주자 '유르페우스', 라디오
DJ '유DJ뽕디스파리', 치킨집 사장 '닭터유', 싹쓰리 멤버 '유두래곤',
그리고 환불원정대 제작자 '지미유'까지 끊임없이 변신하며 '부캐(부캐
릭터)' 열풍을 일으켰다. 〈놀면 뭐하니?〉로 유재석은 '2019 MBC 방송
연예대상' 신인상을 받았다. 부캐인 '유산슬'이 신인상을 받은 것이다.
이 영향으로 2020년을 대표하는 트렌드에 '멀티 페르소나Multi persona'
가 선정되기도 했다.

유재석의 〈놀면 뭐하니?〉는 단순히 인기 있는 예능 프로그램이 아니
라 새로운 트렌드를 만들어냈다. 한 사람의 주인공이 여러 가지 부캐를
가지고 상황에 따라 전환하는 '멀티 페르소나 버라이어티'라는 새로운
장르가 탄생했다. 〈놀면 뭐하니?〉가 가능했던 것은 유재석 개인의 특징
에서 기인한다. 유재석은 철저한 자기관리와 성실함으로 유명하다. 주
어지는 다양한 역할에 금세 몰입하고 끊임없이 노력한다. 불가능할 것
같은 하프 연주를 부단히 연습해서 무사히 공연을 마칠 때, 사람들은 감
동을 느낀다. 시청자들은 이 프로그램을 통해 유재석의 진화를 실시간
으로 확인할 수 있다.

완전히 새로운 방법으로 길을 찾은 예능인도 있다. 송은이(1973년
생)는 이제 예능인이라기보다는 콘텐츠 제작자다. 어느 날, 어느 방송에
서도 불러주지 않는다는 현실에 직면했다. 누가 불러주지 않는다면 내

가 만들겠다고 생각한 걸까. 〈비밀보장〉이란 팟캐스트를 시작했다. 〈비밀보장〉이 성공하며 '컨텐츠랩 비보'를 설립해 대표가 됐다. 이후 더욱 기획에 공을 들인 〈김생민의 영수증〉을 성공시켜 지상파에 편성시켰다. 다시 공중파에서 활약할 수 있게 된 이영자의 뒤에도 기획자 송은이가 있었다.

송은이가 만드는 콘텐츠들은 팟캐스트나 유튜브와 같은 웹에서 시작해 공중파로 확산되는 패턴을 가진다. 기존의 방송국 편성 안에서는 여성 예능인들이 주체적으로 활약할 수 있는 프로그램이 없다. 송은이는 방송국 밖에서 새로운 판을 짠다. 여성 후배들을 모아 '셀럽파이브'를 만들었다. 송은이의 기획으로 김신영의 부캐 '둘째이모 김다비'가 만들어졌다. 여성 예능인들로 만들 수 있는 콘텐츠의 한계를 넘어섰다. 2020년에는 개그우먼 안영미가 대형 기획사 YG 엔터테인먼트에서 송은이가 대표로 있는 미디어랩 시소로 이적하며 화제를 모으기도 했다. 송은이는 크리에이터형 리더십을 가진 새로운 유형의 예능인으로 진화하고 있다.

신동엽(1971년)은 데뷔 때부터 남다른 센스로 유명했다. 성적 유머가 금기시되는 방송문화에서 '동엽신'이라는 독보적인 캐릭터를 만들어냈다. 선을 아슬아슬하게 오가면서도 상대방과 시청자가 불쾌하지 않을 적정선을 유지하며 이른바 '섹드립'을 날린다. 스튜디오 토크를 중심으로 하는 프로그램 진행에서 탁월한 능력을 보인다.

한편, 강호동(1970년생)은 천하장사로 씨름계를 재패하고, 이후 〈무릎팍 도사〉, 〈1박 2일〉 등의 성공을 통해 국민 MC로 등극했다. 거의 20여 년간 정상의 자리를 지키고 있다. 스포츠와 연예계라는 전혀 다른 두 가지 분야에서 정상을 차지한 최초의 인물이다.

연예계는 우리나라에서 가장 트렌드가 빠른 분야다. 그중에서도 예능인들에겐 민첩한 순발력이 필수다. 방송계에서 40대가 넘은 나이에 최정상의 자리를 오랫동안 유지하기란 쉽지 않다.

X세대 예능인들은 끊임없이 진화하고 있다. X세대의 특징인 적응력과 유연함을 바탕으로 계속 배우고 시도한다. 그들은 트렌드를 따라가는 것이 아니라 이끌어간다. 40대를 지나 50대에 접어들고 있지만 아무도 나이 들었다고 생각하지 않는다. 그들의 사고방식이 여전히 젊고, 그들이 만들어내는 콘텐츠가 여전히 신선하기 때문이다.

2.

응답하라 1990!
레트로 열풍

또다시 1990년대다. 2020년 여름, 가요계는 혼성그룹 '싹쓰리'가 휩쓸었다. 유재석, 비, 이효리로 구성된 싹쓰리는 1990년대 옷을 입고 1990년대 음악으로 2020년을 접수했다. 크롭 티셔츠와 멜빵바지 같은 1990년대 패션을 유행시켰다. 1994년 발표됐던 듀스의 〈여름 안에서〉를 리메이크해 음원 차트 정상에 올려놨다. 스타일링에서 안무까지 1990년대 스타일을 제대로 구현했다. 코요태(김종민·신지·빽가)도 1997년 발표됐던 UP의 〈바다〉를 리메이크한 곡을 내놨다. 프로젝트 걸그룹 시크한 아이들은 1996년 최고의 인기를 구가하던 룰라의 〈3! 4!〉를 리메이크했다.

대중문화계의 1990년대 사랑은 유별나다. 계속해서 1990년대가 소환된다. 2012년 영화 〈건축학개론〉은 1990년대 후반 대학생들의 첫사랑을 회상한다. 이 영화의 OST에는 1994년 발표된 전람회의 〈기억의 습작〉이 삽입되었다. 1990년대의 풍경에 더해진 김동률의 목소리는 X세대의 향수를 자극하기에 충분했다. 수지는 이 작품으로 백상예술대상 신인상을 수상했다.

tvN 드라마 〈응답하라〉 시리즈도 1990년대를 배경으로 한다. 잘 고증된 1990년대의 생활상이 '남편 찾기'로 불리우는 러브라인과 어우러져 재미를 준다. 이 드라마 시리즈는 주인공으로 신인이나 조연급 배우를 캐스팅하는데, 방송 이후엔 모두 톱스타로 등극할 만큼 인기를 끌었다.

'좋았던 과거'를 회상하는 사람들

1990년대는 한국 근현대사의 황금기였다. 억눌려 있던 정치적 자유가 풀려났다. 경제적으로는 풍요로웠다. IMF 외환위기가 닥치기 전까지 경제는 계속해서 성장세였다. 국민의 상당수가 자신을 중산층이라고 생각할 만큼 여유가 있었다. IMF 외환위기 이전인 1996년에 우리나라 중산층은 전체 인구의 68.7%였다. 노력만 하면 잘 살 수 있을 거라고 생각했다. 그때는 미래에 대한 낙관이 있었다. 그러나 두 번의 경제 위기를 겪고, 코로나라는 전지구적 재앙까지 닥친 지금 미래는 불투명하기만 하다.

문화체육관광부의 〈한국인 의식·가치관 조사〉에 따르면 스스로 중산층이라고 생각하는 '체감 중산층'은 2013년 43.9%, 2016년 38.8%

였다가, 2019년에는 35.6%까지 하락했다. 스스로를 중산층 이하라고 생각하는 비율은 2013년 50.9%에서 2019년 59.8%로 늘었다. NH투자증권의 〈2020 중산층 보고서〉에 따르면 심지어 중산층 10명 중 4명은 스스로를 하위층으로 인식한다.[18]

사람들은 힘들면 현실을 위로하는 방법으로 '좋았던 과거'를 찾는다. 경제위기가 닥칠 때마다 복고가 유행하는 이유다. 경쟁사회 속에서 팍팍한 현실에 지친 현대인들은 과거에서 위안을 받고자 한다. 1990년대는 우리가 기억하는 '마지막 좋은 시절'이었다.

문화 콘텐츠의 주 생산자와 소비자가 X세대라는 것도 한몫한다. 〈건축학개론〉의 이용주 감독은 1970년생이다. 영화의 주인공 승민과 마찬가지로 연세대학교 건축학과 출신이다. 〈응답하라〉 시리즈를 만든 신원호 PD(1975년생)와 이우정 작가(1974년생)도 1990년대 학번이다. 이들 X세대가 콘텐츠 제작을 주도하게 되면서 자신들의 가장 좋았던 시절을 소환하고 있다.

X세대 소비자는 이 콘텐츠에 환호한다. 어릴 때부터 문화소비 욕구가 남달랐던 X세대다. 이들이 1990년대를 추억하는 콘텐츠에 기꺼이 지갑을 연다. 1990년대가 계속해서 소환될 수밖에 없는 이유다.

MZ세대에게는 '오래된 새로운 것'

한편, MZ세대에게 1990년대는 '오래된 새로운 것'이다. 1990년대생이 1990년대 콘텐츠에 열광하는 현상이 생겨나고 있다. '탑골GD'

로 불리는 '양준일'은 MZ세대가 발견했다. 유튜브에 올려진 양준일의 1990년대 활동 영상이 젊은 세대의 눈에 띄었다. 이 영상엔 "주머니 뒤지면 에어팟 나올 거 같은데", "수백 수천 번을 봐도 이때의 양준일 비주얼은 진심 대단하다 ㄷㄷ", "집 가서 인스타 할 것 같이 생겼슴", "드디어 시대가 양준일을 따라잡았다" 등 1990년대라고는 믿기지 않을 만큼 세련된 당시 양준일의 패션과 외모, 음악에 대한 댓글이 가득하다. 이 영상이 유명해지고 이후 2019년 12월 〈투유프로젝트 - 슈가맨3〉에 양준일이 출연하며 '양준일 열풍'이 시작됐다.

양준일이 활동했던 1991년엔 1990년대생들이 아기였거나 태어나지도 않았다. 이들에게 1990년대는 추억이 아니라 처음 보는 것이다. 처음 보는 것인데 익숙하다. 현재와 비슷하면서도 다르다. 이 점이 MZ세대의 마음을 사로잡았다.

1990년대는 지금 유행하는 거의 모든 대중문화의 토대가 마련된 때다. 10대 취향의 대중가요 시장이 이때 시작됐다. 젊은 남녀를 중심으로 한 트렌디 드라마가 제작되기 시작한 것도 1990년대다. 삐삐나 PCS 같은 개인 통신수단이 이때부터 사용됐다. 현재와 비슷한 점이 많다. 과거이기 때문에 다르기도 하다. 이런 '적당한 새로움'이 1990년대생들에게 과거의 콘텐츠를 찾아내는 재미를 주고 있다.

1990년대가 가진 콘텐츠 파워

트렌드에 민감한 패션과 유통에서도 1990년대를 소환하는 레트로 열풍이 거세다. 요즘 패션계엔 와이드팬츠와 어깨에 뽕을 넣은 빅사이즈 재킷, 1990년대에 유행했던 강렬한 컬러의 믹스매치 등이 유행이다. MZ세대에게 트렌디하다고 평가받는 밴드 '혁오'의 패션 스타일은 1990년대 가수라고 해도 믿을 정도다.

유통가에서도 1990년대 패키지를 재현한 '진로이즈백' 소주가 큰 히트를 쳤다. 이어 OB에서도 과거의 곰돌이 마스코트를 되살린 '오비라거'를 출시했다. 추억의 캔디인 '사랑방 선물'이 재발매되고, LG에선 과거 '골드스타' 로고를 활용한 레트로 패키지를 내놨다. 유통가의 레트로 열풍은 현재진행형이다.

1990년대는 X세대에게는 추억이고 MZ세대에겐 신선함이다. 1990년대는 돌아가고 싶은 '좋았던 과거'이자 '새로움의 보고'이기도 하다. 1990년대에 역사적으로 기록될 만한 수준의 문화 르네상스가 일어났다. 그때 수많은 새로운 시도들이 나타났다. 1990년대에 시도된 것들이 오늘날 우리 대중문화의 높은 수준을 만들었다. 그만큼 1990년대가 간직하고 있는 콘텐츠는 무궁무진하며 파워풀하다. 들춰보면 계속 신선한 것들이 나온다. 앞으로도 1990년대가 계속 소환될 이유다.

3.

글로벌 문화 트렌드의 중심, X세대 크리에이터

K-POP을 만드는 X세대 제작자들

전 세계 MZ세대를 열광시킨 BTS(방탄소년단)의 제작자 방시혁(1972년생). 그는 1994년 '유재하 음악 경연대회' 수상을 통해 대중음악계에 발을 디뎠다. BTS는 그가 설립한 빅히트엔터테인먼트의 첫 아이돌이다. BTS의 세계적인 성공에는 외모, 무대 퍼포먼스, 완성도 높은 뮤직비디오, 글로벌 트렌드를 반영한 음악[19] 등이 바탕이 됐다. 그 위에 그들이 가진 철학이 차별화된 가치로 더해져 '아미ARMY'라 불리는 열광적인 팬덤이 만들어졌다.

BTS는 '선한 영향력'을 사명으로 삼고 실천한다. SNS를 통해 사회적 약자와 역사 등에 대한 사회적 메시지를 내는 것도 주저하지 않는다. BTS가 자신만의 철학을 가진 아티스트로 성장할 수 있었던 비결은 '자율성'이다. 방시혁은 아이돌을 기획사의 통제 하에 만들어내는 '상품'으로 보지 않았다. 멤버 한 명 한 명을 '아티스트'로 대접했다. 개인 작업실을 주고, 곡에 어떤 메시지를 담고 싶은지도 지속적으로 물었다. 제작자와의 수평적 관계 속에서 멤버들은 스스로 가치를 창출하는 주체가 됐다. 아티스트와 눈높이를 맞춘 수평적 소통을 통해 그들의 잠재력을 최대한으로 끌어올렸다. BTS 신화는 그렇게 만들어졌다.

1990년대는 한국 대중문화의 황금기였다. 이 시기 대중문화 스타였던 X세대는 이제 파워풀한 문화 생산자로 성장했다. 서태지와 아이들 출신의 양현석(1970년생)은 YG엔터테인먼트를, 1990년대 파격적인 X세대를 대표했던 박진영(1971년생)은 JYP엔터테인먼트를 이끌고 있다. 이들은 1990년대 젊은이를 중심으로 하는 가요계의 흐름을 만든 주역이다. 이후 제작자로 변신하여 10대가 열광하는 아이돌 문화를 만들어냈다. 끊임없이 세계시장의 문을 두드리며 K-POP이 세계로 확산될 수 있는 토대를 쌓았다.

한편, 1990년대부터 쌓아올린 취향을 바탕으로 코어 팬들을 위한 문화 콘텐츠를 제작하는 X세대도 있다. 유희열(1971년생)은 1990년대 청춘을 위한 한국적 감성 발라드라는 장르를 만들어냈다. 루시드폴, 권진아, 페퍼톤스 등이 소속된 안테나뮤직의 대표 프로듀서로 활동하고 있다. 소속 가수의 대부분이 직접 작사·작곡을 하는 싱어송라이터다. 규모는 작지만 확실한 '취향 저격' 콘텐츠들을 선보이고 있다.

가수 윤종신(1969년생)은 2010년부터 10년 동안 〈월간 윤종신〉을 발매하고 있다. 한 달에 한 번 신곡을 내는 프로젝트다. 뮤지션으로서 게을러지지 않고 본질을 지키며 계속 현역으로 활동하고자 하는 노력이다.

세계적인 거장으로 성장한 1990년대 시네키즈

1990년대 할리우드 영화의 세례와 한국 영화 르네상스를 경험한 시네키즈들은 세계적 거장으로 성장했다. 영화 〈기생충(2019)〉은 한국 영화 최초로 칸 영화제 황금종려상과 2020 아카데미 시상식에서 국제영화상, 각본상, 감독상과 작품상까지 4관왕을 달성했다.

이제 그 자체가 하나의 장르가 된 봉준호(1969년생) 감독은 12살부터 영화감독을 꿈꿨던 시네키즈였다. 1993년 첫 단편영화를 연출한 이후 충무로에서 조연출 등으로 경력을 쌓았다. 〈플란더스의 개(2000)〉로 데뷔한 이후 〈살인의 추억(2003)〉, 〈괴물(2006)〉, 〈설국열차(2013)〉 등의 필모그래피를 통해 하나의 장르로 규정할 수 없는 독특한 작품세계를 창조했다.

최동훈 감독(1971년생)은 〈범죄의 재구성(2004)〉, 〈타짜(2006)〉, 〈도둑들(2012)〉, 〈암살(2015)〉 등으로 장르영화의 문법을 재창조했다. 홍상수, 김기덕, 박찬욱 등 윗세대 감독들이 작가주의를 추구한 반면, 최동훈 감독은 하위문화로 분류되는 장르영화와 〈타짜〉 등 만화에 대한 애착을 그만의 방법으로 표현해 대중의 사랑을 받았다.

한편, 나홍진(1974년생) 감독은 〈추격자(2008)〉, 〈황해(2010)〉, 〈곡성

(2016)〉, 단 세 편의 영화로 한국 대표 감독의 반열에 올랐다. 세 편 모두 칸 영화제에 초청받았다. 사실적이고 잔혹한 표현이 난무하는 독자적인 작품세계를 구축했다. 독창성과 상업성, 작품성을 모두 갖췄다는 평가를 받고 있다.

방송가를 접수한 X세대 PD와 작가들

방송가에서도 X세대의 활약이 두드러진다. KBS에서 〈1박 2일〉이 방송되고 MBC에서 〈무한도전〉이 방송될 시기, "KBS에는 나영석(1976년생) PD가 있고, MBC에는 김태호(1975년생) PD가 있다"는 말이 있었다. 나영석은 마이크를 달고 카메라 앞에 선 최초의 PD다. 〈1박 2일〉에서 '관찰 예능'이라는 새로운 형태의 예능을 만들어냈다. 이를 다양한 형태로 변주하며 〈꽃보다 할배(2013~2018)〉, 〈삼시세끼(2014~2020)〉, 〈강식당(2017~2019)〉, 〈윤식당(2017~2018)〉, 〈알쓸신잡(2017~2018)〉 등 만드는 프로그램마다 히트시키고 있다.

　〈꽃보다 할배〉나 〈삼시세끼〉같은 포맷은 기획 당시만 해도 '망하려고 작정했다'는 평가를 받을 만큼 파격적이었다. 이제는 하나의 장르로 자리 잡은 포맷이다. 대중들이 인위적인 것에 피로를 느낄 시점에 '리얼 야생 버라이어티' 〈1박 2일〉을 제작했다. 방송과 휴식의 구분 없이 출연자들의 24시간을 모두 찍어 가공 없는 자연스러운 웃음을 선사했다. 한국 사회에 '힐링'이 요구되던 시점에 시골에 가서 아무것도 안 하고 밥만 지어 먹는 게 전부인 〈삼시세끼〉를 시작했다. 그는 우리 사회가 원하는 트렌드를 한 발 앞서 포착하고 콘텐츠로 만들어내는 데 발군의 재능을 보여준다.

나영석 PD가 전 세대가 공감하는 편안한 콘텐츠를 만든다면 김태호 PD는 끊임없이 새로운 실험을 하는 연출자다. 〈무한도전(2006~2018)〉은 매회 특집이라고 할 정도로 새로운 기획을 많이 선보였다. 김태호 PD의 경력은 〈무한도전〉과 〈놀면 뭐하니?(2019~)〉로 단출하지만 그 안에서 수많은 포맷을 실험했다. 프로그램 제목만 같을 뿐 사실상 다른 프로그램이라 해도 무방할 정도로 콘셉트가 다양하다. 〈무한도전〉이 10여 년간 지속된 장수 예능이었음에도 이런 변화무쌍함 때문에 식상해지지 않고 인기를 유지할 수 있었다. 〈놀면 뭐하니?〉 역시 '싹쓰리', '환불원정대' 등 다양한 기획을 선보이고 있다.

전 국민을 1990년대로 인도했던 〈응답하라〉 시리즈를 만든 콤비 신원호 PD(1975년생)와 이우정 작가(1974년생)도 X세대다. 예능 PD, 예능 작가 출신이 드라마를 잘 만들 수 있겠냐는 우려가 기우임을 증명했다. 기존 드라마의 문법을 전혀 지키지 않고 새로운 스타일로 대박 신화를 만들었다.

〈응답하라 1997(2012)〉은 tvN 드라마가 질적으로 상승하는 계기가 된 작품으로 평가받는다. 〈응답하라 1994(2013)〉는 케이블TV에서는 처음으로 두 자리 시청률을 기록했다. 2016년 백상예술대상에서 〈응답하라 1988(2015)〉로 TV부문 연출상을 수상했다. 이들이 만드는 드라마는 악역이 없고 인간미가 느껴지는 따뜻한 내용이 주를 이룬다.

〈파리의 연인(2004)〉, 〈프라하의 연인(2005)〉, 〈온에어(2008)〉, 〈시크릿가든(2010)〉, 〈신사의 품격(2012)〉, 〈태양의 후예(2016)〉, 〈도깨비

〈미스터 선샤인(2018)〉, 〈더킹 : 영원의 군주(2020)〉 등 손대는 것마다 대박을 치는 김은숙(1973년생)은 시청률이 잘 나오는 드라마를 만드는 데 있어서는 한국 최고의 경지에 오른 작가다.

절친으로 알려진 김은희(1972년생) 작가는 〈싸인(2011)〉, 〈유령(2012)〉, 〈쓰리 데이즈(2014)〉, 〈시그널(2016)〉 등의 각본을 썼다. 법의학, 사이버 수사, 정치 스릴러, 수사물 등 한국 드라마에서 보기 힘든 전문적인 분야를 다룬다. 넷플릭스를 통해 공개된 〈킹덤(2019~2020)〉은 조선시대를 배경으로 한 좀비물로 전 세계 팬들에게 인기를 얻고 있다.

MZ세대까지 사로잡은 X세대 크리에이터들

작가 한강(1970년생)은 대중적인 재미와는 거리가 먼, 파격적이고 불편한 소설을 쓴다. 2007년 출간한 《채식주의자》가 2016년 맨부커 인터내셔널상을 수상하며 국내외로 주목받는 작가가 됐다. 2014년 작 《소년이 온다》는 광주 민주화운동과 이후 남겨진 사람들의 아픔을 현재의 시각에서 조망한다.

작가 김영하(1968년생)는 대표작 《나는 나를 파괴할 권리가 있다(1996)》로 당시 신세대의 도회적 감수성을 냉정한 시선과 메마른 감성으로 그려낸다는 평을 받았다.[20] 최근 〈알쓸신잡(2017~2018)〉 등 방송 출연을 통해 대중적으로 인기를 얻으며 X세대를 대변하는 작가에서 MZ세대까지 공감하는 작가로 사랑받고 있다.

디자이너 출신의 기업인 조수용(1974년생)은 IT와 출판, 공간을 넘나들며 트렌드를 창조하는 크리에이터다. 네이버 재직(2003~2010) 당시 초록색의 직사각형 검색창 박스 디자인으로 네이버의 아이덴티티를 확립했다. 2011년 창간한 〈매거진B Magazine B〉는 국내 최초의 브랜드 다큐멘터리 매거진이다. 광고 없이 독립적으로 매월 하나씩 브랜드를 깊이 있게 소개한다.

한국의 츠타야서점으로 불리는 '스틸북스'는 다양한 관점으로 큐레이팅된 도서를 제안한다. 또 복합문화공간 '사운즈한남', 도심에서의 쉼을 재정의한 '글래드호텔'과 '네스트호텔', 외식브랜드 '일호식', '세컨드키친' 등 MZ세대가 열광하는 감각적인 브랜드와 공간을 만들어내고 있다. 2018년부터 카카오의 공동대표를 맡고 있기도 하다.

손창현(1977년생) OTD코퍼레이션 대표는 서점 '아크앤북', 복합문화공간 '성수연방', 플리마켓 '띵굴시장' 등 MZ세대가 좋아하는 트렌디한 공간을 만들어내는 데 일가견이 있다. 아무도 눈길을 주지 않던 썰렁한 공간이 그의 손길을 거치면 핫플레이스로 탄생한다.

김범상(1973년생) 전시기획사 글린트 대표는 서울 남산 자락에 오래된 제약회사 건물을 리모델링해 '피크닉 Piknic'이라는 고즈넉한 문화공간을 만들었다. 단시간에 수많은 MZ세대가 방문하는 공간이 됐다. 인스타그램 피드에 피크닉 방문 사진이 없으면 인플루언서가 아니라고 할 정도도. 이렇듯 X세대가 만든 공간에서 MZ세대가 먹고, 놀고, 쇼핑하고, 전시를 보고, 책을 산다.

1990년대에 문화 폭발의 시기를 경험했던 X세대가 파워풀한 문화 생산자로 성장했다. 이들은 선배들이 만들어놓은 천편일률적인 성공방

정식을 따라가지 않는다. 1990년대의 X세대가 "난 나야"를 외쳤듯, 지금도 자기만의 방법으로 새로운 문화를 창조하고 있다. '영화는 이래야 해', '드라마는 이래야 해', '예능은 이래야 해'라는 고정관념을 뛰어넘었다. 대중의 코드를 따라가기보다 대중이 자신의 코드를 따라오게 만든다. 대중이 좋아할만한 것을 한 발 앞서 읽어낸다.

X세대가 만드는 문화 콘텐츠는 X세대만 즐기는 것이 아니다. 오히려 젊은 MZ세대가 더 이들의 콘텐츠에 열광한다. MZ세대가 소비 트렌드를 주도하며 '취향'이 중요한 선택의 기준이 됐다. X세대는 오랜 기간 새로운 문화를 지속적으로 접하며 안목과 취향을 업그레이드해왔다. 이들의 취향은 나이를 먹으며 더욱 깊이가 생겼다. 그럼에도 새로운 문화와 변화에 유연하게 대처하며 트렌드를 놓치지 않는다.

X세대의 단단한 안목은 '믿고 즐길 수 있는' 콘텐츠를 만들어낸다. 지금같이 다양한 취향의 시대에도 X세대 문화생산자들이 트렌드의 중심에서 강력한 영향력을 가질 수 있는 이유다.

4. | 비즈니스 트렌드를 확 바꾼 X세대 기업가들

한민족의 먹는 방법을 바꾼 '배달의민족'

코로나19 이후 배달음식을 시켜 먹는 것이 일상이 됐다. 배달음식과 간편조리식 등 식품 거래액이 늘어나면서 음식서비스 시장 거래액은 2020년 7월 1조 3,780억 원으로 전년 동기간 대비 66.3% 급증했다. 특히 음식서비스의 95%는 모바일로 거래가 이뤄지는 것으로 나타났다.[21] 우리나라는 외국에 비해 적은 감염자 수를 유지하며 코로나19를 잘 관리하고 있다. 일찌감치 배달앱 등이 생활화되며 언택트 시대를 준비할 수 있었던 것도 한몫했다.

휴대폰 터치 몇 번이면 맛집 음식이 따끈하게 집으로 배달되는 세상을 만든 '배달의민족'. 배달의민족은 우리나라 사람들이 음식을 먹는 방법을 바꿔놨다. 배달의민족을 운영하는 우아한형제들의 창업자 김봉진(1976년생)은 X세대다. 네오위즈, NHN 등 IT 기업 디자이너 출신이다.

그는 기존의 다른 배달 앱과 차별화하기 위해 젊은 세대를 겨냥하여 서비스를 론칭했다. 당시만 해도 배달음식은 회사에서 야근을 할 때 주로 시켜 먹는 것이었다. 이때 주문을 담당하는 것은 사회 초년생인 막내들이란 점에 착안한 것. MZ세대를 겨냥한 B급 감성의 유머 코드를 사용한 마케팅은 뜨거운 호응을 얻었다.

배우 류승룡이 고구려 벽화 〈수렵도〉를 패러디해 "우리가 어떤 민족입니까?"를 외치며 국산 서비스임을 강조했다(2014년 당시엔 독일 기업 딜리버리히어로가 운영하는 서비스 '요기요(39%)'와 '배달의민족(45%)'이 배달 서비스 점유율을 양분하고 있었다).

또한 "○○야, 넌 먹을 때가 젤 이뻐"라는 광고 카피로 다이어트에 지친 청춘들의 호응을 끌어내기도 했다. 이후 '배민 신춘문예'를 열어 소비자의 직접 참여를 유도했다. "치킨은 살 안 쪄요. 살은 내가 쪄요"와 같은 카피가 여기서 나왔다. 이후에도 '배민 치플리에 자격시험', '배민 떡볶이 마스터즈'와 같은 행사를 지속적으로 개최하며 젊은 감성으로 소비자들의 참여를 이끌어낸다.

2011년 무자본 스타트업으로 시작한 우아한형제들은 설립 10년 만에 기업 가치 약 4조 7천억 원(2019년 12월 기준)의 유니콘으로 성장했다. 명문대 출신이 많은 스타트업 업계에서 드물게 '흙수저'이자 '공고·전문대' 출신으로 이뤄낸 성과다. 그는 명함에 '경영하는 디자이너'로 자신을 소개한다. 디자이너로서의 정체성을 중요하게 생각한다. 그의 타겟인 MZ

세대는 어릴 때부터 영상문화에 둘러싸인 환경에서 자랐다. 눈으로 보이는 것에 민감하게 반응한다. 싸고 합리적인 것보다도 예쁘고 귀엽고 재미있는 것이 우선이다.

배달의민족은 '배민 폰트'를 내놓고 굿즈를 만드는 등 브랜드의 시각적 아이덴티티를 중요하게 여긴다. 여기에 MZ세대와 공감하는 B급 감성 유머가 더해져 그들의 마음을 얻을 수 있었다. 1990년대 이미지·영상 문화의 전성기를 거쳐 2000년대 IT 디자이너로서의 경험을 쌓은 김봉진 의장의 경험과도 무관하지 않을 것이다.

일관된 디자인으로 브랜드의 정체성을 유지하면서 그 위에 자유분방한 마케팅 전략을 올려놓는 것. 풍부한 문화적 자산을 바탕으로 디지털 세상으로의 빠른 전환을 거치며 생긴 X세대 특유의 유연함이 아닐까.

지역 커뮤니티를 복원하는 중고거래 앱 '당근마켓'

2020년 6월, 중고거래 앱 '당근마켓'에 "벌레잡아주실분"이란 제목의 글이 올라왔다. "어제 저녁에 포획은 했는데 (…) 벌레를 아파트 현관 1층 밖으로 꺼내주실 분 구합니다"라며 거래금액으로 3만 원을 제시했다. 잠시 후 한 이용자가 벌레잡이를 자처하고 나서 '쿨거래(가격 흥정 없이 거래금액을 바로 입금하는 것)'가 이뤄졌다. 그가 벌레를 잡은 인증샷을 온라인 커뮤니티에 올리며 이 에피소드가 유명해졌다. 당근마켓이 단순한 중고거래 플랫폼을 넘어 우리 사회에 의미 있는 무엇이 되어가고 있다는 시그널이다.

2020년 10월 기준 당근마켓의 누적 다운로드는 2,000만 회를 돌파했다. 월간 순 이용자 수MAU : Monthly Active Users는 2020년 1월 480만 명에서 같은 해 10월 1,200만 명으로 늘었다. 이용자 1인당 하루 20분씩 월평균 24회 정도 이용하는 셈이다. 2020년 내 거래액 1조 원을 돌파할 전망이다. 2015년 서비스를 시작한 지 5년 만이다. 코로나19로 중고거래가 위축되지 않을까 우려했던 바와는 달리, 2020년 들어 급성장했다. 사람들이 집에 있는 시간이 길어지며 집 정리에 신경을 쓰게 되고, 그러면서 내다 팔 것을 발견하게 된 것이 첫 번째 이유다.

두 번째 이유는 당근마켓의 '커뮤니티성'이다. 동네 사람들을 중심으로 한 지역 기반 플랫폼이라는 게 가장 큰 특징이다. 반경 6km 이내(서울 4km) 동네 사람들끼리 주로 대면 거래한다. 전국 6,577개(2020년 11월 기준) 지역에서 중고거래는 물론 동네 소식을 전하는 역할도 한다. '아현동에서 구두 굽 갈 수 있는 곳'이나 '근처에서 칼 갈 수 있는 곳'[22] 등 지역 밀착형 정보가 오간다. 이러한 특징 때문에 중고거래를 할 때만 켜는 게 아니라 '우리 동네에 무슨 일이 있나' 하며 하루에 한 번씩은 켜보는 앱이 됐다. 모바일 어플리케이션이 오히려 지역 커뮤니티를 부활시키는 역할을 하고 있다.

당근마켓의 성장 비결은 '유연성'이다. 개발자 출신의 김재현(1979년생) 대표와 기획자 출신의 김용현(1978년생) 대표는 카카오 근무 시절 처음 만났다. 시작은 판교 주변 IT기업 직원들을 대상으로 한 중고거래 앱이었다. 그런데 판교 지역 주부들에게서 서비스에 대한 호응이 나타났다. 타깃을 직장인에서 동네사람들로 바꿨다. 판교에서 전국으로 서비스 범위를 넓히면서 각 지역에 맞는 전략을 연구했다. 회사가 급성장하면서 기획자를 뽑지 않는다는 원칙을 깨고 기획자를 채용하기 시작했다. "회사가 성장할수록 절대 불변의 원칙은 없다는 사실을 알았다"[23]고 말한다.

20여 년간 가장 역동적인 변화가 있었던 IT 분야에 몸담았던 두 사람이다. 그 시기를 함께 지나온 모든 X세대가 그러하듯이 유연함을 본능적으로 장착하게 됐다. 네이버, 카카오 등 국내 최첨단의 IT 트렌드를 선도하는 기업을 거쳤다. 그런 두 사람이 역설적이게도 오프라인 기반의 지역 커뮤니티를 되살리는 서비스를 운영하고 있다. 당근마켓을 통해 사람들이 수십 년간 잊고 살았던 '이웃'을 되찾고 있다. IT가 사람들의 생활을 어떻게 더 좋게 만들 수 있을지, 유연한 사고를 바탕으로 고민한 결과다.

발품 대신 손품, 부동산 찾는 법을 변화시킨 '직방'

'직방'의 창업자 안성우(1979년생) 대표는 회계사 수험생 시절, 자취방을 구하러 전전했지만 원하는 방을 찾을 수 없었다. 이때의 불편함을 개선하려 직방을 만들었다. 초창기에는 온라인의 부동산 매물은 정보가 부실하다는 점에 주목했다. 매물에 대한 자세한 사진과 주변 환경 등 최대한 많은 정보를 담으려 했다. 초창기 서비스는 직거래에 집중했다. 소비자들이 기존 부동산 중개업소에 불만이 많아 직거래를 원한다고 생각했다. 그래서 이름도 '직방'이라고 지었다.

하지만 오래 가지 않아 부동산 중개업소들이 정보를 올리는 방식으로 변경했다. 기존의 부동산 중개업소가 하던 일을 온라인에서 좀 더 정확하게 구현하는 쪽으로 방향을 잡았다. "소비자들의 목소리를 들어보면 직거래를 찾는 사람들이 많을 거 같은데 실제로는 그렇지 않더라고요. 일부 적극적인 사람들이 얘기를 많이 해서 그렇지 대다수는 집 구할 때 걱정이나 불편함 해소를 바라는 것이지, 직거래를 찾는 것은 아니었습니다."[24] 기존 중개업체가 제공하는 서비스에 대한 불만이 있기는 하지만, 직거래에 대한 불안함이 더 크다는 뜻이다.

직방은 기존 중개업소의 신뢰도를 올리는 데 집중했다. 안심중개사 제도를 도입해 허위매물을 걸러내는 데 주력했다. 이후 직방은 방대한 양의 부동산 빅데이터를 구축하며 프롭테크Prop Tech(부동산 기술) 분야를 선도하고 있다. 2018년 부동산 실거래가를 제공하는 '호갱노노'를 인수했다. 포털사이트 다음의 부동산 섹션도 위탁 운영한다. 셰어하우스 '우주'와 상업용 부동산 거래 플랫폼 '네모'를 인수했다.

안성우 대표는 한국의 프롭테크 생태계를 키워 업계가 다 함께 혁신하고 성장하는 미래를 꿈꾼다. 이를 위해 2019년에는 205억 원 규모의 프롭테크 전문 투자 펀드를 조성했다. 이 분야의 스타트업을 지원하는 게 목표다.

직방은 집을 구하는 방법을 오프라인에서 온라인으로 바꿨다. '소비자가 집을 쉽게 찾도록 하는 것'이라는 목표는 명확하되 그것을 구현하는 방법은 유연하게 변경했다. 최초에 설계했던 비즈니스 모델에 소비자가 불편함을 느끼자 바로 직거래 위주에서 중개거래 위주로 바꿨다. 최초의 목표가 달성되자 업계 전체의 성장으로 목표를 업그레이드했다. 이제는 프롭테크 생태계를 조성하고자 한다.

X세대는 IT 발전과 함께 성장했다. 안성우 대표에게 부동산을 온라인으로도 구할 수 있다는 생각은 자연스러운 것이었다. 여기에 X세대 특유의 유연함이 더해졌다. 비즈니스의 방법을 바꾸고 목표를 계속해서 업그레이드해가며 성장하고 있다.

유연함을 무기로 한국 경제계를 이끄는 X세대 경영자들

국내 주요 그룹도 X세대 총수들이 부상하고 있다. 200대 그룹 중 공식적으로 회장 자리에 오른 1970년대생 오너 경영자는 7명이다. 현대자동차 정의선(1970년대생), 한국야쿠르트 윤호중(1971년생), 조선내화 이인옥(1971년생), 현대백화점 정지선(1972년생), 한진 조원태(1975년생), DB 김남호(1975년생), LG 구광모(1978년생) 등이다. 넥센 강호찬(1971년생), 동원 김남정(1974년생), 한국콜마 윤상현(1974년생) 등 부회장급까지 포함하면 더 많다.

최근 한국의 비즈니스 트렌드는 벤처기업, 또는 스타트업으로 시작한 IT 기반 기업들이 이끌어왔다. 이들이 비즈니스의 변화를 주도하며 경제계를 이끈다. 반면 그룹 규모의 대기업은 규모가 크기 때문에 경제계에 미치는 영향이 큰 데 비해 규모가 크기 때문에 세대교체의 속도는 느리다. 그러나 시간이 지날수록 대기업 총수들도 X세대의 비중이 높아질 것이다. 이들이 재계 전면에 나서게 되면 비즈니스의 양상도 크게 변화될 것으로 전망된다.

현대백화점 정지선 회장이 주도적으로 준비한 야심작 '더 현대 서울'

이 좋은 예다. 코로나19 시국에도 2021년 2월 오픈 첫 주말에 100만 명 이상의 방문객을 동원하며 미래형 백화점의 가능성을 보여줬다.

경제계에서는 "투명한 기업문화와 정공법 등으로 기존 세대에서 이룩한 기업을 뛰어넘을 정도의 성장 발전 토대를 새롭게 구축할지, 아니면 창업자 때부터 이어오는 경영 구습과 관행을 답습하며 현상을 유지하는 데 주력할지에 따라 향후 그룹의 운명도 시간의 흐름에 따라 달라질 수밖에 없다"[25]고 말한다. 대규모 기업집단들의 미래가 X세대 경영자들에게 달려있는 셈이다.

소위 '재벌'이라고 불리는 거대 그룹에 대한 국민들의 시선이 곱지만은 않다. X세대 경영자도 마찬가지다. 일부는 이미 '갑질 논란' 등으로 국민적인 질타를 받기도 했다. 앞으로 이들이 X세대 특유의 유연함으로 윗세대의 구습을 타파하고 새롭게 혁신할 수 있을지가 관건이다.

이들은 최신 IT 경향과 비즈니스 트렌드에도 민감한 세대다. 이들이 어떤 선택을 하느냐에 따라 우리나라 경제계의 미래가 달라진다. X세대가 이끌어갈 미래의 모습은 좀 더 투명하고 합리적이며 혁신적일 것으로 기대해본다.

5.

고정관념을 거부하는
X세대의 라이프스타일

2000년은 X세대의 첫째인 1970년생이 서른이 되는 해였다. 2000년 9월 통계청이 발표한 〈99년 인구동태 결과〉에 따르면, 1970년 이후 출산율이 최저를 기록했다. 당시 한국인들의 평균 결혼연령은 남자는 29.1세, 여자는 26.3세였다. X세대가 한창 결혼할 시기였다. 10년 전인 1990년에 비해 남자는 1.3년 늦게, 여자는 1.5년 늦게 결혼하고 있었다.

결혼하는 커플 중 동갑은 12.4%, 연상연하 10.1%로 부부의 모습도 달라졌다. 이혼하는 부부는 1990년 인구 1,000명 당 1.1건에서 1999년 2.5건으로 늘어났다.[26] 이렇듯 X세대부터 시작된 가족의 변화는 2000년에 이미 조짐이 드러나고 있었다.

결혼과 연애에 대한 고정관념을 벗어난 여성들

"마이 드림 이즈 커리어우먼." 2020년 10월 개봉한 영화 〈삼진그룹영어토익반〉의 대사다. 영화는 1995년 대기업에 근무하던 말단 여직원들의 이야기를 담았다. 회사에선 고졸 사원도 토익 600점을 넘기면 대리가 될 수 있다고 발표한다. 커피 타기와 잔심부름에 지친 그들은 대리가 되어 '진짜 일'을 하겠다는 희망에 토익반으로 모인다.

당시 '국제화' 시대로의 진입을 상징하는 '토익'을 배경으로 한 이 영화에선 주인공 여성들의 '일'이 그려진다. 이 영화에는 그 흔한 러브라인도 없다. 당시 여성들의 꿈이 어디를 향했는지 보여주는 영화다. '좋은 남자 만나서 시집 잘 가는 것'이 아니라 '커리어우먼'이 꿈인 여성들이 이때부터 나타났다.

1970년 1.6%에 불과했던 여성의 대학 진학률은 X세대가 대학에 들어가기 시작한 1990년 8.3%로 증가했다.[27] 남학생들과 같은 교육을 받고 자라 능력 면에서 남성에 뒤처질 것 없다고 생각하는 여성들이 늘어났다. 당시만 해도 결혼해서 아이를 낳으면 커리어를 중단해야 하는 경우가 많았다. 그러나 결혼과 출산은 미뤄두고 일에 몰두하는 여성들이 나타나기 시작했다.

2011년 결혼관에 대해 물어본 설문조사 결과에 의하면, 전 세대 중 X세대가 가장 탈전통적인 답변을 했다. 결혼은 하지 않아도 된다는 대답과 결혼생활이 불행하다면 이혼하는 게 낫다는 대답, 결혼 적령기는 없다는 대답이 모두 가장 많이 나왔다.[28]

골드미스는 이러한 사고방식이 실제 라이프스타일로 나타난 결과다. 남성들과 동등하거나 더 높은 수준의 학력과 경제력을 갖춘 여성들이 생겨났다. 어릴 때부터 개인의 자유와 성취가 가장 중요하다고 생각하며 자란 X세대 여성들이다. 그들은 굳이 결혼이라는 제도에 편입될 이유를 찾지 못했다. 결혼을 미루고 싱글족으로서의 삶을 즐기며 나를 위한 소비에 투자했다. 기업들은 이들의 새로운 소비 트렌드에 주목해 '골드미스'라고 이름 붙였다.

여성들의 사회적·경제적 지위가 높아지면서 연애와 결혼의 모습도 달라지기 시작했다. 연상연하 커플이 늘며 2000년 전후로 대중문화에도 연상연하 바람이 불었다. 영화 〈찜(1998)〉의 김혜수와 안재욱, 드라마 〈로망스(2002)〉의 김하늘과 김재원, 〈올드미스다이어리(2004)〉의 예지원과 지현우, 〈여우야 뭐하니(2006)〉의 고현정과 천정명, 〈소문난 칠공주(2006)〉의 이태란과 박해진 등 이 시기에 연상연하 커플을 다룬 대중문화 콘텐츠가 쏟아져 나왔다.

선호하는 남성상도 터프한 남성에서 부드러운 남성으로 변했다. 1990년대를 대표하는 〈사랑을 그대 품안에(1994)〉의 차인표는 부드러우면서도 터프한 면을 가지고 있었다. 그러다 2000년 들어 '꽃미남'이란 말이 생겼다. 이 시기 〈호텔리어(2001)〉, 〈겨울연가(2002)〉의 배용준이 대표적인 꽃미남으로 인기를 끌었다.

이제 여성들은 나를 보호해줄 수 있는 터프하고 강한 남성상이 아니라, 나와 동등하거나 오히려 동생 같은 남성상을 원하기 시작했다. 아이 같은 얼굴의 가수 비가 연하남을 상징하는 대표적인 남성상으로 사랑받았다.

현실의 벽 앞에 늘어난 싱글족과 딩크족

2000년대 들어 혼인율과 출산율이 떨어진 것은 여성들의 사회적 지위 향상 때문만은 아니다. 이 시기 결혼과 출산이 어려워진 것은 현실적인 문제 때문이다. IMF를 거치며 평생 직장이라는 개념이 사라졌다. 당시 사회 초년생이었던 X세대에게 현실은 가혹했다. 대학만 졸업하면 어디든 정규직으로 취업할 수 있던 시기는 지나가버렸다. 취업을 해도 고용 불안에 시달렸다. 이전에는 대학 시절 만나 연애하다 남자가 군대에 다녀와 안정적인 직장을 잡고, 몇 년간 모은 돈으로 전세금을 마련할 무렵 결혼을 생각했다. 하지만 X세대부터는 아무리 계산기를 두드려도 답이 나오지 않았다.

1980년 10.6건으로 정점을 찍은 조혼인율(1,000명 당 혼인 건수)은 이후 1996년 9.4건으로 감소세를 보인다. IMF를 지난 후 2003년에는 6.3건으로 대폭 하락했다. 이후 계속된 하락세를 보이며 2018년에는 5.0건까지 떨어졌다. X세대부터 시작된 비혼과 미혼 경향은 아직까지 지속되고 있다. 점점 더 심해지는 추세다. 이제는 "왜 결혼 안 해?"라고 묻는 사람은 별로 없다. 오히려 "왜 결혼해?"라고 묻는 사회가 되어가고 있다.

〈나 혼자 산다(2013~)〉, 〈미운 우리 새끼(2016~)〉는 이런 현실을 반영한다. 싱글족의 리얼 라이프스타일을 관찰하는 이 프로그램들은 오랜 기간 높은 시청율을 기록하고 있다. 혼자 사는 것이 이상하지 않은 사회가 됐다. 특히 〈미운 우리 새끼〉에는 중년 남성 싱글 연예인들이 등장한다. 박수홍(1970년생), 임원희(1970년생), 이상민(1973년생), 김종국(1976

년생) 등 X세대다. 이 연령대의 싱글 인구가 늘어나는 현실을 잘 반영한다. 혼자 사는 삶을 선택한 X세대들이 이제 중년에 접어들고 있다.

결혼은 하더라도 아이는 낳지 않으려는 추세도 확산됐다. '딩크족 DINK : Double Income, No Kids'이란 단어도 IMF 이후 X세대가 가정을 꾸릴 무렵 일반화되기 시작했다. 부부 두 사람을 위한 삶을 살며 자녀 양육의 부담은 거부하기 시작한 것이다. '나의 행복'을 최우선으로 생각하는 X세대의 선택이다.

1965년 5명대이던 출산율은 지속적으로 떨어지고 있다. X세대가 결혼·출산을 하던 1990년대 후반부터 2000년대에는 1명대까지 떨어졌다.[29] 2019년 발표된 통계청의 〈특별인구추계〉에 따르면 2018년 합계 출산율은 0.98명까지 떨어졌다.[30] 2명이 만나 1명도 낳지 않는 것이다.

'내 행복' 찾아 이혼을 선택하는 사람들

X세대는 이혼도 개의치 않는다. 2019년 기준 남녀 모두 40대의 이혼율이 가장 높았다. 남성의 경우 45~49세의 이혼율이 1천 명당 8.6건으로 가장 많았다. 그다음은 40~44세와 50~54세로 각각 8.1건이다. 여성은 40~44세의 이혼율이 9.0건으로 가장 많았고, 그다음은 45~50세 8.8건으로 나타났다.[31] X세대가 본격적으로 가정을 꾸리기 시작한 건 1990년대 후반부터다. 1990년대 후반부터 2000년대 초반 사이 이혼율이 급격히 치솟았다가 감소세로 돌아섰다. 이 기간 한국 사회에서 이혼에 대한 인식이 많이 바뀌었다.

이제 이혼은 별일이 아니게 되었다. 자랑할 것까지는 없지만 감출 필요도 없다. 그저 일생에 일어날 수 있는 에피소드 중 하나로 취급된다. 급기야 이혼 부부를 다룬 리얼리티 프로그램 〈우리 이혼했어요(2020)〉가 방송을 시작했다. 이 프로그램은 첫 방송 시청률 10.2%로 동시간 최고를 기록했다. 이 프로그램에 출연한 연예인 이영하－선우은숙이 이혼하던 2007년만 해도 심경고백 기자회견을 열어 대국민 사과를 할 정도로 이혼은 큰 사건이었다. 13년이 지난 지금 연예인의 이혼은 뉴스도 안 된다.

개인의 행복과 욕구를 중요시하는 X세대는 결혼생활이 행복하지 않다면 이혼을 선택한다. 예전처럼 자식 때문에, 경제적 문제 때문에 참고 살지 않는다. 아이의 엄마, 아빠라는 정체성보다도 나 자신의 정체성을 중요하게 생각한다. 가족을 위해 희생하기보다는 나의 행복을 위해 이혼을 선택한다. 사회적 분위기도 바뀌었다. 가족의 동의를 받는 것이 예전보다 쉬워졌다. X세대부터 보편화된 이혼은 결혼의 파국이 아니라 좀 더 나은 미래를 위한 선택으로 인식되고 있다.

결혼 제도 바깥, 생활동반자들의 동거

결혼의 부담이 버겁지만 싱글의 외로움도 두려운 이들이 또 다른 선택을 하기 시작했다. 동거에 대한 사회적 인식이 달라지고 있다. 우리나라 사람 10명 중 6명은 동거에 대해 긍정적인 것으로 나타났다. 통계청이 발표한 〈2020년 사회조사 결과〉다. "남녀가 결혼하지 않더라도 함께 살 수 있다"고 대답한 사람은 응답자의 59.7%로 나타났다. 이 비율은 2012년 45.9%, 2014년 46.6%, 2016년 48.0%, 2018년 56.4%로 높아져 2020년에는 60%에 육박한다. "결혼하지 않고도 자녀를 가질 수 있다"고 생각하는 사람은 30.7%였다. 이 역시 2012년 22.4%, 2014년 22.5%, 2016년 24.2%, 2018년 30.3% 등 계속 증가 추세다.[32]

비혼과 이혼 등으로 인해 1인 가구는 계속 증가할 전망이다. 좀 더 나이가 들면 사별의 가능성도 있다. 이제 사람들은 평생에 한 번은 혼자 살게 될 가능성이 높아졌다. 1인 가구는 필연적으로 '돌봄'의 문제를 동반한다. 몸이 아프거나 큰일이 생겼을 때 안전망이 필요하다. 당장 쉰에 접어들기 시작한 X세대 싱글에게 중요한 문제다. 이 문제를 해결할 수 있는 방법이 동거다. 꼭 남녀간의 동거가 아니더라도, 결혼하지 않은 개인들이 함께 살면서 서로 돌볼 수 있는 법적 장치가 필요하다.

2014년 19대 국회에서 당시 새정치민주연합(현 더불어민주당) 진선미 의원이 '생활동반자법' 발의를 시도했다. 두 성인이 함께 살며 서로 돌보기로 약속한 관계를 '생활동반자 관계'로 정의했다. 생활동반자 관계를 국가에 등록하면, 이들에게 필요한 사회복지 혜택 등을 보장해주자는 것이다. 19대 국회 당시 여러 차례 이 법의 발의를 시도했으나 번번이 실패했다. 오히려 20년간 남자친구와 동거 커플로 살았던 진의원 본인도 비난에 부딪혀 혼인신고를 해야 했다.

7년이 지난 2021년엔 정부 차원에서 새롭게 가족을 정의하고자 하는 움직임이 나타나고 있다. 여성가족부는 기존 결혼제도 밖에 있는 비혼, 동거 등 다양한 가족 형태를 법 안으로 끌어안는 방안을 마련했다. 2021년 4월까지 다양한 가족구성을 가족으로 정의하고, 이들에 대한 생활과 재산의 권리를 보호할 수 있는 방안을 담은 '제4차 건강가정기본 계획'을 수립해 발표했다.[33] 점차 결혼하지 않는 것이 주류가 되어가고 있다. 결혼 밖 개인들의 돌봄 문제를 사회적으로 함께 분담하고자 하는 움직임이 국가 차원에서 시작된 것이다.

프랑스의 사상가 자크 아탈리Jacques Attali는 20년 전 《21세기 사전》이 란 저서에서 "2030년이면 일부일처제 결혼제도가 사라지고 90%가 동 거로 바뀔 것"이라고 전망했다. 프랑스는 동거 커플도 결혼한 부부와 같 은 수준의 사회보장 서비스를 받는다. 1999년 도입된 '팍스(PACS, 시민 연대계약)'란 제도 덕분이다.

이 협약을 맺은 커플은 1999년 6,151쌍에서 2018년 20만 9,000쌍 으로 증가했다. 2017년 프랑스의 신생아 중 59.9%가 결혼하지 않은 커 플 사이에서 태어났다. 결혼하지 않아도 아이를 낳아 키울 수 있는 사회 보장 제도가 있다 보니 안심하고 출산하는 것이다. 돌봄 문제뿐 아니라 저출산 문제 해결에도 열쇠가 될 수 있는 제도다.

비혼이 주류가 될 미래

X세대는 결혼과 출산을 '의무'의 관점이 아닌 '행복'의 관점으로 바라 본 첫 세대다. 결혼과 출산, 이혼, 비혼, 동거 등 다양한 삶의 방식을 선 택하는 기준은 '나의 행복'이다. X세대의 의식 변화는 우리 국민 전체 의 라이프스타일을 변화시켰다.

X세대에서 시작된 가족 형태의 변화가 밀레니얼 세대를 거치며 확

대되고 있다. 사회가 급속히 변화하면서 점점 더 전통적인 가부장적 가족 형태의 매력이 떨어지고 있다. 그동안 결혼을 통해 만들어졌던 가족을 대신할 새로운 방법이 필요해지고 있다.

앞으로는 결혼이 비주류가 될 것이다. 비혼이 주류인 미래가 다가오고 있다. 한편, X세대는 혼자 사는 상태로 노인이 될 사람들이 역사상 가장 많은 첫 세대다. 동시에 X세대는 지금 한국 사회에서 가장 큰 영향력을 가지는 세대이기도 하다.

비혼이 주류가 될 사회를 위한 제도적 준비를 시작해야 할 때다. 언젠가 한 번은 독신이 될 X세대 스스로의 미래와 후배 세대를 위해 필요한 일이다. 기존 기성세대와는 달리 열린 사고방식을 가진 X세대가 사회적 주류 세대일 때 할 수 있는 일이다. 이는 저출산, 고령화 등 한국 사회의 미래 문제 해결을 위해서도 꼭 필요한 일이다.

6.

대한민국 정치의 판도를 바꾸는 X세대

대한민국에서 가장 진보적인 연령대

X세대는 한국 사회의 모든 연령대 중 가장 진보적인 세대다. 통계청이 발간한 〈한국의 사회동향 2016〉 중 '정치 태도와 행위의 세대간 차이' 보고서에 실린 내용이다. 2013년 기준 세대별 보수적 성향을 파악한 자료에서 1970~1974년생의 보수 성향이 19.7%로 전 연령 중 가장 낮았다. 그다음은 1975~1979년생으로 26.6%였다. 밀레니얼 세대라고 불리는 1985~1989년생의 30.4%와 1990년대 이후 출생자들의 26.9% 보다도 낮은 수치다.

눈에 띄는 것은 이들의 일관된 비보수적 성향이다. X세대는 10년 전인 2003년에도 비보수적 성향을 띠었고, 2013년에는 더 진보적이 되었다. 2003년 32.9%였던 1970~1974년생의 보수 성향은 2013년 19.7%로 오히려 줄었다. 1975~1979년생의 보수 성향도 33.1%에서 26.6%로 줄었다.[34]

이러한 경향은 지금까지도 이어지고 있다. 2019년 리서치회사 입소스코리아가 발표한 〈성/연령별 정치 성향 및 라이프스타일 분석〉 자료에 따르면 40대의 (문재인 정부에 대한) 국정운영 지지율은 전 연령에서 가장 높은 44%로 나타났다. 특히 40대 남성은 국정운영 지지율 62%, 정의당 지지율 17%로 진보적 성향이 모든 성·연령에 걸쳐 가장 높았다.[35]

X세대는 현재 더불어민주당과 문재인 정부의 가장 강력한 지지자다. 2020년 10월 둘째 주 갤럽 여론조사에 따르면 더불어민주당 대 국민의힘 지지율은 전 연령에서 38% 대 18%였다. 그러나 40대에서는 50% 대 9%로 전체 평균과 큰 격차를 보였다. 여기에 정의당 지지율 6%, 열린민주당 지지율 4%를 더하면 40대의 진보정당 지지율은 60%까지 올라간다.

이들은 문재인 대통령에 대해서도 평균보다 강한 지지를 보인다. 리서치뷰의 40대 문재인 대통령 직무평가 추이를 보면 2017년 하반기 76.3%(전체 평균 69.4%), 2018년 하반기 63.1%(전체 평균 54.4%), 2019년 하반기 60.1%(전체 평균 47.3%), 2020년 상반기 59.0%(전체 평균 50.5%)로 가장 높은 긍정평가 비율을 유지하고 있다.

이들은 20대였던 2002년 대선 당시 '노무현 돌풍'을 만든 주요 세대다. 16대 대선 출구조사에서 20대의 노무현 후보 지지율은 59%(MBC)와 62.1%(KBS)로 전 연령대에서 가장 높았다. 당시 20대였던 X세대는 권위주의와 지역주의를 타파하고자 하는 노무현 후보의 정치개혁에 열광했다. 자유주의와 개인주의를 중요하게 생각했던 X세대의 성향과 가장 잘 맞았던 것이다.

당시 노무현 돌풍을 만들고 승리를 경험했던 '노무현 키즈'들은 나이를 먹어서도 변함없이 민주당을 지지하고 있다. 2020년 21대 총선 출구조사에서 40대의 민주당 지지율은 64.5%로 전 세대에서 가장 높은 비율을 보여주고 있다.[36]

X세대는 정치적 자유가 보장된 환경에서 성장했다. 청소년일 때 전직 대통령이 구속되어 사형선고받는 장면을 생중계로 본 세대다. 본능적으로 자유를 추구하고 권위주의에 대한 거부가 몸에 밴 세대다. 20대였던 2002년 자신들의 힘으로 노무현 대통령을 당선시켰다. 그리고 2009년 그의 죽음을 경험했다. 2000년대 이후 네 차례의 대규모 촛불시위(2002년 미군 장갑차 희생 여중생 추모, 2004년 노무현 탄핵 반대, 2008년 미국산 쇠고기 수입 반대, 2016년 박근혜 탄핵)[37]를 모두 겪었다. 이러한 집단적 경험이 X세대를 밀레니얼 세대나 90년대생보다도 더 강한 진보 성향 유권자로 만들었다.

나이가 들어도 보수화되지 않는 세대

나이를 먹어서도 X세대의 정치적 성향이 보수화되지 않으면서 한국의 정치 판도가 바뀌었다. 전통적으로 정치권에서는 50~60대를 상대적 보수 성향으로, 20~30대를 상대적 진보 성향으로 구분해왔다. 40대는 그 중간에서 승부를 결정짓는 '캐스팅보트Casting vote'로 여겼다.

그런데 X세대는 40대가 되어서도 확실하게 진보적 성향으로 분류되고 있다. 한국갤럽이 유권자의 정치적 이념성향을 파악한 2012년의 설문조사를 보자. 자신이 '진보'라고 대답한 사람보다 '보수'라고 대답한 사람이 더 많아지는 나이는 47세였다. 47세 밑으로는 진보 성향이 높았고, 그 위로는 보수 성향이 높았다.

X세대가 40대의 전부를 차지한 2019년, 동일한 조사에서 보수화의 기점이 되는 나이는 57세로 올라갔다. 2012년에 진보와 보수 비율이 50 대 50이 되는 지점이 47세였다면, 2019년에는 57세까지 올라간 것이다.³⁸

실제로 2012년 대선에서 20대(65.8%)와 30대(66.5%)는 문재인 후보를 지지한 반면, 50대(62.5%)와 60대(72.3%) 이상은 박근혜 후보를 지지했다. 40대는 문재인 후보 55.6% 대 박근혜 후보 44.1%로 양분됐다. 반면, X세대가 40대의 거의 다수를 차지한 2017년 19대 대선에서 40대의 문재인 후보 지지율은 52.4%로 30대의 56.9%, 20대의 47.6%와 비슷하게 나타났다.³⁹

40대는 이제 확실하게 진보 성향을 띤다. 50대의 다수를 차지하게 된 386세대도 예전의 50대보다 늦게 보수화되고 있다. 그러면서 20대부터 50대 중반까지의 연령대가 상대적 진보 성향을 갖게 됐다. 전 사회적으로 진보층이 두터워진 것이다.

1990년대 지역 갈등이 극심했던 당시 진보진영의 지지기반이 됐던 호남의 인구는 영남에 비해 절대적으로 부족했다. 과거 진보세력이 이러한 정치지형에서 고전을 면치 못했다면, 이제 인구사회학적 변화에 따라 보수진영이 같은 처지에 처했다. 보수진영의 지지기반인 고령 세대는 시간이 지나면 자연히 인구가 줄어드는 반면, 국민들의 보수화 연령이 점점 늦어지고 있기 때문이다.

2010년대 중반을 넘어서며 보수세력은 50대 후반 베이비붐 세대와 60대 이상 산업화 세대가 주력이 됐다. 진보세력은 20·30·40대와 50대 초중반이 주축을 이루고 있다. 정치 대결의 양상이 지역 대결에서 세대 대결로 바뀌는 것이다. 이러한 변화의 가장 큰 요인은 바로 X세대의 지속적인 진보 성향 유지다.

X세대는 20대의 정치 성향을 40대까지 유지한 첫 세대다. 전체 유권자의 19%를 차지하는 X세대가 40대가 되어서도 진보 성향을 유지하며 정치권의 판도가 달라졌다. X세대의 진보적 정치 성향이 지속되는 한 보수 정당의 미래가 어두울 수밖에 없다. X세대가 얼마나 늦게 보수화되느냐에 따라 미래 정치권의 모습이 결정될 것이다.

뉴미디어를 통해 여론을 주도하다

진보 성향의 여론 생산 역시 X세대가 주도하고 있다. 기존 매체가 아닌 새로운 매체를 발굴해 스스로 주도권을 만들어냈다는 점이 주목할 만하다. X세대는 보수적인 성향이 주류를 이루고 있는 레거시 미디어(전통 미디어)에 대항해 팟캐스트, 유튜브 등의 뉴미디어를 진보 여론의 생산기지로 삼았다. 2016년 박근혜 탄핵 촛불시위 등을 만들어냈던 여론도 이들 뉴미디어를 중심으로 형성되었다.

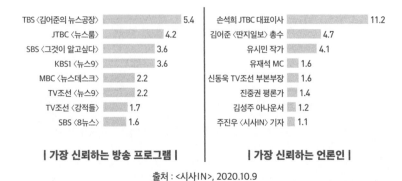

| 가장 신뢰하는 방송 프로그램 |

TBS 〈김어준의 뉴스공장〉 ▇▇▇▇▇ 5.4
JTBC 〈뉴스룸〉 ▇▇▇▇ 4.2
SBS 〈그것이 알고싶다〉 ▇▇▇ 3.6
KBS1 〈뉴스9〉 ▇▇▇ 3.6
MBC 〈뉴스데스크〉 ▇▇ 2.2
TV조선 〈뉴스9〉 ▇▇ 2.2
TV조선 〈강적들〉 ▇ 1.7
SBS 〈8뉴스〉 ▇ 1.6

| 가장 신뢰하는 언론인 |

손석희 JTBC 대표이사 ▇▇▇▇▇▇▇▇ 11.2
김어준 〈딴지일보〉 총수 ▇▇▇▇ 4.7
유시민 작가 ▇▇▇ 4.1
유재석 MC ▇ 1.6
신동욱 TV조선 부본부장 ▇ 1.6
진중권 평론가 ▇ 1.4
김성주 아나운서 ▇ 1.2
주진우 〈시사IN〉 기자 ▇ 1.1

출처 : 〈시사IN〉, 2020.10.9

이후 보수세력에서도 유튜브 등의 뉴미디어에 활발하게 진출해 이를 활용한 보수 여론 확산에 집중하고 있다. 그러나 정치적 메시지를 확산하는 도구로 뉴미디어를 활용하는 아이디어는 X세대가 처음 발견한 것이었다.

2010년대 초부터 이러한 뉴미디어를 중심으로 활동했던 김어준 (1968년생), 주진우(1973년생), 김용민(1974년생), 이동형(1976년생) 등은 이후 라디오 시사방송 등 제도권 언론으로의 진출에도 성공했다. 〈TBS 김어준의 뉴스공장(2016~)〉은 시사매거진 〈시사IN〉의 2020년 신뢰도 조사에서 '가장 신뢰하는 방송 프로그램' 1위로 선정되기도 했다. 진행자 김어준은 '가장 신뢰하는 언론인' 조사에서도 2위를 차지했다.[40]

존재감이 미약한 X세대 정치인들

X세대의 유권자 파워와 여론주도 능력에 비해 X세대 정치인의 활약

은 미약한 편이다. 21대 국회의원 중 40대 의원은 38명으로 전체의 12.7%를 차지한다. 21대 총선의 40대 유권자 수가 836만 명으로 전체의 19%를 차지[41]한 것에 비하면 적은 숫자다. 특히 X세대 중 두각을 나타내는 정치인이 없다는 게 문제다. 2019년 메디치미디어가 40대 남녀 700명을 대상으로 〈40대 정치인 호감도〉를 조사한 결과, "없음"과 "잘 모르겠음"이 압도적으로 많았다.

"없음"과 "잘 모르겠음"을 빼면 1위는 더불어민주당 박주민(1973년생) 의원이 차지했으며, 같은 당 박용진(1971년생), 이재정(1974년생) 의원이 그 뒤를 이었다. 박주민 의원은 당시 더불어민주당 최고의원으로 언론 노출이 잦았던 점이, 박용진 의원은 당시 '유치원 3법' 등으로 주부들 사이에서 이슈였던 점이 작용한 것으로 보인다. 이재정 의원 역시 20대 국회 원내대변인으로 활동하는 등 인지도가 높았다. 이들 40대 정치인들은 각자 나름의 분야에서 활발하게 활동하고 있다. 그러나 이들이 차세대 정치세력으로 여겨질 만큼 두터운 정치력을 확보하지는 못 했다.

X세대의 선배인 386세대는 그들이 30대였던 1990년대부터 꾸준히 정치권 진입을 시도했다. 그러더니 그들이 40대가 되는 2000년대 들어서 많은 수의 40대 국회의원을 만들어냈다. 김대중 전 대통령이 주장한 '젊은 피 수혈론'을 통해 대거 진입한 것이 첫 번째 계기였다. 노무현 전 대통령의 탄핵 후 치러진 17대 국회의원 선거에서 열린민주당이 압승한 것이 두 번째 계기다. 이들은 50대가 된 지금도 여전히 가장 많은 국회의원 수를 차지하고 있다. 21대 국회의원 중 50대는 177명으로, 전체의 59%다. 현재 한국의 정치는 50대가 장악하고 있다.

정치권에서 X세대는 '포스트386'으로 불린다. 독자적인 세대로 분류되는 것이 아니라 386세대에 종속된 세대로 치부된다. 386세대는 아주 젊을 때부터 주체적인 리더십과 조직 운영에 대한 훈련이 많이 된 세대다. 이들은 20대일 때 학생운동과 노동운동을 위한 조직을 꾸린 경험이 있다. 조직끼리 연대하고 그 안에서 리더를 만들어가며 리더십을 키웠다. 30대가 되어서는 시민사회에서 단체를 조직하거나 선거에 출마하며 리더십을 업데이트했다. 이후 40대에 접어들며 본격적으로 중앙 정치에 진입했다.

반면, 이들의 후배인 포스트386은 이런 경험을 할 기회가 없었다. 386세대가 꾸려놓은 시스템 내에서 이들의 뒷바라지를 하는 것이 X세대의 역할이었다. X세대는 386세대가 권력을 잡게 된 노하우를 전수받지 못했다.

개인주의적 성향이 강한 X세대의 특성 탓도 있다. 정치는 전형적으로 조직의 힘이 필요한 분야다. 박주민 의원은 2020년 더불어민주당 당대표 경선에서 낙선한 후 조직력이 없어 힘들었다는 소회를 밝히기도 했다. 당시 또래 국회의원들이 박주민 의원에 대한 지지를 밝혔으나, 선거 기간 중 특별한 활동을 보이지는 않았다.

또한, 눈에 띄는 40대 정치인들은 대개 '개인기'에 의존하고 있다. 이들의 인지도는 세월호(박주민), 검찰개혁(김용민, 1976년생), 유치원 3법(박용진) 등 특화된 분야에서 두각을 나타내거나, 개인의 성공 스토리(홍정욱, 1970년생)에 힘입은 바가 크다. X세대는 정치에서도 개인의 능력으로 승부를 보려는 경향을 보인다.

2020년 박주민 의원이 더불어민주당 당대표 경선에 출마할 당시 "

사회적 기준과는 달리 (저는) 당내에선 여전히 '어리다'는 평가를 받는다"[42] 고 밝힌 바 있다. 박주민 의원은 2020년 기준 48세였다. 과거 1969년 신민당 김영삼 의원이 '사십대기수론(四十代旗手論)'을 주창했을 때 42세였다. 당시 1971년 신민당 대통령 후보 지명대회에는 김대중, 이철승 등 40대 후보가 2명 더 출마했다. 이미 50년 전에 40대가 대통령에 도전했었다. 40대는 사회적으로는 물론이고 정치적으로도 결코 어린 나이가 아니다.

한 세대에게 그들의 입장을 대변할 정치세력이 없다면 그들에 대한 정책적 소외를 불러올 수 있다. X세대는 정치적으로 무관심한 세대가 아니다. 자신들의 입장이 정책적으로 잘 반영되지 않는다고 느끼면 현재의 정치 성향을 변경할 수도 있다.

X세대의 진보적 성향이 장기간 지속되며 현재의 정치 지형이 만들어졌다. 이 세대가 회의를 느끼고 돌아서는 순간, 우리나라의 정치 지형이 다시 바뀔 수도 있다. 정치적 성향이란 우리의 미래를 그리는 것이기도 하다. 우리나라 미래의 방향성을 결정하는 데 X세대의 영향력이 상당하다. X세대와 공감하며 그들의 입장을 잘 대변할 수 있는 정치세력이 필요한 이유다.

Young Forty

Part

3

X세대가
일하는 방식

최근 1990년대생들이 사회생활을 시작하며 기업들에선 '90년대생 공부하기' 열풍이 불고 있다. 기존 직장인들과는 달라도 너무 다른 신입사원들에 대해 연구하는 것이다. 1990년대생을 어떻게 하면 조직에 잘 적응시켜 성과를 낼지가 주요 관심사다. 이들이 본격적으로 직장생활을 시작하며 조직 내 세대갈등이 큰 문제로 부상했기 때문이다.

《90년생이 온다》를 필두로 이 세대를 분석하는 도서와 기사가 쏟아져 나왔다. 기업과 단체에선 관련 강의도 활발하다. 이러한 논의들에서 공통적으로 등장하는 해결책 중 하나가 X세대의 역할론이다.

X세대는 1990년대생과 50대 이상 기성세대 사이에 낀 세대다. 조직 내에서도 실무자들과 간부·임원급 사이에 중간관리자로 끼어 있다. 직장인이라면 직장생활을 한 지 벌써 15년에서 20년이 되어간다. 조직이 돌아가는 생리와 큰 그림을 볼 수 있는 경험이 있다. 그러면서도 아직 실무에 손을 담그고 있다. 양쪽을 모두 다 잘 안다. 조직 내 세대갈등 문제를 해결하기 위해 X세대만 바라보고 있는 건 그래서다. 그들에게 2030세대와 5060세대 양쪽을 잇는 가교 역할을 주문한다.

X세대에게 '조직 내 세대갈등 해결'이라는 중요한 임무가 맡겨졌다. 그런데 우리 사회는 X세대에 대해 잘 모른다. 조직 내에서 그들이 일하는 방식뿐 아니라 어떤 생각을 하는지, 어떤 특성을 가졌는지 논의된 적이 없다.

그도 그럴 것이 X세대는 조직 내에서 죽은 듯이 지냈다. IMF라는 험

난한 조건을 뚫고 가까스로 들어온 직장이다. 중요하게 여겼던 개성이나 자아, 자유 등은 모두 접어두고 생존이 가장 큰 목표였다. 조직에 자신을 맞추는 데 최선을 다했다. 죽도록 일하고 남는 시간엔 자기계발에 몰두했다. 크게 신경 쓰지 않아도 알아서 잘하는 것이 X세대 직장인들의 특징이다. 특별히 그들을 연구해야 할 만큼 사고를 친 적도 없다.

X세대 직장인들은 선배 세대와 후배 세대의 특징을 모두 가지고 있다. 지금 후배 세대의 개인주의는 X세대로부터 물려받은 것이다. 다만 X세대가 직장에서 그것을 숨겨왔다면, 후배 세대는 당당히 자신들의 권리를 주장한다.

X세대는 선배 세대보다 오히려 후배들의 자기주장에 심정적으로 더 동조하는 편이다. 그렇지만 티를 내지는 않는다. 신세대의 내면을 유지하면서도 직장에서는 선배들의 조직논리를 충실히 따른다. 겉으로 보기에는 기존의 기성세대와 거의 다를 것이 없어 보인다. 선배와도 후배와도 다른 X세대의 독특함은 여기에서 기인한다.

X세대가 조직에서 겪는 고충 역시 선후배 세대와 같으면서도 다른 X세대만의 특징에서 비롯된다. '하라면 하던' 자신들과 달리 후배들은 개인의 권리를 따지고 납득 안 되는 일은 하지 않는다. 말이 안 통하면 밀어붙이기라도 하겠지만, X세대는 이러한 후배의 주장이 일견 맞는 말이라고 느낀다.

문제는 X세대가 후배들을 이끌고 성과를 내야 하는 당사자라는 점이다. X세대가 선배에게 배운 리더십은 이제 쓸모없는 것이 되어버렸다. 선배에게 배운 대로 후배에게 했다가는 난리가 나는 세상으로 변했다. 새로운 리더십이 필요한 세상이 되었는데, X세대는 그것을 배운 적이 없다.

　지금까지는 조직이 X세대에 대해 잘 몰라도 상관이 없었다. 그들이 워낙 알아서 잘하는 구성원들이었기 때문이다. 그러나 X세대의 어깨가 점점 무거워지고 있다. 조직은 X세대에게 세대갈등을 해결할 임무를 부여했다. 게다가 X세대는 사회적으로나 조직 내에서나 리더 위치로 진입하고 있다. 그들에게 맞는 새로운 리더십을 개발해야 할 필요성이 생겼다.

　그러기 위해서는 먼저 X세대의 특징과 그들이 어떻게 일해왔는지를 알아야 한다. 우리는 X세대가 어떻게 일하는지 전혀 모른다. 그들이 어떤 생각을 갖고 일하는지는 더더욱 모른다. 20여 년간 일해온 X세대의 일하는 법을 새삼스럽게 톺아보는 것은 그래서 중요하다.

1. 믿을 건 능력뿐, 자기효능감이 높은 사람들

경쟁이 일상인 세대

X세대가 태어나기 시작한 1970년대 초반에는 출산율이 4.5%가 넘었다. 통계청이 발표한 2018년 출산율은 0.98%다. 지금은 2명이 만나서 한 명도 채 낳지 않는다면, 당시에는 4명 이상을 낳았다. 보통 한 집에 자녀가 3명 내지 4명 정도 있었다. 오죽하면 당시 인구정책 슬로건이 '아들 딸 구별 말고 둘만 낳아 잘 기르자'였을까. 정부는 3자녀 이상 출산 시 의료보험 혜택을 제한하고, 불임시술을 장려했다. 지금은 상상하기 힘든 산아제한 정책이다.

사람이 태어나서 가장 먼저 겪는 큰 스트레스는 동생이 태어나는 것이다. 부모의 사랑을 독차지하며 세상의 중심이 나라고 생각하던 아이에게 동생의 탄생은 생존을 위협받는 대사건이다. 개인 심리학을 창시한 오스트리아의 정신의학자 알프레드 아들러Alfred Adler는 출생 순서에 따라 사람의 성격이 달라진다고 규정한다. 다른 형제의 탄생은 그 정도로 큰 충격이다.

1970년생이 출생 이후 처음 겪게 되는 경쟁은 형제간의 경쟁이다. 부모의 사랑과 관심을 차지하기 위한 경쟁에서부터, 통닭의 닭다리를 누가 먹느냐와 같은 현실적인 것까지 경쟁의 연속이었다. 평균 3명의 형제와 함께 자란 X세대는 일상이 경쟁이었다.

1970년대 초반에 태어난 X세대들은 '100만 학도'란 말을 들으며 학창시절을 보냈다. 한 해에 100만 명이 태어나 한 학년에 해당하는 인구가 100만 명이란 뜻이다. 이들은 유치원 다닐 때부터 대입과 취업에 이르기까지 100만 명이 경쟁하며 자랐다. 언제나 학생들로 빽빽하게 들어찬 교실에서 생활했다. 그러고도 공간이 부족해 오전반과 오후반으로 나누어 등교하기도 했다. 실제로 1991학년도 대입 학력고사 수험생 수는 재수생 포함 95만 1,048명이었다.[43] 이렇듯 X세대는 생존을 위한 경쟁이 몸에 밴 세대다.

X세대의 생존법은 실력과 전문성

100만 명과의 경쟁을 뚫고 대학에 들어간 X세대가 졸업할 무렵 IMF가 닥쳤다. 1997년 말에 발생한 IMF 외환위기 사태로 취업시장이 얼어붙었다. 1990년대 내내 2%대를 유지하던 청년실업률은 IMF 외환위기 사태 이듬해인 1998년 7.0%까지 치솟았다. 1999년 초반에는 14.3% 까지 오르기도 했다.

합격한 직장이 망해 합격이 취소되는 경우도 있었다. tvN 드라마 〈응답하라 1994(2013)〉에선 1997년을 배경으로 고려증권에 합격한 주인공 성나정의 합격이 취소되는 장면이 그려지기도 했다. 실제로 고려증권은 1997년 12월 관리종목으로 지정되었으며, 1998년 10월에 상장 폐지됐다.

어렵게 취업에 성공했더라도 살얼음판이었다. 당시 많은 기업들이 통폐합되며 다시 한번 생존의 위협에 시달렸다. 당시 제일은행은 직원 약 4,000여 명을 감원하고 지점 48개를 폐쇄했다. 테헤란로 지점은 이때 폐쇄된 점포 중 하나였다. 당시 홍보팀에서 일했던 이응준 씨가 폐쇄 직전 테헤란로 지점 직원들의 모습을 담은 영상이 바로 '눈물의 비디오' 다. 25분짜리 이 비디오에는 지점 통폐합과 인력 구조조정으로 하루아침에 직장을 잃게 된 은행원들의 심정이 생생하게 담겨 있다.[44] X세대는 자신이 구조조정이 되지 않았더라도 같이 일하던 동료들이 잘려나가는 것을 바로 옆에서 목격했다.

취업을 미루고 대학원 진학을 선택하는 경우도 많았다. IMF 이전에는 대학교를 졸업하면 취업이 어렵지 않았다. 대학교 학과 사무실에는 기업에서 보내온 추천서 양식이 쌓여 있었다. 원하는 기업을 골라 갈 수 있었다. 그러던 분위기가 한순간에 바뀌었다. 중소기업이라도 갈 수 있으면 감지덕지였다. 경쟁이 치열해지며 더 좋은 일자리를 구하려면 대학원 학력도 필요하겠다는 생각이 들기 시작했다. 연구에 뜻이 있는 것이 아니라면 거의 가지 않았던 대학원 진학 붐이 일었다. 이른바 '고스펙' 구직자들이 생겨나기 시작한 것이 이때부터다.

1990년대 말의 취업난을 겪고 우여곡절 끝에 취업했더니, 10년 후인 2008년에는 금융위기가 닥쳤다. 당시 많은 X세대들이 구조조정의 대상이 됐다. 두 차례의 경제위기를 거치며 X세대는 자신들만의 생존 방법을 터득했다. 그들은 실력만이 생존할 수 있는 길이라고 판단했다. X세대의 선배 세대는 회사에 충성하는 것을 생존의 방법으로 삼았다. 그들의 무기는 성실함이었다. 반면, 개인주의자인 X세대는 '나'에게 투자하는 방법을 택했다.

X세대는 회사에 충성하기보다는 언제라도 몸값을 올려 이직할 수 있는 실력을 갖추는 데 주력했다. X세대 직장인들이 선택한 무기는 '전문성'이었다. 자기계발 열풍이 불었다. 휴직을 하지 않고도 석·박사 학위를 딸 수 있는 야간 특수대학원 붐이 일었다. 자격증 취득에도 열심이었다. 새벽에 일어나서 외국어 공부하고 퇴근 후에 자기계발서를 읽었다. 2003년 생겨난 '아침형 인간' 열풍은 '모닝루틴', '미라클모닝' 등 이름을 바꿔가며 지금도 이어지고 있다.

생존에 성공한 경험이 자산이 되다

2019년 메디치미디어가 발표한 자료에 따르면, 직장에서 불공정한 대우를 받을 때의 대처방법으로 X세대는 다른 세대에 비해 "그냥 참고 지낸다(68%)"와 "더욱 충성한다(59.2%)", "이직 시도(47.5%)" 등을 더 많이 선택했다. 심지어 "불법 행동(36.2%)"을 선택한 비율도 다른 세대에 비해 가장 높았다. 한마디로 할 수 있는 모든 것을 다 해본다는 말이다. 수단과 방법을 가리지 않는 X세대의 특성을 엿볼 수 있는 대답이다. X세대는 생존을 위해 할 수 있는 모든 것을 다 했고, 그 결과 살아남았다.

같은 조사에서 '한국 사회에서의 성공요인'을 묻는 질문에 X세대는 다른 세대에 비해 "학력"을 많이 꼽고 "부유한 집안"을 적게 선택했다. "부유한 집안"을 선택한 비율이 가장 높은 1990년대생과 확연히 다른 지점이다. '금수저', '흙수저'란 말에서 알 수 있듯이, 1990년대생은 집안의 재력에 의해 출발선이 달라지는 세상에서 자랐다. 반면, X세대는 IMF로 인해 사회 초년생 시절에 고생을 했지만, 스스로의 힘으로 이겨냈다. X세대는 집안의 도움 없이 학력과 같은 자신의 실력으로 생존에 성공한 경험이 있는 것이다.

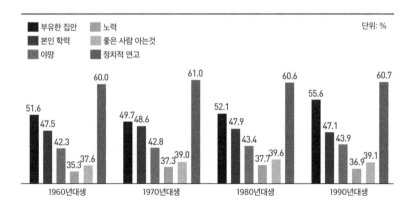

| 한국 사회에서의 성공요인 |

출처 : 김현종, <X세대에서 끼인세대로 40대, 그들은 누구인가>, ㈜메디치미디어, 2019.10.14

IMF 외환위기가 대한민국을 강타했을 때, 1980~1990년대생의 부모 세대는 가장이었다. IMF 시기에 구조조정을 당한 가장들은 재기하기가 어려웠다. 밀레니얼과 90년대생들은 청소년 시절에 중산층이 무너지며 집안이 한순간에 망하는 경험을 했다. 그때 받은 경제적 충격의 여파는 그들이 성인이 될 때까지 지속됐다. X세대의 후배 세대들은 집안의 재력이 자신에게 미치는 영향을 뼛속까지 느끼면서 자랐다. 그 결과 한국 사회에서 성공하려면 '부유한 집안'이 가장 중요하다고 생각하는 환경결정론자들이 되었다.

반면, IMF가 닥쳤을 때 X세대는 20대였다. 그들은 취업이 어렵긴 했지만 나 하나만 건사하면 되는 상황이었다. 게다가 X세대가 취업한 때는 개인용 컴퓨터가 막 보급되던 시점이었다. X세대는 상사보다 컴퓨터를 더 잘 다루는 후배들이었다. 높은 스펙과 외국어 능력에 컴퓨터 실력이 더해져 조직에서 인정받을 수 있었다.

컴퓨터가 도입되면서 선배들의 노하우가 소용없어지는 경우도 허다했다. X세대는 조직 내에서 새로운 프로세스를 만들어야 하는 경우가 많았다. 누가 가르쳐주지 않아도 스스로 새로운 방법을 만들어내고 그 방법을 통해 성공하는 경험을 쌓았다.

이러한 과정을 거치며 X세대는 '할 수 있다'는 믿음을 갖게 되었다. 자기효능감이란 '자신이 어떤 일을 성공적으로 수행할 수 있는 능력이 있다고 믿는 기대와 신념'을 뜻한다. 그들은 정보화 시대라는 새로운 환경에서 새로운 길을 만들어가며 일한 사람들이다. 선배들도 자신들을 가르쳐 줄 수 없는 상황에서 맨땅에 헤딩하며 일했다.

X세대는 1990년대 문화 영역에서 처음 시도된 모든 새로운 것들을

시작한 세대다. 일하는 데 있어서도 마찬가지다. 새로운 길을 개척해서 성공해본 사람은 다음에도 그렇게 할 수 있다. X세대는 어떠한 어려움이 닥쳐도 나의 능력으로 해결할 수 있다고 생각하는 자기효능감이 강한 집단이 되었다.

악착같이 버텨 생존에 성공한 X세대는 부모보다 더 많이 배우고, 더 잘 사는 세대가 되었다. 이들이 생존할 수 있었던 비결은 끊임없이 자신에게 투자하며 쌓은 실력이다. '나'를 중요하게 생각하는 개인주의 1세대인 만큼 '나'를 업그레이드하는 데 몰두했다. 실력을 바탕으로 험난한 경쟁을 뚫고 두 차례에 걸친 경제위기에서도 살아남았다. 그래서 X세대는 자신에 대한 믿음과 자부심이 강하다. 다른 세대에 비해 '나는 무슨 일이든 해낼 수 있다'고 믿는 자기효능감이 강하다. X세대가 일하는 데 있어 다른 세대와 구별되는 가장 큰 특징이다.

2.

죽도록 일하고
성과는 확실하게 챙긴다

경쟁과 협력에 익숙한 X세대

X세대는 3~4명의 형제들이 함께 복닥거리며 자랐다. 과자 하나 더 먹으려고, 새 옷을 먼저 입으려고 형제들끼리 싸우는 게 일상이었다. 동네에선 또래들과 골목을 뛰어다니며 놀았다. 편을 갈라 구슬치기, 딱지치기, 공기놀이를 했다.

〈응답하라 1988(2015)〉의 쌍문동 친구들이 그렇듯, X세대는 동네에서 함께 뛰어놀던 친구들이 친형제만큼이나 가까웠다. 학교에 가면 한반에 60여 명이 같이 생활했다. 지금은 한 학급의 학생 수가 20~25명정도이다. X세대가 학교 다닐 땐 지금처럼 선생님이 학생 한 명 한 명을 신경 쓸 수 없었다. 그래서 그들에게는 또래집단이 더 중요했다.

부모님은 형제들끼리 뒤엉키며 알아서 크게 놔두었다. 첫째가 둘째를 키우고, 둘째가 셋째를 돌봤다. 집안에서는 닭다리를 내가 먹겠다고 서로 싸웠지만, 동생이 맞고 들어오면 형들이 나서서 혼내주었다. 학교에서도 선생님은 그리 중요한 존재가 아니었다. 선생님은 일 년 동안 한 반 학생의 이름을 다 외우기도 힘들었다. 대신 반장을 뽑아 지시사항을 전달했다. 반장, 부반장, 아니면 번호로 불렸다. 학생들도 선생님보다 친구와의 관계가 더 중요했다. 그들 사이에서 만들어진 규범이 우선이었다.

이렇게 자란 X세대는 동료를 중요하게 생각한다. X세대는 100만 명이 함께 대입 학력고사를 치르는 극심한 경쟁 속에서 자랐다. 그렇지만 바로 옆의 친구와 경쟁하는 것은 아니었다. 대입 학력고사는 절대평가를 통해 내가 받은 점수로 가고 싶은 대학에 지원하는 방식이다. 그래서 같은 반 친구는 힘든 수험시절을 함께하는 동료다. 함께 열심히 공부해서 각자 가고 싶은 대학에 가자고 서로 격려할 수 있었다. 서로 부족한 과목을 가르쳐주고 도와주는 것이 자연스러웠다.

X세대와 1990년대생의 차이가 여기서 발생한다. 동료를 바라보는 관점이 다르다. 1990년대생은 상대평가 시스템에서 자랐다. 내 점수가 오르려면 옆자리 친구의 점수가 내려가야 한다. 친구가 점수를 잘 받으면 같이 기뻐해줄 수가 없다. 내 점수가 떨어지기 때문이다. 동료는 잠재적인 경쟁자일 뿐이다. 대학에서 성적발표를 하고 나면 성적 정정을 요구하는 메일이 빗발친다. 드러내놓고 경쟁하지는 않지만, 내 점수를 올려달라는 것은 내 동료의 점수를 내려달라는 뜻임을 그들도 알고 있다.

X세대는 심한 경쟁 속에서 자랐지만 협력에도 익숙하다. 그들은 내부경쟁보다는 외부경쟁에 더 열을 냈다. 학창시절에는 반 단위로 경쟁했다. 좀 더 규모가 커지면 학교 대항전 같은 것이 있었다. 연고전(또는 고연전)이라고 불리는 연세대학교와 고려대학교의 정기 스포츠 대회는 1990년대 중반까지 전국민적인 인기를 끌었다.

직장에서는 팀원들끼리 힘을 합쳐 다른 팀과 경쟁했다. 회사가 똘똘 뭉쳐 다른 회사와 경쟁했다. 회사 내에서도 동료들끼리 경쟁하고 협력하며 성장했다. 어제의 적이라도 오늘 도움이 된다면 기꺼이 힘을 합친다. 그래서 X세대는 경쟁을 즐기면서도 큰 틀에서는 협력할 줄 안다.

양현석의 YG 엔터테인먼트와 박진영의 JYP, 유희열의 안테나는 같은 업계에서 경쟁관계에 있는 회사다. 그렇지만 그들은 큰일이 있으면 협력한다. 오디션 프로그램에도 출연해 심사위원석에 나란히 앉아 있는 모습을 연출한다. 서로 더 마음에 드는 후보를 데려가려고 눈치게임을 벌이기도 하지만, 그러다가도 다른 회사에서 더 잘 클 수 있는 후보일 것 같으면 쿨하게 양보한다.

KBS의 〈1박 2일〉과 MBC의 〈무한도전〉이 양사의 간판 예능 프로그램이던 때, 두 프로그램은 늘 경쟁상대로 비교됐다. 그런데 각각 프로그램을 책임지고 있던 김태호, 나영석 두 PD가 콜라보Collaboration 프로그램을 기획했었다는 것이 나중에 알려졌다. 양쪽 회사에서 반대해 현실화되지는 못했다. '강호동이 이끄는 〈1박 2일〉과 유재석이 이끄는 〈무한도전〉을 함께 녹화해서 1탄은 토요일에, 2탄은 일요일에 방송하자'는 구체적인 이야기가 오갔다고 한다. 나영석 PD는 김태호 PD와의 라이벌 구도에 대해 "이상한 '유대감' 같은 게 있다"고 밝혔다.[45] X세대는 경쟁상대라도 동업자 정신 같은 것이 있는 세대다.

상사보다 능력이 뛰어난 후배 세대

X세대가 사회생활을 시작했을 때 우리 사회는 급격한 산업발전을 겪는 와중이었다. X세대가 본격적인 직장생활을 한 2000년부터 2018년까지 약 20여 년간 우리나라 근로자 1인당 생산성은 크게 높아졌다. 2000년에 3만 2,000달러였던 근로자 1인당 생산성은 2018년 5만 1,000달러까지 올라갔다. 이렇게 급격히 생산성이 높아진 것은 산업의 구조가 변해 일하던 방법이 완전히 바뀌었음을 의미한다. 우리 경제가 지난 20년간 급속히 성장한 것은 우리의 일하는 방법이 근본적으로 변화했기 때문이다.

이렇게 빠른 변화 속에서는 선배의 노하우가 의미가 없어진다. 게다가 당시 업무에 컴퓨터가 도입되기 시작됐다. 모든 업무가 전산화되며 선배들은 엑셀 잘하는 후배를 수시로 불러 도움을 청했다. X세대들은 선배에게 배울 것이 별로 없었다. 문제가 생기면 또래 동료들끼리 머리를 맞대고 해결방법을 찾아야 했다. 이렇게 주체적으로 일하다 보니 일도 금방 늘었다. 두뇌 회전이 빠른 청년 시기이기도 했다. 특히 IT 같은 분야는 이 시기 드라마틱한 변화를 겪었다. 입사한 지 2~3년 정도 되면 후배가 20년 넘게 일한 선배의 실력을 따라잡을 수 있게 됐다. X세대는 이런 점에서 시기를 잘 타고났다고 할 수도 있다.

상황이 이렇다 보니 X세대는 리더를 그리 중요하게 생각하지 않

직장인이 되었다. 2007년 잡코리아와 비즈몬이 함께 진행한 설문조사에 따르면, 당시 직장인들이 함께 일하고 싶은 상사 유형 1위는 "부하가 해당 업무의 전문가가 되도록 후원하는 상사(34.1%)"였고, 2위는 "부하들이 업무수행을 자율적으로 할 수 있도록 책임과 권한을 위임하는 상사(30.6%)"였다.[46] 한마디로 '내가 알아서 실력을 키울 수 있도록 그냥 좀 내버려두라'고 상사에게 요구하는 것이다. 그래서 그들은 마이크로 매니징Micromanaging(세세한 업무관리)도 싫어한다. 업무 중간중간 진척사항을 묻거나 세부적인 내용까지 챙기면 '쫌생이형 상사'라며 최악의 상사 유형으로 꼽았다.[47]

X세대에게 일은 '나'를 증명하는 것

X세대는 리더의 도움은 별 필요가 없다고 생각한다. 그들은 자신의 실력을 믿는다. 〈대학내일〉 20대연구소가 2019년 남녀 300명을 대상으로 한 설문조사를 보면 그것이 드러난다. 야근과 주말 근무를 해서라도 맡은 일을 해야 한다고 생각하는 사람은 1970년대생(43%)이 가장 많았다.

힘들게 일한 만큼 성과에 대한 보상도 확실히 받고자 한다. 성과 보상은 팀보다 당사자 개인에게 주는 것이 좋다는 응답도 1970년대생(61%)에게서 가장 많이 나왔다. 죽도록 일할 테니 그에 대한 성취도 확실하게 보장해달라는 것이다. 내 능력으로 이뤄낸 것이니 남과 나눌 필요 없다는 뜻이기도 하다.

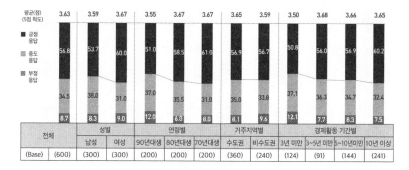

개인의 업무 성과에 대한 보상은 팀 전체보다 당사자 개인에게 주는 것이 우선이다.　　　　(Base:전체, N=600, 단위:%)

	전체	성별		연령별			거주지역별		경제활동 기간별			
		남성	여성	90년대생	80년대생	70년대생	수도권	비수도권	3년 미만	3~5년 미만	5~10년미만	10년 이상
평균(점)(5점 척도)	3.63	3.59	3.67	3.55	3.67	3.67	3.65	3.59	3.50	3.68	3.66	3.65
긍정응답	56.8	53.7	60.0	51.0	58.5	61.0	56.9	56.7	50.8	56.0	56.9	60.2
중도응답	34.5	38.0	31.0	37.0	35.5	31.0	35.0	33.8	37.1	36.3	34.7	32.4
부정응답	8.7	8.3	9.0	12.0	6.0	8.0	8.1	9.6	12.1	7.7	8.3	7.5
(Base)	(600)	(300)	(300)	(200)	(200)	(200)	(360)	(240)	(124)	(91)	(144)	(241)

| 성과 보상에 대한 인식 |

출처 : 〈대학내일〉 20대연구소, 〈세대별 일과 동료에 대한 인식조사〉, 2019.4.16

　　한편, 직장이 어떤 일터가 되기를 바라는지 조선일보가 직장인들에게 물어본 조사에서 40대는 "매출이 늘고 안정돼 수입이 많이 오르는 것(37%)"[48]을 첫 번째로 꼽았다. X세대에게 내가 소속된 조직의 성공은 나의 성공과도 일치한다.

　　개인주의자들이라고는 하지만 단체가 더 익숙한 환경에서 자란 X세대다. 학창 시절에는 철저한 단체생활을 했다. 한 명의 잘못으로 단체기합을 받아도 그러려니 받아들였다. X세대는 공동체주의와 개인주의가 혼재된 내면을 갖고 있는 것이다. 내가 소속된 조직이 잘 되기를 바란다. 그로 인해 나의 수입이 늘어나기를 바라기 때문이다.

　　X세대는 힘든 경쟁과 생존의 위협을 내 실력 하나 믿고 헤쳐나왔다. 그들은 나의 발전만이 생존할 수 있는 유일한 방법이라고 생각한다. 성과를 위해서는 어제의 적과도 손을 잡는다. 수단방법을 가리지 않는다.

어릴 때 튀는 패션과 자유분방한 라이프스타일로 '나'를 나타내던 X세대다. 이들이 생존을 위해 조직이라는 시스템에 순응했다. 그렇지만 어떤 방법으로든 '나'를 증명하고픈 욕구는 버리지 않았다.

그들이 선택한 방법은 실력을 보여주는 것이다. 그것을 확인받는 방법으로 확실한 보상을 원한다. 그래서 그들은 보상이 온전히 '나'에게 귀속되기를 바란다. X세대에게 일과 성취는 단순히 직장과 돈의 문제가 아니라 '나'를 증명하는 것이기 때문이다.

3. | MZ세대에 공감하는 유일한 선배들

X세대가 '꼰대력'에 신경 쓰는 이유

X세대들 사이에서 '꼰대력 테스트'가 핫하다. '꼰대'란 권위적인 사고 방식을 가진 윗사람을 비하하는 단어다. "9시 출근이면 8시 반까지 사무실에 도착해야 한다", "인사를 제대로 하지 않는다고 뭐라하는 건 이해할 수 없다", "헬조선이라고 말하는 요즘 세대는 참 한심하다" 등으로 구성된 질문에 답변하면 '꼰대력'이 측정되어 결과값이 나온다.

　X세대는 자신의 꼰대력을 서로 공유한다. 그들이 자주 가는 커뮤니티에서는 "저 꼰대레벨1 나왔음요(자랑)", "정신이 번뜩ㅋㅋ 고치려구요" 등의 후기가 공유된다. 꼰대력이 높으면 낙담하고, 꼰대력이 낮으

면 안심한다.

X세대가 꼰대력에 신경 쓰는 이유는 자신들은 꼰대가 아니라고 생각하기 때문이다. 반면 50대 중반 이상의 베이비부머 세대는 꼰대임을 인정한다. "나는 꼰대다. 그래서 뭐 어쩌라고?"가 그들의 입장이다. 그들은 자신의 성취를 자랑스럽게 여긴다.

한 설문조사에 따르면 나이가 많을수록 자신의 일과 직업에 자부심을 느끼는 비율이 높았다. 50대는 54.5%에 달했다.[49] 그들은 누가 뭐래도 내가 옳다는 확신이 있다. 그래서 "나 때는 말이야", "자식 같아서 하는 말인데" 등의 이야기를 당당하게 할 수 있다. 자신의 경험이 후배들에게 도움이 된다고 믿는다. 후배 세대를 위해 한 마디라도 더 해주는 것이 선배 세대의 의무라고 생각한다.

반면, X세대는 꼰대가 되지 않기 위해 발버둥 친다. X세대의 내면은 어린 시절부터 누린 자유주의와 개인주의로 채워져 있다. 그들 역시 속으론 한국의 수직적 조직문화가 불합리다고 생각해왔다. 선배인 베이비부머 세대의 집단주의를 권위주의적이고 비민주적이라고 생각했다. 386세대의 운동권 논리를 부담스러워했다. 대의명분을 우선시한 나머지 개인의 행복을 뒤로 미루는 게 비합리적이라고 생각했다. 그러나 X세대는 문제를 제기하기보다는 묵묵히 순응하는 쪽을 택했다. 그렇지만 마음속으로 '나는 선배들 같은 꼰대는 아니야'라고 생각한다.

X세대가 중간관리자가 된 지금, 밀레니얼 세대와 90년대생을 구성원으로 맞아들이게 됐다. 납득이 안 되면 받아들일 수 없고, 절차가 공정하지 않으면 인정하지 않는 후배 세대. 지금 당장 누릴 수 있는 소소한 행복이 내일의 큰 성취보다 더 중요한 세대를 만나게 됐다.

X세대는 의식적으로라도 후배들의 자율성을 존중해주려고 노력한다. 취업포털 잡코리아의 설문조사 결과 40대 직장인의 53%가 "꼰대가 되지 않기 위해 노력한다"고 대답했다.[50] 그러나 X세대도 권위적인 문화에 20여 년간 익숙해진 상태다. 배워본 적도, 겪어본 적도 없어 어떻게 해야 할지 모른다.

X세대가 자괴감을 느끼는 것은 자신 안의 꼰대스러움을 발견할 때다. 이들은 겉으로는 꼰대가 되지 않기 위해 노력한다. 선배들처럼 근태에 목숨 걸지는 않지만, 후배가 지각하면 신경이 쓰인다. 지각했다고 야단치면 꼰대로 보일까 봐 말은 못 한다. 쿨하게 넘길 수도, 시원하게 말할 수도 없어 마음이 불편하다. 후배들에게 "편안하게 이야기해"라고 말해놓곤 진짜 편안하게 이야기하면 서운함을 느낀다. 출산휴가, 육아휴직을 자유롭게 쓰는 후배들을 부러워한다. 좋은 제도이고, 당연한 권리라고 생각한다. 그러면서도 출산 전날까지 출근해서 일했던 자신의 과거를 떠올리며 일견 씁쓸함을 느낀다.

X세대의 감춰왔던 꼰대스러움은 어느 순간 겉으로 표현된다. 후배에게 대놓고 요구하지는 못 하지만 X세대도 자신만의 기준이 있다. 그것이 지켜지지 않을 때 일순간 폭발하는 것이다. 후배 세대는 이것을 변덕으로 받아들인다. "아닌 척 하더니 당신도 역시 꼰대였어"라고 생각하게 된다.

게다가 X세대는 직장 내에서 후배 세대들과 가장 접촉이 많은 윗세대다. 실무적으로 가장 많이 부딪힐 수밖에 없다. 상부에서 결정된 내용을 하부조직까지 전달하는 것도 X세대의 역할이다. X세대의 입을 통해 전달되는 내용은 X세대도 꼰대로 보여지게 만든다. 밀레니얼과 90년대생이 X세대를 꼰대라고 비난하는 것은 그래서다.

후배를 가장 잘 이해하는 선배 세대

그럼에도 X세대는 후배 세대를 가장 잘 이해하는 첫 선배 세대다. 사실상 밀레니얼 세대 이하 후배 세대들의 특징은 X세대로부터 물려받은 것이기 때문이다. X세대가 직장 내에서 개인주의나 탈권위주의를 분명하게 주장하지 못했던 반면, 후배 세대들은 당당하게 목소리를 낸다.

　X세대는 집단보다 개인의 권리를 더 중요하게 생각하는 후배들의 주장이 생소하거나 낯설지 않다. 자신들이 젊었을 때도 그렇게 생각했기 때문이다. 지금 MZ세대에게 가해지는 기성세대의 '버릇없고 생각없다'는 비난은 자신들이 젊었을 때에도 들었던 소리다. 그래서 X세대는 후배를 비난하기보다는 공감한다.

"저희가 밑에 애들한테 이런 얘길(보고서 형식 관련) 하면 애들은 그거에 왜 집착하냐 내용을 봐야지 형식을 너무 중시한다는 생각을 하거든요. 저도 그렇게 생각해요. (…) 윗분들은 50대 넘어가고 그러면 메일을 보내더라도 윗분들한테는 전화를 하는 게 예의라고 생각을 하시더라구요. 그런데 저희나 밑에 애들한테는 전화가 방해하는 느낌이에요. (…) 그런 게 업무상 답답하고 그래요. (…) 복장이나 그런 거에 하나하나 거슬려하시는 부분이 많은 거 같아요. 제가 보기에는 그런 건 회사생활에 큰 지장이 없을 거 같은데 저것까지 지적을 하고…."**51**

최샛별 저《문화사회학으로 바라본 한국의 세대 연대기》에 실린 X
세대의 인터뷰다. 2016년 진행된 이 인터뷰를 보면 X세대는 선배 세
대들보다는 오히려 후배 세대의 생각에 더 동의하는 편이다. 공감을 넘
어 자신들보다 더욱 심한 경쟁사회를 거치고 있는 후배 세대를 안타깝
게 여기기도 한다.

> "요즘 친구들은 한 번 낙오하면 패자부활전이 없는 친구들인 거
> 예요. (…) 애들이 너무 인생에 쓸 에너지를 빨리 써버렸다는 느
> 낌을 받아요", "살벌한 경쟁을 하고 있다는 느낌이 많이 들어요.
> (…) 내가 가서 얘가 떨어져야 되고 이런 사생결단의 경쟁이 있
> 는 거 같더라구요. 그걸 보면서 무섭다는 생각을 하고. 안타까웠
> 어요", "대학 졸업반인 친구들 만나냐 이랬더니 친한 친구들 중
> 에서 취직이 된 사람이 2명밖에 없어서 모임에 나가기가 불편
> 하다고 하더라구요. (…) 우리 때는 그렇게까지 힘들지 않았는
> 데, TV에서 본 취업난이 얘네한테는 심각한 현실이구나 싶고"**52**

X세대는 출현 당시 기성세대로부터 끊임없는 비판을 받았다. 1990
년대에 이들은 그야말로 '신세대'였다. 역사상 가장 풍요롭고 자유로운
환경에서 성장했다. 기성세대들과 사고회로 자체가 달랐다. 윗세대는 X
세대의 개인주의적이고 탈권위주의적인 성향을 불편해했고, 소비지향

적인 문화를 비판했다. 기성세대로부터 거센 비판을 받던 X세대가 어느덧 나이가 들었다. 밀레니얼과 90년대생이라는 새로운 세대를 후배로 맞아들이게 됐다. 비록 X세대 자신들은 기성세대로부터 거센 비난을 받았지만, 후배를 비난하지 않는다.

X세대가 등장했을 때 사회적 분위기는 그들에게 적대적이었다. 오죽하면 옷차림이 불량하다고 9시 뉴스에 보도될 정도였다. 그러나 20~30여 년이 지나 밀레니얼과 90년대생이 나타나면서 그들을 이해하려는 사회 분위기가 형성되었다. 밀레니얼의 라이프스타일은 사회적 트렌드가 되고, 기성세대들은 90년대생에 대해 공부한다. 그 사이 X세대가 기성세대로 접어들면서 생겨난 사회적 변화다. 아랫세대에 공감하고 오히려 안쓰럽게 여기는 새로운 기성세대가 나타난 것이다.

위아래 세대를 조율할 수 있는 유일한 세대

1960년대생 베이비부머와 1970년대생 X세대, 1980년대생 밀레니얼, 1990년대생 Z세대까지 서로 다른 성장환경과 가치관을 가진 다양한 세대가 한 조직 안에 공존하고 있다. 베이비부머 세대는 숫자는 적지만 조직의 상층부에서 중요한 의사결정을 담당한다. 가장 영향력이 막강한 세대다. 밀레니얼 세대와 1990년대생들은 조직의 하부에 위치하고 있으나 가장 숫자가 많고 조직문화의 기반을 형성한다. X세대는 선배 세대와 후배 세대의 사이에서 조직문화의 허리를 담당하고 있다. 보통 중간관리자로 상부의 지시를 하부로 전달하고, 후배들을 이끌고 실질적인 성과를 내야 하는 역할을 맡고 있다.

X세대의 고충은 후배를 이해하는 데서 비롯된다. 너무 많이 이해하다 보니 후배의 반응을 지나치게 걱정하는 것이다. 후배들의 반발이 걱정돼 오히려 자신 없는 태도를 보인다. 꼰대 소리 듣기 싫어서 아예 입을 닫는다. 후배 눈치 보여서 일을 못 시킨다고 하소연하는 X세대가 부지기수다.

일은 많은데 후배에게 많은 업무를 부여할 수 없으니 남은 일을 붙들고 야근하는 날들의 연속이다. 그런데도 후배로부터는 하는 일 없이 자리만 차지한다는 핀잔을 듣기 일쑤다. 선배들은 이런 X세대를 향해 너무 물러 터져서 아랫사람 다룰 줄을 모른다며 못마땅해한다.

세계적인 기업 구글Google에서도 비슷한 일이 있었다. 중간관리자 역할의 팀장이 오히려 업무에 방해가 된다는 의견이 빗발쳤다. 구글은 아예 팀장직을 없애버렸다. 하지만 불과 6주 만에 다시 팀장직을 원상복귀시켜야 했다. 팀장이 없어지자 그간 팀장이 관리하고 있었던 구성원들 간의 갈등과 타 부서와의 의견충돌이 수면위로 드러난 것이다. 지시하는 사람이 없으니 알아서 일하고 주도적으로 의사결정을 할 수 있으리라는 예상과는 달리, 의사결정 자체가 불가능해졌다. 팀장은 자유로운 의사소통을 가로막는 벽이 아니라, 의사결정을 원활하게 하는 핵심이었다.

조직에서 X세대도 마찬가지다. X세대는 후배 세대를 가로막는 벽이 아니다. 이들은 선배 베이비부머 세대와 후배 MZ세대 사이에서 조율할 수 있는 유일한 세대다. 양쪽을 다 이해하는 유일한 구성원들이기 때문이다. X세대는 선배 세대와 오랜 시간 코드를 맞춰왔다. 이제 남은 것은 후배 세대와의 원활한 소통이다. 이해는 하지만 다루기는 어려운 후배 세대와의 커뮤니케이션 문제를 해결해야 한다. 그래야 조직 내 세대 갈등 문제를 풀 수 있다.

후배 세대는 소소하더라도 지금 즉시 누릴 수 있는 행복을 추구한다. 이들은 미래를 위해 현재의 행복을 미루지 않는다. 후배 세대가 선배들을 꼰대라고 비난하는 것은 선배 세대의 성취를 무시해서가 아니다. 죽을 듯이 일해서 성취를 이뤘어도, 행복해 보이지 않아서다. 내 행복을 포기하며 얻은 성취가 무슨 의미냐고 묻는 것이다. X세대가 일과 생활에서 균형 있는 모습을 보이며 행복해 보이기만 해도 꼰대라는 비웃음에서 벗어날 수 있다. 후배 세대에게 X세대는 곧 다가올 자신의 미래 모습이기 때문이다.

베이비부머의 돌파력과 충성심, X세대의 개인주의적 합리성, MZ세대의 디지털 능력은 이전에는 한 번도 공존한 적 없었던 강점이다. 이러한 강점이 조직에서 조화롭게 발현되면 커다란 성과를 낼 수 있다. 그러려면 이들을 잘 융화시킬 유화제가 필요하다. 지금 시대의 조직은 X세대에게 그 역할을 요구하고 있다.

4. 억울한 낀 세대, X세대의 고충

배운 적 없는데 가르쳐야 하는 딜레마

베이비부머 세대는 컴퓨터가 낯선 세대였다. 그들은 차트 하나 만들려면 전지에 자를 대고 손으로 그렸던 세대다. 반면, 업무에 컴퓨터가 도입된 직후 회사에 입사한 X세대는 컴퓨터가 친숙했다. 컴퓨터를 활용한 업무는 선배보다 더 능숙했다.

업무가 정보화되면서 X세대는 선배들에게 배울 것이 별로 없었다. 오히려 선배들이 엑셀 잘하고, 파워포인트 문서 잘 만드는 후배인 X세대를 수시로 호출했다. 게다가 그때까지만 해도 차근차근 일을 가르쳐주는 문화가 없었다. 선배들을 따라다니며 눈치껏 일을 배웠다. 좋게 말하면 도제식이지만, 나쁘게 말하면 일의 노하우를 전수하는 체계가 없었다.

이런 환경에서 X세대는 알아서 일하는 직장인이 되었다. 지시가 내려오면 그다음부터 일하는 방법은 스스로 찾아서 했다. 일하는 환경이 급속히 변하던 시기다. 가르쳐줄 수 있는 사람도 없었다. X세대도 굳이 선배나 상사의 도움을 바라지 않았다. 오히려 사사건건 간섭하지 않고 내버려두는 것을 선호하게 됐다. 성과는 알아서 낼 테니 일에만 열중할 수 있는 환경을 만들어달라는 것 정도가 X세대가 상사에게 바라는 전부였다.

알아서 일하고 알아서 성과를 내던 X세대가 밀레니얼과 Z세대를 후배로 맞아들이게 됐다. X세대의 후배인 MZ세대는 어릴 때부터 세세한 코칭 속에서 자란 세대다. 이들은 줄넘기도 학원에서 배웠다. 자라면서 습득한 거의 모든 것들을 선생님이 자세히 가르쳐줬다.

MZ세대는 '인강(인터넷 강의)' 세대이기도 하다. 컴퓨터 화면 속 선생님의 말은 처음부터 끝까지 다 듣고 있을 필요가 없다. 그들은 동영상 속에서 필요한 부분만 쏙쏙 골라 강의를 들었다. 인강 속 선생님은 전국적으로 유명한 족집게 강사다. 이처럼 MZ세대는 자신에게 지금 딱 필요한 정보를 누군가 콕 집어 가르쳐주는 환경에 익숙하다.

이렇게 다른 X세대와 MZ세대가 직장에서 만나게 됐다. X세대는 후배들도 알아서 일하고 알아서 성과를 낼 것으로 기대한다. 왜냐하면 자신도 그렇게 일했기 때문이다. 지시만 내리면 자신이 기대한 무언가와 비슷한 결과물이 나올 것으로 생각한다. 오히려 디테일한 가르침은 간섭이 아닐까 걱정돼 자제하기도 한다. 그래서 X세대가 후배에게 건네는 것은 자세한 가르침이 아니라 한 장짜리 매뉴얼이다. X세대가 선배에게 주먹구구식으로 일을 배웠다면 X세대는 나름 표준화된 경험을 정리해 후배에게 전달하며 말한다. "알아서 잘 해봐."

반면, 한 장짜리 매뉴얼만 받아든 후배들은 당황스럽다. 그들은 결과에 도달하기까지 어떤 방법으로 일을 해야 하는지 A부터 Z까지 선배가 알려주기를 바란다. MZ세대에게 "알아서 잘 해봐"라는 상사의 말은 무책임하게 느껴진다. 그들은 후배에게 업무를 알려주는 것도 선배의 의무이자 일이라고 생각하기 때문이다.

그들은 선생님이 자신들을 하나하나 가르쳤던 것처럼 직장상사도 그렇게 해야 한다고 믿는다. 디테일한 지시를 하지 않는 상사는 업무를 미루고 책임을 회피하는 것으로 생각한다. "우리 팀장은 하는 일 없이 날로 먹는다"라는 말이 MZ세대 직장인들의 익명 커뮤니티에서 자주 보이는 것은 이런 이유에서다.

X세대 역시 후배들의 이런 반응이 당황스럽다. X세대는 일을 배운 적이 없기 때문이다. 후배들은 자신에게 자상한 선생님의 역할을 기대한다. 그러나 자신은 그렇게 배운 경험이 없다. 하고 싶어도 따라할 롤모델이 없는 것이다.

상부에선 예전처럼 지시만 내리면 일이 알아서 진행될 것으로 기대한다. 그런데 중간관리자인 자신은 후배들을 하나하나 붙들고 하나부터 열까지 가르쳐야 하는 신세가 됐다. 팀장은 팀원이 많을수록 일이 더 잘 돌아가는 게 아니라 해야 할 일이 더 많아지는 처지가 됐다. 이런 내막도 모르고 위에서는 왜 성과가 안 나냐며 닦달이다. 안으로는 책임이 점점 커지는데 위에서도, 아래서도 몰라주니 혼자 속앓이를 한다. 새로운 후배 세대와 직접 부대껴야 하는 X세대의 속사정이다.

수직적 조직문화의 막내이자 수평적 조직문화의 첫째

MZ세대가 사회로 진입하면서 기존의 조직문화도 크게 바뀌기 시작했다. X세대에게 상사를 '모신다'는 표현은 자연스럽다. X세대는 '점심 사역' 마지막 세대다. 사역(使役)이란 주로 종교적으로 쓰이는 단어다. 신앙을 위해 봉사하는 일을 뜻한다. 직장에선 상사의 뜻에 거부 없이 따른다는 뜻으로 쓰인다.

X세대는 매일 상사를 '모시고' 점심식사를 하는 일이 자연스러웠다. 메뉴도 상사가 원하는 것을 따른다. X세대에겐 점심시간도 일의 연장이었다. 상사의 기분까지 신경 쓰는 '심기 관리'가 당연했다. 이렇듯 X세대는 상사를 모신 마지막 세대다.

X세대를 상사로 두고 있는 MZ세대는 생각이 다르다. MZ세대에게 선배나 상사는 모셔야 할 대상이 아니다. X세대들이 상사가 되자 혼자 점심을 먹는 일이 많아졌다. 그들의 후배인 MZ세대는 점심시간을 일의 연장으로 생각하지 않기 때문이다.

엠브레인 트렌드모니터가 직장인을 대상으로 조사한 결과, 직장인의 66%가 점심시간을 '휴식시간'이라고 생각했다. 이 응답은 나이가 젊을수록(20대 70.7%, 30대 68.4%, 40대 62.8%, 50대 62.8%) 비율이 높았다. '회사 내 감정노동을 피하는 시간'이라고 인식하는 직장인도 20대 39.1%, 30대 35.2%, 40대 30.2%, 50대 27.4%로 연령이 낮을수록 높았다.[53]

이렇듯 점심시간을 개인적인 시간으로 인식하는 MZ세대는 점심시간을 상사와 함께 보내기를 꺼린다.

후배들은 더 이상 선배나 상사의 눈치를 보지 않는다. 오히려 회식이라도 한 번 할라치면 상사가 눈치를 봐야 하는 상황이 되었다. 이러한 분위기를 타고 기업에선 수평적 조직문화가 확산되기 시작했다. 선배와 후배를 부르는 호칭부터 바뀌었다. '차장님', '부장님' 꼬박꼬박 챙겨 불렀던 X세대는 이제 후배들에게도 '○○님'이라고 불러야 한다.

2000년대부터 CJ, 아모레퍼시픽, SK 등 대기업이 호칭 평준화를 시작했다. 선후배 구분 없이 '○○님'이라고 부르는 것이다. 호칭 평준화 추세는 2010년대 들어 스타트업 기반 IT 기업을 중심으로 더욱 확산됐다. 직급 대신 서로 영어 닉네임으로 부르는 문화가 생겨난 것도 이때다.

호칭 평준화를 시작으로 직장에서 나이와 직급에 따른 차이를 없애려는 시도는 더욱 거세지고 있다. '직무급제'를 도입하는 기업이 생겨나기 시작했다. 기존에는 연차에 따라 연봉이 순차적으로 올랐다면, 직무급제는 철저히 맡은 일의 중요도와 난이도, 책임에 따라 급여를 결정한다. 직급이 높더라도 하는 일의 중요도가 낮다면 연봉이 줄어든다. 2020년 교보생명이 금융권에서는 처음으로 직무급제를 도입했다. 공공기관 중에선 석유관리원, 새만금개발공사, 재정정보원, 산림복지진흥원 등이 직무급제를 도입했다.[54]

연차는 높은데 급여가 낮아진 중장년 직원들의 반발도 적잖다. 노조의 항의로 도입을 취소하는 사례도 있다. IBK기업은행에선 윤종원 신임 행장이 직무급제 도입을 검토한다고 알려지며 노조의 반대로 한 달간 출근을 못 한 일도 있다. 그러나 기업 입장에선 인건비를 절감할 수 있어 도입이 확산될 전망이다. 연차가 오르면 일괄적으로 연봉을 올려줘야 했던 부담을 덜 수 있기 때문이다. 게다가 일한 만큼 받을 수 있다는 점에서 젊은 직원들의 만족도가 높다. 많이 일하고 많이 받을지, 돈을 적게 받더라도 좀 더 편한 일을 할지 선택할 수 있다는 게 그 이유다. 일과 생활의 균형이 중요한 MZ세대의 가치관에 따른 변화다.

코로나19로 인한 재택근무 확산도 수평적 조직문화 확산을 촉진하고 있다. 얼굴을 맞댄 사무실이라는 환경에서는 상사의 위계와 서열이 확실하게 드러난다. 오프라인 환경에서만 가질 수 있는 권위가 있다. 그러나 재택근무 환경에서는 모두가 동등하게 모니터 속 네모 칸 하나씩만 차지한다. 상사의 권위가 떨어진다. 재택근무를 하면서 직급과 직책에 가려졌던 성과가 분명하게 드러나게 된다. 나의 성과가 팀이나 상사의 성과로 둔갑하는 일도 크게 줄어든다. 당연히 실력에 자신이 있는 낮은 직급의 직원들에게 반응이 좋다.

반면 직급이 높을수록 떨떠름한 반응이다. SAP코리아는 2020년 2월 재택근무를 도입한 후 직원들을 대상으로 재택근무의 효율성과 만족도에 대해 설문조사를 실시했다. 50대 남성 직원들은 재택근무의 효율성을 93.9%로 높게 평가했다. 20~40대 직원들과 비슷한 수준이다. 반면, 재택근무에 대한 만족도는 54.5%였다. 전체 직원들의 평균 만족도 89.5%에 비해 현저히 낮다.

50대 남성이라면 직장에서 가장 직급이 높고 권한이 많은 사람들일 것이다. 이들은 재택근무의 효율성은 인정하면서도 불편함을 느끼는 것이다. 외국계 IT 기업으로 상대적으로 수평적 문화가 익숙한 조직인데도 그렇다. 한국적 나이 서열문화가 영향을 미치는 것이다.

그러나 재택근무 등 비대면 근무방식은 코로나19가 종식돼도 확산될 전망이다. 기업들이 이번 기회를 통해 재택근무의 효율성을 발견했기 때문이다. 예상과는 달리 재택근무 환경에서 더욱 높은 성과를 내는 기업들이 나타났다. IT 분야에서 두드러진다. 카카오는 재택근무를 전격 도입한 2020년 1·2분기에 역대 최고 실적을 냈다. 넷마블과 엔씨소프트는 4월부터 완전 자율 출퇴근제를 도입했다. 어디서 일하든 주 40시간의 근무시간만 채우면 된다.

이러한 경향은 대기업으로도 확산되고 있다. 롯데그룹의 신동빈 회장은 재택근무를 경험해본 이후 "비대면 회의나 보고가 생각보다 편리하고 효율적이라는 인상을 받았다"고 밝혔다. 그러면서 "근무환경 변화에 따라 일하는 방식도 당연히 바뀌어야 할 것"[55]이라고 주문했다. 이에 따라 롯데그룹은 롯데지주와 롯데호텔을 중심으로 재택근무 도입을 실험하고 있다.

SK그룹은 주요 계열사들이 2020년 4월부터 상시 유연근무에 돌입했다. SK이노베이션은 '1주 출근 + 3주 재택근무' 방식을 도입했다. CJ도 계열사별 특성에 맞게 유연근무제를 시행하고 있다. 코로나19로 인한 임시방편으로 시작된 재택근무는 이제 보편적인 근무 형태의 하나로 자리 잡아가고 있다.

나이나 연차가 아닌 철저히 능력 위주로 평가받는 문화가 확산되고 있다. 돌이킬 수 없는 흐름이다. X세대는 이 흐름을 첫 번째로 타는 세대다. 그들은 수직적인 조직문화에서 상사를 모셨던 막내였다. 직급이 높아지고 연차가 쌓여 이제 좀 대접받나 했더니 새로 맞이한 후배들은 동등한 권리를 요구한다. 코로나19로 인해 확산된 비대면 근무는 이러한 추세를 더욱 가속화할 것이다.

X세대로선 일견 억울할 만도 하다. 차장님, 부장님, 이사님 챙겨서 모셨는데 이제는 호칭 평준화로 '님' 소리도 못 듣게 됐다. 이러한 흐름이 옳다는 것엔 동의하지만 억울하기도 한 게 X세대의 솔직한 심정이다.

X세대의 씁쓸한 생존법

X세대의 고민은 단순히 후배들로부터 제대로 대접받지 못해 억울하다는 기분의 문제가 아니다. 생존이 걸려 있는 문제이기도 하다. 일보다 휴식을 더 중요하게 생각한다느니, 생각이 없다느니 얘기들 하지만, X세대의 후배인 밀레니얼 세대의 실력은 만만찮다. 스펙도 예전에 비하면 월등히 높아졌다. 계급장 떼고 실력으로만 승부한다면 녹록지 않은 게 현실이다.

현재 X세대는 조직에서 허리를 맡고 있지만, 다음 단계로 올라가지 못한다면 퇴사를 고려해야 할 처지다. 실제로 40대에 자의 반 타의 반으로 회사를 떠나는 경우가 많다. 문제는 현재 이들이 돈을 가장 많이 쓸 나이이고, 돈이 가장 필요하기도 한 나이라는 것이다.

X세대가 직장에서 다음 단계로 승진하기가 어려운 것은 윗세대의 장기집권에서 기인한다. 정치권에서 386세대의 파워에 밀려 X세대 정치인의 활약이 미약한 것과 유사하다. 1960~1964년에 출생한 X세대의 선배들은 30대인 1990년대 후반부터 임원에 진입하기 시작했다. 그들이 40대이던 2000년대 후반에 이미 임원진의 25%를 차지하며 조직사

회의 주류로 자리 잡았다. 바로 아래 1965~1969년 출생자들도 2010 년대 초반까지 20%를 차지하며 그 뒤를 따랐다.

반면, X세대인 1970~1974년생들은 40대 후반인 2017년까지 10% 를 넘지 못하고 9.4%에 머물렀다. 윗세대가 가로막고 있으니 X세대가 더 이상 올라가지 못하는 것이다.[56]

X세대는 1990년대 말 IMF 외환위기로 인해 취업이 지연되며 사회 생활을 시작한 세대다. 이들이 대리, 과장으로 있던 2008년 금융위기를 겪게 됐다. 그 사이 2차례의 금융위기로 인해 한국 사회는 완전히 저성 장 기조로 바뀌었다. 예전처럼 승진이 쉬운 시기는 지나가버렸다. 선배 들은 그 전에 이미 임원으로 진급해 자리를 차지한 상태다. 올라갈 틈이 잘 안 보인다. 아래에서는 쟁쟁한 후배들이 치고 올라온다. X세대는 위 에서 치이고 아래서 받혀 이러지도 저러지도 못하는 상태다.

'낀 세대'라며 억울함을 토로하는 X세대의 하소연은 단순한 감상이 아니다. 2차례의 금융위기를 겪고 일상적인 구조조정 하에서 가슴 졸이 며 살아왔다. 가까스로 살아남았더니 이제 앞이 보이지 않는 벽이 미래 를 가로막고 있는 느낌이다.

사회 초년생일 때부터 급변하는 환경을 거치며 생존에 성공한 X세 대다. 더 큰 변화가 다가오고 있음을 느끼지만 무엇인지 알 수 없다. 이 제는 변화의 속도를 따라잡기도 점점 벅차다. 그렇지만 드라마 〈미생〉 의 "회사 안이 전쟁터라면 회사 밖은 지옥"이라는 말을 되뇌며 하루하 루를 버틴다. '높이 올라가기'보다 '오래 버티기'로 바꾸어버린 X세대 의 쓸쓸한 생존법이다.

5. X세대를 차세대 리더로 키우는 방법

X세대의 과제와 조직의 운명

역사상 가장 파격적이고 도전적이었던 신인류 X세대가 중년이 됐다. 자신만만하던 이들은 어느새 관료적인 조직에 동화된 무색무취한 존재가 됐다. 이제 이들은 변화보다는 안정을, 높이 날기보다는 오래 버티기를 선택하고 있다. 예전엔 가슴을 뛰게 만들었던 변화와 혁신이라는 단어가 이제는 마음을 압박하는 과제물이 됐다. 가장 혁신적이었던 이들이 이제 안정을 추구하는 회사형 인간이 되었다.

이들을 바라보는 조직원들의 눈길은 냉담하다. 후배 MZ세대에게 X세대는 가장 불편한 존재다. 조직에서 가장 젊은 선배인 X세대를 '젊은 꼰대' 취급한다. 자신들을 잘 이해하지 못할뿐더러, 상부의 권위적인 조직문화를 강요한다고 생각하기 때문이다. 한편, 선배인 베이비부머 세대도 X세대가 못마땅하다. 선배들이 보기에 X세대가 변화에 대처하는 속도는 과거에 비해 현저히 느려졌다. 게다가 자신들만큼 후배들을 잘 이끄는 것 같지도 않다. 선배들이 X세대를 답답하게 생각하는 이유다. X세대는 아랫세대와 윗세대의 차가운 시선에 점점 위축되고 소극적으로 변한다.

한때 가장 혁신적이었던 X세대가 어느덧 조직에 순응한 고인물이 되었다. 이러한 변화는 이들의 삶의 경험에서 비롯된다. X세대는 우리나라가 정치적으로 자유로워지고 경제적으로 성장하던 시기에 자랐다. 집에 TV와 자동차가 생기고, 처음으로 해외여행도 가고, 어학연수도 갈 수 있었다. 이들이 자라면서 본 세상은 자신들에게 호의적이었다. 내가 노력만 한다면 원하는 것을 모두 이룰 수 있을 것처럼 보였다.

그런데 이들이 사회로 진입하던 시기 IMF 외환위기가 닥쳤다. 갑자기 집안이 경제적으로 어려워져 가세가 기울었다. 대학만 나오면 어디든 갈 수 있을 줄 알았는데, 취업문이 급격히 좁아졌다. 어렵게 취업에 성공했어도 구조조정이 일상이 됐다. 선배들이 하루아침에 쫓겨나는 모습을 목격했다.

2008년 또다시 닥친 금융위기로 저성장 기조가 기본이 되었다. X세대가 30대 중·후반을 지날 때다. 예전엔 실력을 인정받았다면 본격적으로 빠른 승진이 시작될 나이다. 이때부터는 그런 일도 현저히 줄어들었다. X세대는 언제든 상황이 나에게 적대적으로 바뀔 수 있다는 것을 체감하고 의식하며 사회생활을 한 세대다.

X세대가 겪은 일련의 경험은 그들을 조직에 순응하는 인간으로 만들었다. 그들은 세상의 무서움을 뼈저리게 겪은 세대다. 위협적인 외부 환경에 나라는 개인이 한없이 작아지는 경험을 했다. 그들은 나를 보호해 줄 수 있는 조직에 순응하는 쪽을 택했다. 조직도 언제든 나를 버릴 수 있다는 사실을 알기에 더욱 조직의 논리와 요구에 충실히 따랐다. 가장 급진적인 변화를 추구했던 X세대가 충실히 권위주의적 문화에 따르는 회사형 인간으로 거듭났다.

문제는 이제 세상이 변해 X세대의 조직 순응적 태도와 성실함이 더 이상 경쟁력이 없다는 것이다. 디지털 트랜스포메이션과 파괴적 혁신이 지상과제인 지금, 안정을 추구할 수 있는 방법은 없다. 지금껏 생존했던 방식을 고수하며 변화에 저항하는 고인물로 남아서는 가장 빠르게 도태될 것이다.

X세대는 한때 저항과 도전정신의 상징이었다. 이들이 젊었을 때 가졌던 파격적인 도전정신을 되살려 변화에 성공할 수 있을지가 관건이다. X세대는 조직에서 리더 자리로 향하는 위치이기도 하다. 이들이 주도적으로 변화를 이끌 수 있느냐, 없느냐가 향후 조직의 운명 또한 결정하게 될 것이다.

디지털 시대, X세대의 생존전략

급격한 디지털 기술의 확산으로 인한 업무환경의 변화가 X세대의 업무 경쟁력을 낮추고 있다. 회사에서의 입지도 문제다. 많은 조직에서 차세대 리더로 X세대를 건너뛰고 1980년대생을 주목하고 있다.

1980년대생과 1990년대생은 또 다르다. 1980년대생은 커리어에 대한 열정이 높은 세대다. 지금 시대에 맞는 디지털 리터러시Digital literacy(디지털 기기를 활용하여 필요한 정보를 습득할 수 있는 능력)를 갖추고 있다. 자칫하면 X세대가 패싱Passing 당할 위기에 처했다. 현실에 안주하다간 조직이 나를 내치려 할 것이다. 그러기 전에 내가 먼저 변화하고, 그로 인해 조직의 변화를 주도할 수 있어야 한다. 그래야 이 위기를 극복하고, 나아가 차세대 리더로 성장할 수 있다.

X세대는 그들에게 닥친 여러 위기를 배움을 통해 극복해왔다. 이들은 일찍이 자기계발만이 살 길이라는 것을 깨달았던 세대다. 출근 전 어학공부를 하고 퇴근 후 자격증 공부를 했다. 직장인으로서의 역량을 강화해 프로페셔널이 되기 위해 노력했다.

이제는 다른 방향으로 배움의 폭을 넓힐 때다. 트렌드에 대해 공부하고 일과 직접적인 관련이 없는 분야로도 관심사를 확장해야 한다. 슬랙Slack, 구글시트Google sheet, 노션Notion 등 디지털 업무용 툴에도 익숙해져야 한다. 지금까지 공부다운 공부라고 생각하지 않았던 자잘하고 다양한 것까지 관심을 갖고 따라가려고 노력해야 한다. 그래야 현재의 변화를 따라잡을 수 있다.

공식적인 권위를 가진 선생님으로부터만 배울 수 있다는 고정관념도 버려야 한다. 이제 누구에게든 배울 수 있는 시대다. 유튜브에는 자신의 전문성과 정보를 공유하고자 하는 능력자들이 넘쳐난다. 탈잉Taling 같은 재능거래 플랫폼을 활용하면 각자의 분야에 전문성을 가진 젊은 이들에게 코딩부터 영상편집, 베이킹, 네일케어까지 필요한 모든 것을 배울 수 있다. 배울 의지만 있다면 누구에게든, 무엇이든 배울 수 있는 세상이 되었다.

조직에선 '리버스 멘토링Reverse mentoring'을 도입하기도 한다. 원래 멘토링Mentoring은 선배인 멘토Mentor가 후배인 멘티Mentee를 가르치고 관리하는 시스템이다. 리버스 멘토링은 그 반대다. 후배가 멘토가 되어 선배인 멘티를 가르치고 돕는다. 새로운 기술이나 트렌드가 익숙지 않은 윗세대를 후배 세대가 돕는 것이다. 구성원 간 디지털 격차를 해소하고 커뮤니케이션을 활성화하는 데 큰 도움이 된다.

새로운 트렌드를 반영하는 데 젊은 세대의 목소리를 적극 참고하기도 한다. 삼성전자는 '더 세로'라는 세로형 TV를 개발할 당시 '밀레니얼 커미티(위원회)'를 꾸렸다. 신입사원과 저연차 직원으로 꾸려진 회의체다. '더 세로'가 스마트폰의 세로형 화면에 익숙한 MZ세대를 겨냥한 제품이었기 때문이다. "임원 회의를 할 때 옆방에서 같은 주제로 밀레니얼 커미티도 회의를 하고 그들의 논의 결과를 임원회의 결과와 비교해봤다"[57]고 한다. 디자인 등 결정 사항에 대해 밀레니얼 커미티가 지적하면 그것을 수정·반영했다. 이러한 노력이 '더 세로'가 단순한 전자기기를 넘어 새로운 라이프스타일을 대표하는 제품으로 자리매김하게 만들었다.

직무급제가 도입되고 재택근무가 일상화되는 지금, 모든 정보가 개방되고 모든 조직원이 동등한 잣대 하에서 평가받기 시작했다. 앞으로 점점 권위적이고 비효율적인 것은 도태될 것이다. 이러한 시대에 살아남기 위해서는 배우는 방법도 바뀌어야 한다. 디지털이 새로운 패러다임이라고 외치면서 이를 배우는 데 고정관념을 가져선 안 된다. 지금 필요한 배움은 강의실에만 있는 것이 아니고, 연륜 있는 교수에게서만 나오는 것이 아니다. 유연한 자세로 누구에게든, 무엇이든 배울 수 있다는 마음가짐을 가져야 한다.

X세대 인재를 위한 지원이 필요하다

조직의 입장에서도 X세대를 잘 관리할 필요가 있다. X세대는 중간관리자 역할을 하는 경우가 많기 때문이다. 2019년 〈하버드비즈니스리뷰〉에 게재된 기사에 따르면, X세대의 중간관리자는 평균 7명의 부하직원을 관리한다. 밀레니얼 세대 관리자가 평균 5명을 관리하는 것에 비해 리더십에 대한 부담이 크다. 그런데 부담에 비해 합당한 보상은 받지 못한다고 생각한다.

자신의 승진 속도가 합당하다고 대답한 X세대는 58%로 밀레니얼 세대의 65%보다 낮다. 실제로도 X세대의 승진율은 밀레니얼 세대에 비해 20~30% 느린 추세임을 꾸준히 확인할 수 있다. 동일한 직책을 두고 X세대와 밀레니얼 세대가 승진 경쟁을 벌이기 시작했다.

X세대는 고용주에 대한 충성심이 남아 있는 세대다. 윗세대의 전통적인 리더십을 가지고 있다. 밀레니얼에 견줄 만큼 디지털에 능통한 경우도 많다. 이들이 조직 내 세대 격차를 줄이는 데 중요한 역할을 하고 있다. 하지만 그에 합당한 대우를 받지 못한다고 느끼는 X세대가 많아지고 있다.

고위직 X세대 중 40%는 이직을 고려한 적이 있고, 18%는 이직할 마음이 더 커졌다고 한다. 조직에서 밀레니얼 세대만을 신경 쓰다가는 높은 효율을 내고 있으며 조직유지에 필수적인 X세대 직원을 잃게 될 수도 있다. X세대 인재를 붙잡아두고 이들을 차세대 리더로 육성하기 위한 노력이 필요한 때다.

첫 번째로 X세대가 일과 삶의 균형을 되찾을 수 있도록 지원해야 한다. X세대는 지금껏 생존을 위해 조직에 적응하고 회사에서 요구하는 성과를 내기 위해 개인의 삶과 가정은 후순위로 두었다. X세대가 젊었던 때, 가장 창조적이고 혁신적일 수 있었던 것은 그들이 "난 나야"를 외쳤기 때문이다. 자신의 욕구에 솔직해질 때 사람은 가장 창조적일 수 있다.

조직은 이제라도 X세대가 개인의 삶을 회복할 수 있도록 지원해야 한다. 장기휴가 제도 및 연차 사용 장려, 적당한 업무량을 위한 PC-OFF 제도 등의 시스템 지원, 멘탈 케어 등의 스트레스 관리 지원을 통해 X세대가 개인적 가치를 되살릴 수 있다. 이를 통해 X세대가 조직이 바라는 창조적 변화를 이끌 핵심 인재로 거듭날 수 있을 것이다.

두 번째는 X세대를 위한 커리어 관리 지원이다. X세대는 회사를 벗어난 후의 미래를 고민할 나이다. 개인적인 차원에서의 경력관리는 X세대뿐 아니라 모든 세대의 관심사다. 경력관리와 개인의 성장 지원은 이러한 고민을 덜어줄 수 있다. 그리고 조직이 구성원의 미래에 관심을 가지고 있다는 시그널이 된다.

이러한 관리 속에서 구성원들은 자신이 사용가치가 떨어지면 버려질 부품이 아니라 소중한 일원이라는 느낌을 갖게 된다. 저성장 기조가 지속됨에 따라 모든 세대에서 공통적으로 승진에 대한 기대감이 낮아지고 있다. 이러한 상황에서 개개인에게 미래를 설계할 수 있는 경력 관리 프로그램을 제공하는 것이 심리적 안정과 직장에 대한 헌신을 이끌어낼 수 있다.

세 번째로 X세대에게 다양한 교육의 기회를 제공해야 한다. 지금까지 그들이 성공했던 경험이 더 이상 통하지 않는 세상이 다가오고 있다. 계속해서 새로운 것이 나타나고 과거의 성공법칙이 무너지고 있다. 세상은 일하는 모든 개인에게 끊임없이 배울 것을 요구하고 있다. 현업으로 바쁜 중간관리자인 X세대는 눈앞의 업무에 치여 이러한 변화에 적절히 대응하기 어렵다.

연차가 높고 연봉도 높은 X세대가 변화를 따라가지 못한다면 이들의 존재가 곧 조직의 부담이 된다. 개인의 노력만 강조할 것이 아니라 조직 차원에서 끊임없는 교육의 기회를 제공해야 한다. 이들이 꾸준히 업무 역량을 개선하고 트렌드와 신기술을 따라잡을 수 있게 지원해야 한다. X세대가 새로운 변화를 선도하는 인재가 될 수 있도록 개인의 각성과 조직의 체계적인 지원이 필요한 시기다.

새 시대 리더로서의 역할을 자각할 때

최근 자신감 하락을 호소하는 X세대가 많다. 기가 센 베이비부머 선배들에게 눌려 어깨 한 번 못 펴고 살았는데, 이제 더 기 센 후배들이 들어오고 있다. 위에서 치이는 것으로도 모자라 후배 눈치도 봐야 하는 신세가 됐다.

눈 깜빡하면 새로운 것이 등장하는 세상의 변화도 버겁다. 하루하루 정신없이 살아가지만, 계속해서 뒤처지는 느낌이다. 선배들은 자신만 만하게 "나 때는 말이야"라고 말하지만, X세대는 그럴 자신도 없다. 난 무엇을 이루었나 하는 자괴감과 앞으로 어떻게 살아야 할지에 대한 고민이 엇갈린다.

X세대는 좀 더 자신감을 가질 필요가 있다. 이들은 늘 스스로를 다그치며 살아왔다. 무엇이든 해낼 수 있을 것 같던 어린 시절을 보내고 사회 초년생 때 세상이 한순간 자신에게 적대적으로 돌변하는 것을 경험했다. 이 경험은 X세대를 뒤처질지 모른다는 불안함과 조바심에 달음질치게 했다.

그러나 PC통신에서부터 태블릿 PC까지, 삐삐에서 스마트폰까지 모든 변화를 겪으며 적응해온 세대 아닌가. X세대의 생존력은 한국 최고 수준이다. 상황에 따라 유연하게 대처하는 적응력을 가지고 있다. 지금껏 그래왔듯 배움을 통해 새로운 시대에 적응할 수 있다는 자신감을 가져야 한다.

X세대 스스로 자신들의 중요성을 인식하는 것이 중요하다. X세대는 경험과 연륜의 가치를 알고 있는 마지막 세대다. 보이지 않는 선배 세대의 정신적 유산을 후배 세대로 물려주어야 할 책임이 있다. 현재 많은 조직에서 X세대가 리더로 진입하고 있다. 이들이 지금까지의 경험을 바탕으로 도전정신을 겸비한 혁신가가 되느냐, 아니면 과거의 성공에 얽매여 변화하지 못하느냐에 따라 새로운 시대를 선도하는 조직과 도태되는 조직으로 갈라질 것이다.

X세대는 윗세대와 아랫세대를 아우를 수 있는 포용적 리더십을 발휘

할 수 있는 세대다. 이들이 발휘할 유연한 통합적 리더십이 조직과 우리 사회의 미래를 만들어갈 희망이라는 점을 자각해야 한다.

Young Forty

Part

4

X세대는
이렇게 돈 쓴다

MZ세대의 소비 트렌드가 화두다. 과거에는 철없는 젊은이들의 일시적인 유행으로 치부되었던 청년들의 소비 트렌드가 지금은 관심 집중의 대상이 된 이유가 무엇일까? MZ세대의 트렌드를 받아들여 메가트렌드로 발전시키는 배후 집단이 있기 때문이다. 바로 X세대다.

앞서 이야기했듯 X세대는 아랫세대를 이해하려고 노력하는 어른 세대이다. 그래서 X세대는 MZ세대가 만들어내는 새로운 라이프스타일과 소비문화에 관심을 갖는다. 한편 합리적이고 새로운 것에 대한 수용도가 높은 세대이기도 하다. 낯선 것이라도 나에게 필요한 것, 삶을 더 좋게 만드는 것이라면 기꺼이 받아들인다.

게다가 X세대는 현재 대한민국에서 가장 돈을 많이 벌고, 많이 쓰며, 거대한 인구를 자랑하는 연령대다. 한국 현대사의 문화 르네상스를 이뤄냈던 주인공다운 높은 안목도 갖췄다. 수없이 생겨났다 사라짐을 반복하는 유행 속에서 어떤 것이 대한민국을 움직이는 메가트렌드가 될지는 그들의 선택에 달렸다. 새로운 어른들의 라이프스타일에 MZ세대의 최신 트렌드가 더해져 X세대 고유의 소비 트렌드를 만들어내고 있는 것이다.

새로운 기술이 끊임없이 나타나고 이에 대응한 라이프스타일의 변화가 빠르게 이뤄지는 가운데 우리 사회는 전 세계가 놀랄 만한 속도로 그 변화를 따라잡고 있다. 계속해서 새로운 것을 받아들이며 역동성을 유지하는 X세대가 대한민국의 허리를 책임지고 있기에 가능한 일이다.

1. | 가장 구매력이 높고 트렌디한 사람들

X세대는 돈을 쓰는 방식이 다르다

X세대는 현재 40대의 대부분을 차지한다. 40대는 일생 중 가장 지출이 많은 연령대이다. 사회적으로 활발한 활동을 하고, 자녀의 교육비 지출도 크다. 부모를 모시는 데 들어가는 비용도 만만찮다.

2019년 통계청이 발표한 〈2018 가계동향조사(지출 부문)〉에 따르면, 40대 가구주는 한 달 평균 319만 3,000원을 지출해 모든 연령대에서 가장 많은 돈을 썼다. 50대 가구주의 289만 9,000원, 30대 가구주의 244만 6,000원에 비해 월등히 높다.

40대는 오래전부터 가장 소비를 많이 하는 연령대였다. 통계청의 〈가

계동향조사〉 자료를 분석한 2014년 KDI(한국개발연구원)의 자료에 따르면, 40대는 2003년에도, 10년 후인 2013년에도 가장 많은 돈을 썼다. '실질처분가능소득(지출할 수 있는 소득)'과 '실질소비지출(실제 지출)'이 모두 가장 많았다.

X세대의 소비가 시장에 큰 영향력을 발휘하는 것은 단지 지출 금액이 크기 때문만은 아니다. X세대가 40대가 된 지금, 그들의 소비를 새삼스럽게 주목해야 할 이유가 있다. 돈을 쓰는 방법, 그리고 돈을 쓰는 곳이 과거의 40대와는 다르기 때문이다.

모바일 쇼핑이 온라인 쇼핑에서 차지하는 비중이 점점 높아지고 있다. 이마트몰의 경우, 모바일 쇼핑의 매출 비중은 2013년 8.5%에서 매년 증가해 2018년 73.9%까지 증가했다. 이런 모바일 쇼핑 증가세의 일등공신이 바로 40대 소비자다.

2018년 이마트몰의 모바일 매출에서 40대의 비중은 2016년 35%에서 3.1%p 증가한 38.1%를 차지했다. 같은 기간 30대는 42.8%에서 42.4%로 0.4%p 감소했고, 20대는 8.4%에서 7%로 1.4%p 감소했다. 40대의 증가세가 크다 보니 상대적으로 20~30대의 비중이 줄어든 것이다.

X세대는 1990년대 PC통신부터 디지털 기기로 인터넷을 사용한 세대다. 이들은 모바일을 비롯한 디지털 기술에 20~30대만큼이나 익숙하다. 게다가 X세대는 Z세대 자녀를 두고 있는 부모이기도 하다. Z세대는 태어날 때부터 스마트폰을 사용했다고 해서 '포노 사피엔스'라고까지 불린다. X세대 부모가 Z세대 자녀와 원활하게 커뮤니케이션하려면 비슷한 수준의 스마트폰 사용 능력은 필수다. 40대인 X세대가 모바일

쇼핑과 디지털 콘텐츠 소비에 능숙할 수밖에 없는 이유다.

그래서인지 스마트폰 시장에서 40대는 큰손 고객이다. X세대는 한국의 IT 산업과 함께 성장했다. 10대 시절에는 삐삐를, 20대에는 PCS를, 30대에는 스마트폰을 사용했다. 새로운 이동통신 기기에 대한 거부감이 없다. 2019년 당시 최신 휴대폰이었던 갤럭시 S20의 사전예약 고객 중 30~40대 남성 비중이 40%로 가장 높았다. 그중 가장 비싼 LTE 요금제 가입 비율도 40대가 28.3%로 가장 높았다. X세대는 트렌드에 민감할 뿐 아니라 구매력도 높다.

스마트폰을 이용한 모바일 게임에서도 40대의 존재감은 크다. 신한카드에 따르면 연령대가 낮을수록 유료 게임의 결제 비율이 높았는데, 그 비율이 급격하게 증가하는 연령이 바로 79년생부터였다. 모바일 앱 트렌드 미디어인 'App App LAB'에서 조사한 〈2018년 연령대별 모바일 게임 이용률〉의 내용을 살펴보면 40대는 10대와 함께 모바일 게임을 가장 많이 하는 것으로 나타났다.[58] 스타크래프트 1세대였던 X세대가 나이를 먹어서도 모바일로 옮겨와 게임을 계속하는 것이다.

유튜브와 넷플릭스 등 디지털 콘텐츠 분야에서도 40대 소비자는 지속적인 증가 추세를 보이고 있다. 방송통신위원회가 발표한 〈2018 방송 매체 이용 행태 조사〉에 따르면, 유료 방송 VOD 추가 요금 서비스 이용률도 40대가 34.9%로 가장 높게 나타났다. 30대는 29.7%, 20대는 28.2%였다. 50대는 18.7%로 낮은 수준을 보였다. 40대가 된 X세대의 소비 성향은 50대보다는 20대와 30대에 더 가깝다고 볼 수 있다. 2030과 유사한 소비 성향을 보이는 X세대가 그들보다 더 많이 소비하면서 오늘날 소비 트렌드를 이끄는 핵심 축으로 떠올랐다.

먼 미래보다 오늘의 행복이 중요하다

과거 40대가 가장 돈을 많이 쓰면서도 시장에서 제대로 된 대접을 받지 못했던 이유는 앞에서도 이야기했듯 수동적 소비자였기 때문이다. 전통적인 가부장제 하에서 40대는 위로는 부모를 모시고, 아래로는 자녀들을 양육했다. 이들은 월급의 대부분을 내 집 마련을 위해 저축하거나 주택구입 대출금을 갚는 데 썼다. 생활비는 자녀 교육비와 기본적 생활을 위한 식비 등이 대부분이었다. 부모님께 매달 용돈을 드리거나 병원비로 나가는 돈도 만만찮았다. 한마디로 과거 40대는 대부분 가족을 위해 소비했다. 돈은 내가 쓰지만 내가 결정해서 쓸 수 있는 돈은 별로 없었던 것이다.

이러한 40대의 소비 성향이 X세대가 40대가 되며 달라졌다. 개인주의적 성향이 강한 X세대는 소비에서도 개인주의적 면모를 보인다. '나'를 중요시하는 것이다. 가족 차원에서는 '나와 가족을 위해 참는 소비'에서 '나와 가족을 위해 쓰는 소비'로 바뀌었다. 개인 차원에서는 '가족을 위한 소비' 중심에서 '나를 위한 소비'로 바뀌었다. 이 두 가지가 결합하여 X세대의 '개인형 소비 성향'이 탄생했다. 그들은 미래를 위해 현재의 행복을 포기하지 않는다. 가족을 위해서는 워라밸을 유지하기 위한 소비, 개인을 위해서는 나에게 투자하는 소비가 늘었다.

X세대가 가족을 위해 소비하는 방법은 '가족과 함께 행복한 현재를 즐기는 것'이다. 94학번 이대식 씨는 휴직을 하고 초등 3학년인 딸아이와 석 달간 세계일주를 다녀왔다. 머잖아 사춘기에 접어들 딸과 특별한 추억을 만들고 싶어서였다. 주위에서 너무 과감한 결정이 아니냐는 우

려 섞인 반응을 보였지만, 그에게는 오래전부터 계획해온 지극히 마땅한 생의 과제였다.

"인생의 목적은 행복해지는 거고, 저한테 가장 큰 행복은 사랑하는 사람들과 즐거운 시간을 보내는 겁니다."[59] 미래를 위해 현재의 행복을 미루지 않는 X세대는 과거의 40대와는 전혀 다른 40대다.

위와 같이 과감한 사례가 아니더라도, X세대가 가족을 위해 소비하는 방법이 변화하고 있음은 여러 곳에서 감지된다. 하나은행 하나금융연구소에 따르면, 2018년 40대 가구주가 가장 많은 돈을 쓴 분야는 음식·숙박이었다. 2010년과 2016년 1위를 차지했던 교육이 2018년엔 3위로 내려갔다. 줄곧 3위에 머물렀던 교통비는 2위로 올라섰다.

식료품 구입보다 외식 비중이 높아지고, 여행 가는 횟수가 늘며 음식·숙박이 1위를, 교통이 2위를 차지한 것이다. 오락·문화 분야에 사용하는 비용도 2018년 255,796원으로 2010년의 154,180원과 2016년의 188,555원에 비해 크게 늘었다. 가족과 함께 즐기는 데 쓰는 비용이 많아졌다. 미래를 위해 무조건 허리띠를 졸라매던 과거 40대 가장의 모습과는 현저히 다르다.

개인 차원에서도 X세대는 나를 위한 소비를 아끼지 않는다. 1인형 소비가 늘며 이러한 경향은 가속화되고 있다. 이유는 싱글 X세대가 늘어나서다. X세대는 역사상 싱글 가구가 가장 많은 첫 세대다. 부양해야 할 가족이 없는 이들은 수입의 대부분을 오롯이 본인을 위해 쓴다. 취미에도 과감히 투자하고 패션이나 뷰티에 쓰는 돈도 상당하다. 이러한 X세대 싱글족들은 X세대의 트렌드세터다. X세대 싱글족이 선도하는 소비 트렌드가 X세대 전체로 퍼져나간다. 이들이 1인형 소비 트렌드를 이끌면서 싱글이 아닌 X세대도 나를 위해 소비하는 성향을 가지게 됐다.

건강을 위해 생과일주스를 마시는 X세대가 늘었다. 패션에선 스니커즈와 빈티지 청바지 등 영캐주얼 의류를 구입하는 비율이 늘었다. 인스타그램 등 SNS에서 '미스터 카멜'로 불리는 카멜카페의 주인장 박강현 씨@barkuaaang 등 중년 남성들의 패션이 화제다. 자신을 위해 명품에 투자하는 40대 남성이 늘며 신세계백화점과 현대백화점은 중년 남성을 위한 쇼핑관을 따로 신설할 정도다.

씀씀이가 커진 X세대는 취미생활에도 통 크게 투자한다. 신세계백화점의 스타워즈 관련 상품 구매비율은 40대가 37%로 가장 높다. 예전과는 달라진 40대의 소비 성향이다. 철저히 나에게 투자하고 나의 만족을 위한 소비 성향을 보인다.

많이 쓰고, 나를 위해 쓴다

일본에선 일찌감치 중년 소비자 집단에 주목하기 시작했다. '아라포 Around 40'란 신조어가 대표적이다. 40대 즈음의 소비자를 뜻하는 단어다. 원래는 마흔 안팎의 골드미스를 가리키던 단어로 쓰이다가 이제는 남녀 상관없이 문화와 소비 트렌드를 이끄는 중년을 가리키는 단어가 됐다.

일본은 2017년 이미 중위연령이 43.7세에 도달했다. 우리나라보다 몇 년 앞선 추세다. 일본에선 소비력이 충분하고 자신을 위한 소비에 지갑을 여는 중년 세대를 공략하는 마케팅이 이미 활발하게 진행되고 있다.

현재 한국에선 소비 트렌드를 이끄는 주역으로 밀레니얼 세대와 Z세대를 주로 주목한다. 이들이 외치는 '욜로' 등의 라이프스타일은 X세대로부터 시작된 것이다. 역사상 가장 자유롭고 파격적인 젊은이었던 X세대가 중년에 접어들었다. 자유주의와 개인주의의 토대 위에 그간 쌓아온 경험과 사회적 지위, 사고방식이 더해졌다. 거기에 변화하는 트렌드를 수용하며 업그레이드된 중년 세대다.

제2의 인생을 준비하는 이들이 가족과 함께하는 시간과 나를 위한 투자에 돈을 아끼지 않는 중년으로 거듭났다. X세대는 20~30대와 유사한 소비 성향을 가지고 있다. 거기다 안정적인 경제력이 뒷받침돼 더욱 파워풀한 소비력을 자랑한다.

많이 쓰고, 나를 위해 쓰는 거대한 소비자 집단, X세대가 부상하고 있다. 그러나 시장에서 X세대의 존재감은 지금껏 과소평가됐던 것이 사실이다. 이들의 소비 트렌드를 분석하고, 이를 통해 그들을 공략할 수 있는 마케팅 방법을 찾아내야 한다. 그것이 지금과 같은 불황의 시대에 이미 존재하고 있는 거대한 시장을 새롭게 재발견할 수 있는 방법이다.

2.

자기계발과 자기관리에
지갑을 연다

나의 욕망을 위해 소비하는 사람들

2018년 출시한 폭스바겐의 플래그십 세단 아테온은 주 타깃을 '영 포티'로 정의했다. 영 포티는 젊게 살고자 하는 40대를 뜻하는 말로, 폭스바겐은 이들이 트렌드에 민감하면서도 실속 있는 소비를 추구하는 '잘 나가는 오빠'로 해석했다. 40대의 "전문직 싱글 남성과 라이프스타일이 분명한 기혼남성 고객이 아테온을 많이 구매하는 편"[60]이라며 영 포티가 선택한 자동차라는 점을 주요 마케팅 메시지로 내세웠다. 잘 나가는 40대가 선택한 차라는 점이 다른 세대의 고객에게도 어필할 수 있다고 판단한 것이다.

수입차 시장에서 40대는 중요한 소비자다. 한국수입자동차협회에 따르면, 2018년 판매된 수입자동차(승용) 16만 6,271대 중 5만 1,153대를 40대가 구입해 전체의 30.7%를 차지했다. 20~30대의 비중은 점점 하락하는 반면, 40대의 비중은 2016년 28.3%에서 2018년 30.7%[61]로 꾸준히 상승하고 있다.

수입차 시장에서 40대 고객이 중요한 이유는 인구도 많고 높은 가격을 감당할 수 있는 경제력을 갖췄기 때문이다. 그리고 X세대가 40대에 접어들며 과거의 중년과는 다른 소비 성향을 보인다는 점을 주목해야 한다. 이들은 유행에 민감하고, 자신에게 적극적으로 투자하며, 소비를 통해 가치관을 드러내는 새로운 중년 소비자다.

X세대는 냉전체제가 와해되고, 군부독재가 종식되어 직선제 대통령이 선출되는 등 정치적으로 자유로운 환경에서 성장했다. 이러한 사회 분위기는 X세대가 탈정치화·탈이념화하는 데 영향을 미쳤다. X세대에게는 산업화 시대의 '잘 살아 보세'나, 386세대의 '독재타도'와 같이 해결해야 할 공통의 사회적 과제나 목표가 없었다. 그 빈자리는 '개인의 자유'와 '개인의 권리'와 같은 개인적인 욕구로 채워졌다. 개인의 욕망을 채우는 것이 가장 중요한 세대가 됐다.

X세대는 브랜드를 따져가며 소비를 한 첫 세대다. 그들은 어떤 브랜드를 소비하느냐를 자신의 정체성과 동일시했다. 또 소비를 통해 적극적으로 자신의 욕구를 채우고, 소비를 통해 자아를 표현하는 첫 세대다. 남들의 시선이 아니라 나의 만족이 가장 중요한 가치 소비자다. 이러한 X세대의 소비 성향은 그들이 중년이 된 지금도 마찬가지다. 나를 위한 삶을 살며 나를 위해 소비한다.

워라밸은 가장 중요한 가치

'저녁이 있는 삶', 2012년 당시 민주통합당 대선후보 경선에 출마한 손학규 후보가 내세운 슬로건이다. 이 구호는 이제 고유명사처럼 사용되고 있다. 이 슬로건에 반응했던 것은 당시 30대였던 X세대다.

'워라밸'은 예전에도 직장인들의 로망이었다. 2007년 삼성경제연구소가 발표한 보고서 〈경영의 화두 : 일과 생활의 균형〉에 실린 설문조사 결과에 따르면, '직장생활에서 무엇이 가장 중요한가'라는 질문에 "일과 생활의 균형"이 1위를 차지했다. 급여수준과 고용안정성, 승진 등은 우선순위에서 뒤로 밀려났다.[62] 밀레니얼과 1990년생이 직장에 들어오기 전부터 직장인들은 이미 워라밸을 가장 중요한 가치로 생각하고 있었다.

2018년 7월부터 '주 52시간 근무제'가 도입되기 시작했다. 전 사회적으로 워라밸을 실현할 수 있는 기반이 마련된 것이다. BC카드 빅데이터센터의 분석에 따르면, 서울 소재 직장인들의 구내식당과 유흥업종에서의 소비는 2017년에 비해 2019년에 소폭 감소했다. 반면, 학원과 문화센터, 스포츠 관련 소비는 크게 증가했다.

특히 직장인들의 아침에 여유가 생겼다. 아침 시간 구내식당 이용은 2% 감소했다. 대신 요가나 피트니스, 골프연습장과 같은 스포츠 업종은 15%, 음식점은 12%, 커피전문점은 17% 소비 건수가 증가했다. 아침 일찍 출근해 구내식당에서 식사를 해결하는 대신, 출근 전 운동을 하거나 모닝커피를 즐기는 직장인이 늘었다.

특히 출근 전 커피전문점을 찾는 4050세대의 비중이 증가했다.

2030의 비중은 2017년 71%에서 2019년 65%로 줄고, 4050의 비중은 2017년 29%에서 2019년 35%로 늘었다.[63] 이 중 40대의 비중은 24%로 50대의 11%보다 배가량 높다. 다른 시간대보다 유독 출근 전 아침 시간의 이용량이 큰 폭으로 증가했다. 이는 출근 전 자신을 위해 커피 한 잔을 소비하는 X세대가 늘었기 때문으로 볼 수 있다. 10여 년 전 '저녁이 있는 삶'이란 구호에 가슴 뛰었던 X세대는 1990년대생의 사회 진출로 일과 생활의 균형이 사회적 트렌드가 되자, 이 흐름에 적극 동참하고 있다.

칼퇴와 자기계발

BC카드 빅데이터센터가 저녁 6~7시 사이 대중교통을 이용한 사람을 '칼퇴족', 8시 이후에 이용한 사람을 '야근족'으로 정의하고 분석한 결과, 직장인들의 칼퇴는 늘고 야근은 줄어들었다. 40대의 칼퇴족 비중은 50%로 30대의 51%와 유사했고 50대의 45%보다 높았다.

워라밸이 사회적 흐름이 되며 X세대는 칼퇴로 확보한 저녁 시간을 자기계발에 적극 투자한다. 원래도 새벽 시간과 늦은 밤 잠자는 시간을 아껴가며 외국어 공부, 자격증 취득에 열을 올렸던 그들이다. 주 52시간 근무제로 확보한 여유 시간을 운동과 배움 등의 자기계발에 사용한다.

2017년과 비교해 2019년에 야근으로 인한 구내식당 이용은 13%, 유흥업종 소비는 8% 감소했다. 대신 학원에서의 소비가 39% 늘었고, 문화센터 이용도 10% 늘어났다. 운동 관련 소비도 20% 증가했다. 일찍 퇴근하고 확보한 시간을 술 마시며 보내기보다는 무언가를 배우거나 체력을 단련하는 데 사용하는 것이다. '트레바리'와 같은 독서 모임, 서로의 관심사를 공유하고 배우는 '문토'와 같은 소셜 살롱에도 X세대는 활발하게 참석한다.

X세대가 나이를 먹어서도 배움의 끈을 놓지 못하는 것은 가혹해진 사회 분위기 탓이 크다. 과거 45세면 정년을 맞는다는 의미의 '사오정'이라는 말이 유행했다. 코로나19는 이런 상황에 기름을 부은 격이 됐다. 이제는 그 연령대가 40세까지 낮아지는 분위기도 생기고 있다. 2020년 11월 농협은행이 명예퇴직 신청을 받았는데, 일반퇴직 대상자는 10년 이상 근무한 1980년생(만 40세)부터였다. 이제는 30대도 안심하지 못하는 분위기다. 이런 상황에서 미래를 대비하기 위해 공부를 선택하는 것은 당연하다.

코로나19로 인해 집에서 머무르는 시간이 길어지며 이를 미뤄뒀던 공부의 기회로 삼는 직장인들도 많아졌다. 직장인 교육 전문기업 휴넷에 따르면, 코로나19로 인해 재택근무가 본격적으로 확산된 2020년 3월, 개인 학습자들의 구매 건수는 전월 대비 135.8% 증가했다.[66] 이들의 공부 유형은 예전과는 다른 양상을 띤다. 과거 직장인의 대표적인 자기계발이었던 외국어 공부나 학위 취득을 위한 공부 대신 실무에 바로 써먹을 수 있는 소소하지만 유용한 강의들의 인기가 많아졌다. 포토샵, PPT 만들기, 기획서 작성법 등 실무형 강의를 선호한다.

이러한 공부 열풍의 이면에는 불안감이 자리잡고 있다. 중견기업에 다니는 B씨(40)는 "때 되면 월급 받고 회사에 충성하면 노후도 보장되던 시절은 이미 끝났다"고 말했다. 그는 "최근에 회사 미래가 불안해 이직 자리를 알아봤더니 어디든 영어는 기본이고 동영상 편집, MS(마이크로소프트) 오피스 프로그램 활용 등 요구하는 게 만만치 않더라"며 "회사와 경쟁자들은 점점 젊어지고 내 디지털 능력은 부족하다 보니 취업 준비생 못지않게 불안감이 정말 크다"고 말했다.[65] 취준생 못지않은 불안감이 이들을 끊임없이 무언가를 배우도록 만들고 있다.

X세대는 유튜브에서도 무언가를 배운다. 10대는 유튜브로 검색을 하고, 60대는 유튜브로 정치 뉴스를 본다. 반면 40~50대는 유튜브에서 공부를 한다. 대표적인 것이 구독자 134만 명을 보유한 스타강사 김미경의 유튜브대학 'MKTV'다. 이 채널의 댓글에는 '제2의 인생', '인생 후반부'와 같은 단어가 많이 등장한다.

주요 구독자인 40~50대 여성들은 김미경 강사의 영상에서 공부를 통해 인생을 살아가는 힘을 얻는다. 같은 처지의 여성들과 댓글을 통해 공감하고 위로하며 불확실한 미래를 대비하기 위해 '열공'한다. 김미경 강사의 콘텐츠는 그들에게 단순한 흥밋거리가 아니라 자신들의 앞길을 밝혀주는 인생의 등대와도 같다.

트렌드에 민감한 X세대는 최신 기술을 이용한 학습에도 빠르게 반응한다. '스피킷'은 '1초 만에 해외 연수'[66]라는 콘셉트의 외국어교육 프로그램이다. VR(가상현실) 기술을 이용해 외국 현지에서 외국어를 배우는 것 같은 현장감을 부여한다. 이 프로그램 론칭 당시 개발사인 마블러스는 20대의 수요가 높을 것으로 기대했다. 그러나 막상 뚜껑을 열어 보니 4050세대가 사용자의 절반 이상을 차지했다.

이들은 '식당에서 주문하기', '입국심사' 등과 같은 실용적인 정보를 선호했다. 이와 같은 초기 사용자 반응을 통해 스피킷은 타깃을 재설정하고, 실용적인 정보로 내용을 수정하는 등 프로그램 전반의 운영방침을 점검할 수 있었다. 이렇듯 X세대는 배움에 있어 가상현실과 같은 최첨단 기술도 두려움 없이 받아들인다.

지식뿐 아니라 건강한 체력을 유지하고 멋진 몸매를 가꾸는 것도 자기계발이 된 시대. X세대는 운동에도 적극 투자한다. 코로나19로 인해 오프라인 공간에서 운동하기 어려워진 사람들은 '홈트(홈트레이닝)'를 시작했다. 신한카드 빅데이터연구소에 따르면, 40대 남성의 2019년 상반기 대비 2020년 상반기 온라인 PT 서비스 이용자 비중은 17%에서 21%로 증가했다. 통상 남성들이 여성들에 비해 온라인으로 운동하는 것에 익숙지 않았던 것을 고려하면 큰 폭의 증가세다. X세대 남성들은 언택트로 변화하는 환경에도 적응이 빠르고, 이를 통한 자기계발에도 적극적인 모습을 보여주고 있다.

외모도 경쟁력

외모가 경쟁력의 하나로 인식되면서 패션과 뷰티에 신경 쓰는 40대가 늘고 있다. 현대백화점에 따르면 40대 고객의 비중은 점점 커지고 있다. 중년 여성의 외모 관리는 예전부터 당연한 것이었다면, 이제는 중년 남성의 증가세가 두드러진다. '꽃중년'을 시작으로 '아재파탈', '그루밍족' 등 외모를 관리하는 중년 남성을 가리키는 신조어도 생겨났다. 외모가 뛰어난 중년 남성 연예인을 지칭하는 단어로 쓰이다가 이제는 자기관리를 철저히 하는 중년 남성 모두를 가리키는 단어로 쓰이고 있다. 외모를 가꾸는 중년 남성이 일반적인 현상이 된 것이다.

중년 남성들이 자기 가꾸기에 신경을 쓰게 된 건 사회 인식의 변화도 크다. 취업포털 잡코리아가 남녀 직장인 1,769명을 대상으로 설문조사한 결과 응답자의 88%는 "외모가 직장생활에서 경쟁력을 결정하는 요소가 된다"고 답했다.[67] 외모관리가 곧 자기관리의 척도로 여겨지며 승진에 영향을 미치기도 한다. 생존의 문제가 패션과 뷰티에 더 신경 쓰게 되는 요인이기도 한 것이다. 그래서 X세대 남성들은 약속이 없는 평일 저녁이면 헬스클럽에서 몸매를 다진다. 이렇게 만들어진 멋진 몸에 맞는 멋진 옷을 구입한다.

2016년 현대백화점의 4050 남성고객 매출 비중은 전체의 30%를 넘겼다. 구매력 있는 40~50대 남성들이 자기관리에 투자하면서 백화점의 큰손 고객으로 떠올랐다. 브랜드를 중시하는 중년 남성들의 취향에 맞춰 백화점들은 남성 전용관을 오픈했다. 현대백화점의 '현대 멘즈관', 롯데백화점의 '멘즈 아지트', 신세계백화점의 '맨즈 살롱' 등이 그것이다. 주로 명품 브랜드와 수입 브랜드로 매장을 구성했다. 남성들이 편하게 쇼핑할 수 있도록 남성 특화 공간을 조성하고, 그들이 좋아하는 IT 제품 등도 함께 진열해 눈길을 끈다.

자신을 가꾸는 남성을 대접하는 사회 분위기에, 자신을 위해 투자하는 것을 아끼지 않는 X세대가 경제력까지 갖추게 되었다. 이제 남성을 대상으로 한 고급 서비스는 X세대를 주 타깃으로 비즈니스를 전개한다. 남성 전문 바버샵Barber shop '헤아HERR'는 중년 남성 중에서도 멋을 알고 타인에게 선망의 대상으로 꼽히는 상위 1% 남성을 매장의 타깃으로 삼고 있다.[68] 헤아가 정의한 상위 1%는 자신이 일하는 분야의 오피

니언 리더로서 독창적인 커리어를 쌓고, 동년배 남성이 선망하는 라이프스타일을 즐기는 중년 남성이다. 이들이 단골이 되면 일반 소비자는 따라온다는 전략이다.

실제 이 바버샵의 단골 고객은 리퍼트 전 미국대사, 정태영 현대카드 부사장, 김창옥 교수 등 자신의 분야에서 최고의 위치를 차지하고 있는 남성들이다. 헤아를 검색하면 상위 1%의 X세대 남성들이 남긴 방문기를 찾을 수 있다. '본드'라는 닉네임으로 유명한 패션 블로거인 한석 인터내쇼날의 전정욱 대표, 미식블로거 '팻투바하'로 유명한 신세계그룹 김범수 상무 등이 그들이다. 이러한 인플루언서들의 포스팅이 일반 남성 소비자를 매장으로 이끄는 영향력을 행사한다. 자기관리가 투철한 상위 1% X세대 남성의 취향이 일반 남성의 트렌드를 리드하고 있다.

뷰티 분야에서도 남녀 할 것 없이 40대가 새로운 소비 주체로 부상하고 있다. 헬스&뷰티 스토어 올리브영에 따르면 2012년 전체의 6.8%였던 40대 고객 비중은 점점 늘어나 2018년 상반기에는 20.7%를 차지했다.

이들이 소비하는 품목도 다양해졌다. 과거에 건강기능식품이나 비타민 등을 구입했던 40대 고객은 이제 색조화장품, 마스크팩, 네일스티커 등 20~30대 타깃의 제품도 산다. 남성 화장품 판매도 연평균 40% 이상 성장하고 있다. 고가의 백화점 화장품만 사용하던 X세대 여성들이 젊은 세대가 찾는 합리적인 가격의 뷰티 제품에도 눈을 돌리고 있다면, X세대 남성은 이제 뷰티에 관심을 갖고 소비를 시작하는 추세다.

TV 홈쇼핑에서 X세대 여성들은 VIP 고객이다. 그들을 타깃으로 한 패션·뷰티 상품의 인기가 지속되고 있다. 2018년 롯데홈쇼핑에서

AHC의 '레드세럼'이 23만 7,000개 팔리며 히트상품 1위를 차지했다. CJ오쇼핑에서는 3위, 현대홈쇼핑에서는 6위를 차지했다. 20대 피부로 돌려준다는 의미의 에이지투웨니스AGE 20'S '에센스 커버팩트'는 현대 홈쇼핑에서 3위, 롯데홈쇼핑에서 9위[69]를 차지했다. X세대는 끊임없는 자기관리로 젊을 때의 외모를 유지하기 위해 노력한다.

외모관리의 끝판왕은 성형이다. 과거 30대가 많이 했던 가슴 성형은 이제 40대가 제일 많이 한다. 2010년 32.8%였던 40대 여성의 가슴 성형 비중은 2016년 34.8%로 늘어났다. 같은 기간 30대의 비중은 36.3%에서 29.2%로 줄었다. 40대가 가슴 성형을 하는 가장 큰 이유는 안티에이징이다. 사이즈 문제가 아니라 피부 탄력을 되살리는 방법으로 가슴 성형을 고려한다. 몸매를 개선해 아름다운 옷태를 유지하고자 하는 욕구도 크다.

성형하는 중년 남성도 늘어났다. 서초동 원진성형외과에 따르면 2011년 4%였던 40대 남성 고객 비율은 2017년 17%까지 높아졌다.[70] 주로 얼굴의 주름을 펴는 리프팅 시술이나 눈 밑 처짐을 개선하는 상안검·하안검 시술을 받는다. 젊은 얼굴을 유지하고자 하는 X세대 남성들의 노력은 점점 적극적으로 변화하고 있다. 과거의 40대가 자연스러운 노화를 인정하고 받아들이는 나이였다면, X세대는 젊어지기 위한 노력을 포기하지 않는다. 이들은 계속해서 젊고 아름다운 상태를 유지하기 위해 노력한다.

'나를 위한 투자'가 핵심

나에게 투자하는 X세대 소비 트렌드의 핵심은 '자아 찾기'다. '전국의 부장님들께 감히 드리는 글'[71]이란 칼럼으로 유명해진 문유석 판사(1969년생)는 저서《개인주의자 선언》에서 이렇게 적었다. "나는 그저 이런 생각으로 산다. 가능한 한 남에게 폐나 끼치지 말자. 한 번 사는 인생 하고 싶은 것 하며 최대한 자유롭고 행복하게 살자."[72] 중년이 된 X세대의 내면이다. 이들은 더 이상 남의 시선을 의식하지 않는다. 남은 그저 폐나 끼치지 않으면 될 존재다. 내가 하고 싶은 것, 나의 자유와 행복이 가장 중요하다.

이들은 과거의 중년처럼 가족에 희생하기보다는 나의 행복을 최우선 순위로 둔다. 나를 위한 투자는 그 일환이다. 40대면 이제 인생의 절반도 안 된 나이다. 대한민국 평균밖에 안 된다. 앞으로 살 날이 40년이나 더 남았다. 아직 나이 든 티를 낼 필요가 없는 것이다. 그래서 X세대는 저녁이 있는 삶을 추구하고, 미래를 위해 계속 배우려고 한다. 계속 젊은 외모를 유지하면서 활기차게 살고자 한다. 남들의 시선이나 평가보다 내 스스로 느끼는 삶의 만족감을 더 중요하게 생각하게 됐다.

X세대는 높은 학력과 그간 쌓인 경험을 바탕으로 인생에는 다양한 가치가 있다는 것도 알게 되었다. 이들은 좀 더 늦기 전에 나 자신을 찾기 위해 노력한다. 나를 위해 소비하는 X세대의 소비 트렌드는 이러한 노력의 일환이다.

새로운 중년 세대인 X세대가 중년의 새로운 소비 트렌드를 만들어가고 있다. 이들을 누군가의 엄마나 아빠, 부장님, 가정주부로 보아서는 제대로 공략할 수 없다. 자유로운 자아를 가지고 나의 욕구를 우선시하는 개인으로 바라보아야 한다. 그래야 달라진 중년의 소비 트렌드를 제대로 이해할 수 있다.

3.

X세대 가족의
소비 성향

친구 같은 가족을 꿈꾸는 X세대 아빠들

최근 자동차 시장의 효자 상품은 누가 뭐래도 SUV다. 산업통상자원부
가 2020년 1월 발표한 자료에 따르면, SUV 차량의 수요는 급격히 증
가하는 추세다. 2017년 내수 판매 비중이 35.6%였던 SUV는 2019년
44.5%까지 성장했다. 이러한 SUV 차량의 매출 성장도 40대가 견인
하고 있다. SK 엔카가 조사한 바에 따르면, 20대는 소형·준중형자동
차, 30대는 중형자동차, 40대는 SUV 자동차를 선호하는 것으로 나타
났다. X세대는 수입자동차뿐 아니라 SUV 시장에서도 큰손으로 대접
받고 있다.

2018년 12월 현대자동차가 출시한 대형 SUV 팰리세이드는 출시 3개월 만에 누적 계약 대수 5만 5,000대를 돌파했다. 현대자동차는 이 차를 출시하기 전 연간 수요를 2만 5,000대로 예상했다. 그러나 3개월 만에 연간 예상 수요의 2배가 넘게 계약됐다. 흥행 돌풍을 일으킨 주 고객은 'X세대 아빠'였다. 사전 계약을 마친 소비자 중 40대 후반 계약자가 가장 많은 17.8%를, 40대 초반이 16.7%로 그 뒤를 이었다.

팰리세이드는 출시 당시 가족과 함께 여행 가고 캠핑 가는 것을 즐기는 40대 아빠를 주 타깃으로 공략했다. 이러한 마케팅 전략이 성공한 것이다. 코로나19로 인해 캠핑 수요가 증가했던 2020년 1~4월에도 팰리세이드를 가장 많이 구입한 고객은 40대였다.

한국의 캠퍼들은 가족 단위가 유독 많다는 것이 특징이다. 2010년대부터 불어닥친 캠핑 열풍은 X세대 아빠들이 주도하고 있다. X세대가 30대이던 2004년 주 5일 근무제가 도입되었다. 이때 길어진 주말을 오롯이 가족과 함께 보내려는 아빠들은 캠핑장으로 떠났다.

그들은 텐트를 치고, 직접 요리를 하고, 설거지를 한다. 저녁이면 '불멍(장작불을 보며 멍하게 있는 것)' 하며 도란도란 대화를 나눈다. 텐트에 설치해둔 빔프로젝트로 온 가족이 함께 영화를 보다 잠이 든다. 이러한 가족관계 속에서 아빠는 더 이상 과거와 같은 권위적인 가장이 아니다. X세대 아빠는 친구 같은 아빠다.

X세대는 자신의 아버지를 그대로 닮는 것을 거부한다. X세대의 아버지는 산업화 세대의 권위적인 가장이었다. 그래서 X세대 남자들은 자신의 아버지와 지금도 길게 통화하지 못한다. 30초에서 1분 사이, 용건만 얘기하면 끝이다. 그렇지만 아이들과는 길게 수다 떨며 통화한다.

X세대 아빠들은 아이들에게 가장으로서 권위를 보이기보다는 격의 없는 편안한 친구가 되기를 바란다. 그들은 일에만 매달려서 가족에 소홀했다가 나중에 홀로 고립되는 앞 세대 아빠들을 보았다. 선배들의 전철을 밟지 않기 위해 가족과 함께하는 시간을 최대한 가지려고 노력하는 것이다.

친구 같은 부모는 부부 사이도 친구 같다. 예전에 비해 훨씬 동등해졌다. 아빠만 가장이 아니라 부부 2명이 공동의 가장이다. 가사분담과 육아분담도 동등하게 나누려고 노력하고, 육아휴직에 적극적인 아빠들도 많아졌다.

2017년 국내 최초로 아빠 의무육아휴직제를 도입한 롯데에선 2년 동안 4,600여 명의 아빠들이 육아휴직을 썼다. 이런 배경으로 가족 모두가 동등하고 수평적인 가족문화가 만들어진다. 가족 전체의 커뮤니케이션은 카카오톡 단톡방에서 이뤄진다. 온갖 줄임말과 이모티콘이 난무한다. 부모와 아이들이 일상적으로 대화하고 의견을 주고받는 사이가 된 것이다. X세대가 만든 새로운 가족의 모습이다.

부모의 소비에 영향력을 행사하는 Z세대

새로운 가족관계의 영향으로 X세대의 소비에는 자녀들이 크게 영향을 미친다. X세대의 자녀는 Z세대다. 기업들이 Z세대를 주목하는 것은 이 세대의 소비력 자체보다는 그들이 부모에게 미치는 영향력이 크기 때문이다. X세대 부모가 가족을 위해 소비하는 의사결정 과정에 Z세대 자녀도 목소리를 낸다.

　미국 IBM 기업가치연구소가 2017년 발표한 〈유일무이한 Z세대 Uniquely Gen Z〉라는 보고서에 따르면, Z세대는 막강한 정보력을 바탕으로 부모의 소비에 영향력을 미치는 것으로 나타났다. 이들은 식음료(77%), 가구(76%), 생활용품(73%), 여행(66%), 외식(63%), 가전제품(61%)[73] 순으로 가족의 소비에 영향력을 행사했다.

　Z세대는 그들이 직접 돈을 쓰지 않는 식음료, 가구, 생활용품, 여행 등의 소비에도 영향을 미친다는 점에 주목할 필요가 있다. 예컨대 신라면을 구입하려는 부모에게 "요즘은 갓뚜기를 먹어야 해요" 하며 진라면을 선택하도록 유도할 수 있다는 뜻이다. Z세대가 직접 구입하지 않는 제품에 대해서도 Z세대를 고려하여 브랜딩과 마케팅을 진행해야 하는 이유다.

　Z세대는 현재 가장 정보습득 능력이 뛰어난 세대로 부모보다 더 많은 정보를 갖고 있다. 이들의 부모인 X세대는 앞에서 말했듯 자녀의 의견을 존중한다. X세대의 소비를 움직일 수 있는 힘을 갖고 있는 게 10대 자녀다.

엄마와 딸의 로망이 교차하는 모녀여행

자녀와 부모의 니즈가 결합해 서로 영향력을 주고받으며 부상한 대표적인 소비 트렌드가 바로 '모녀여행'이다. 최근 몇 년간 가족과 관련된 여행 키워드 중 모녀여행의 언급 양이 유독 크게 늘었다. 인스타그램의

해시태그로 '#모녀여행'을 검색하면 26만여 개의 콘텐츠가 나온다. '#모자여행'의 1만 1,000여 개, '#부자여행'의 7천여 개, '#부녀여행'의 6천 500여 개에 비하면 월등하게 많은 숫자다. 많은 모녀가 단둘이 여행을 즐기는 사진을 올리고 있다. 개중에는 엄마와 딸이 커플룩을 맞춰 입은 사진도 많다. 그들이 X세대 엄마와 Z세대 딸이다.

딸은 기본적으로 아들에 비해 살갑다. 예전과는 시대가 달라져서 자상한 남편이 많아졌다고는 하지만 남편은 '남의 편'이다. 그런 남편과는 달리 딸은 같은 여자로서 엄마를 이해해준다. 엄마의 카카오톡으로 '엄마티콘'을 사서 선물하고, 립스틱을 살 때 엄마에게 잘 어울릴 만한 컬러도 함께 고른다. 요즘 엄마와 딸은 모녀라기보다는 친구에 가깝다. 엄마와 딸은 함께 방탄소년단 '덕질'을 하고, 같이 다이어트 계획을 세우는가 하면, 새로 생긴 예쁜 디저트 카페 투어를 다니며 데이트를 즐긴다. 인스타그램에는 딸과 데이트한 사진을 올리는 '#딸스타그램' 게시물이 넘쳐난다.

성인이 된 딸은 여행 상대로도 적격이다. 엄마와 딸은 서로의 로망을 완벽하게 충족해줄 수 있는 존재다. 엄마는 젊을 때 배낭여행 1세대였다. 마음은 여전히 혼자 훌쩍 떠나고 싶지만 이제 혼자는 두려운 나이가 되었다.

반면 딸은 정보가 넘쳐난다. 가보고 싶은 곳도, 먹고 싶은 것도 많은데 경제력이 부족하다. 엄마의 경제력과 딸의 정보력이 결합하면 훌륭한 여행친구가 된다. 딸은 평소 친구들과의 여행이라면 엄두도 못 낼 좋은 숙소와 맛집을 섭렵하는 호사를 누린다. 엄마는 남편과 집안일에서 벗어나 자유를 만끽한다. 딸의 젊은 감각으로 계획된 코스를 따라 요즘 가장 유행하는 여행 트렌드를 즐길 수 있다.

하나투어는 2017년 모녀여행을 소재로 한 '엄마愛 발견' 캠페인을 진행했다. 모녀여행이 많아지는 트렌드를 반영한 캠페인이다. 이 광고 영상은 실제 모녀들의 여행 모습을 담았다. 친구 같은 엄마와 딸이 낯선 여행지에서 다양한 활동을 즐기며 서로의 새로운 모습을 발견한다는 내용이다.

동시에 동남아시아를 중심으로 모녀여행자를 위한 테마상품을 출시하기도 했다. 이 여행상품을 구입하면 선셋요트 선상피크닉, 고급 레스토랑 저녁식사, 뷰티키트, 혼자 남은 아빠를 위한 반찬배달 서비스[74] 등을 특전으로 제공했다. 모녀여행이 꾸준히 증가하자 이들 타깃을 공략하기 위한 마케팅 전략이었다. 모녀여행은 코로나19로 해외여행이 어려워진 지금도 국내를 중심으로 계속되고 있다. 당분간 이 트렌드는 지속될 전망이다.

코로나19로 더 단단해진 가족의 의미

2020년 7월, 미국의 인터넷 매체 복스Vox는 코로나19를 겪으며 새롭게 결심한 것이 있는지를 묻는 온라인 설문조사를 실시했다. 그 결과, "가족과 친구를 우선시하겠다"는 항목이 1위를 차지했다. 코로나19는 오랜만에 온 가족이 한 집안에서 부대끼는 상황을 만들었다. 평소에는 직장으로, 학교로 각자 바빠 하루에 한 번 얼굴 보기도 힘들었던 사이다. 그런데 코로나19로 인해 어쩔 수 없이 종일 집에서 얼굴을 맞대고 생활하게 됐다. 짜증이 날 법도 하지만, 사람들은 그보다도 가족의 소중함을 다시 되새기고 있다.

전염병이 창궐하는 상황에서 사람들은 나에게 가장 중요한 것이 무엇인지 돌아보게 됐다. 내가 무엇을 위해 이렇게 바쁘게 살아가고 있었는지 생각하게 됐다. 뜻밖의 이유로 가족과 함께 많은 시간을 보내게 됐다. 아이와 함께 충분한 시간을 보낼 기회가 생겼다. 온 가족이 얼굴을 맞대고 세 끼 식사를 함께한다. 그렇게 무슨 일이 있어도 나에게 가장 가까운 사람들은 가족이라는 것을 새삼 깨닫는 기회가 된 것이다.

X세대는 전쟁과 같은 재난을 겪은 적이 없는 세대다. 부모도, 자녀도 처음 맞는 전 지구적인 재난을 이들은 함께 뭉쳐 이겨내고 있다. 코로나19가 지나면 X세대의 가족은 더욱 친밀하고 단단한 모습으로 변할 것이다.

4. | 내 취향에 꼭 맞는 집에 산다

투자처에서 휴식처로, 집에 대한 새로운 관점

최근 집을 주제로 한 방송 프로그램이 많아졌다. 의뢰인의 요구사항에 맞는 집을 구해주는 〈구해줘! 홈즈MBC〉부터 연예인의 집 정리를 대신 해주는 〈신박한 정리tvN〉, 작고 이동이 가능한 이동식 주택으로 전국을 돌아다니는 〈바퀴 달린 집tvN〉까지 내용도 다양하다.

이렇게 다양한 '집방'은 현대인들에게 집이 단순한 주거공간을 넘어 삶의 여러 가지 역할을 수행하는 공간임을 보여준다. 이러한 흐름 속에서 2020년 코로나19가 발생했다. 전 국민이 집에서 머무르는 시간이 길어졌다. 이제 생활의 거의 모든 것이 집에서 이루어진다. 집의 역할이 늘어난 만큼 집에 대한 관심은 더욱 높아지고 있다.

그러나 집에 대한 관심은 높지만 내 집을 가지기는 어렵다. 밀레니얼에게 내 집 마련은 이미 이룰 수 없는 꿈이다. 그들은 집을 사기 위해 저축을 하는 대신 해외여행을 가고 맛집을 탐방하며 '소확행(소소하지만 확실한 행복)'을 추구한다.

그나마 X세대는 상황이 나은 편이다. 서울연구원 도시정보센터의 자료에 따르면, 서울시에 아파트를 소유한 가구주의 비중은 50대가 가장 높았고, 그다음은 40대가 차지했다. 40대에 비해 30대 가구주의 비중은 급격히 떨어진다. 어쩌면 X세대는 내 집 마련의 꿈을 이룬 마지막 세대일지도 모른다.

하지만 같은 집을 소유하고 있더라도 50대와 40대는 집에 대한 태도가 다르다. 베이비부머 세대에게 집이 투자의 수단이었다면, X세대에게 집은 휴식처다. 집을 재테크의 수단으로만 삼지 않는다. 나의 취향을 남의 눈치 보지 않고 마음껏 즐기고, 편히 쉴 수 있는 공간으로 생각한다. 그래서 주택 구입에 윗세대보다 덜 집착한다. 충분한 자금이 있어도 집을 사기보다 고가의 전세를 선호하는 X세대도 많다. 이들은 전 재산을 부동산에 몰빵했던 윗세대와 달리 금융자산에 적절히 배분하는 경향을 보인다.

집을 투자의 수단이 아니라 삶의 공간으로 생각하는 X세대는 나의 취향이 담긴 특별한 공간을 선호한다. 2010년대 땅콩주택과 협소주택의 유행을 만든 세대다. 팔 때 제값을 받을 수 있을지보다 지금 나와 가족이 살기에 가장 알맞은 집을 고민한다. 교외로 나가는 것도 주저하지 않는다. 프롭테크 기업 밸류맵의 김범진 대표에 따르면, 교외의 전원주택을 가장 많이 검색하는 연령대는 40대다. 서울에서 1시간 정도 거리에 집을 지을 수 있는 땅을 주로 검색한다. 여유가 있다면 교외에서 주말을 보내기 위한 세컨드하우스를 고려하기도 한다. 주중 도시생활과 주말 전원생활이 조화를 이루는 라이프스타일은 많은 X세대의 로망이기도 하다.

취향에 맞게 집을 고치는 사람들

자신의 라이프스타일에 꼭 맞는 집을 갖고 싶은 X세대는 아파트를 구입할 때 어떻게 고칠 것인지부터 고려한다. 2010년 19조 원이었던 리빙 시장의 규모는 2020년 41조 원을 넘어서는 폭발적인 성장세를 보였다. 리빙 시장은 리모델링과 홈퍼니싱으로 나뉜다. 리모델링은 말 그대로 집을 뜯어 고치는 것이고, 홈퍼니싱은 리모델링 이후 집을 꾸미는 것이다.

최근 아파트를 구입하는 사람들은 대부분 집을 고치고 새로 단장하는 과정을 거친 후 입주한다. 그래서 집을 살 때 집 고치는 금액도 계산에 넣는다. 5억 원짜리 집을 산다면 5,000만 원 들여 집을 고칠 계획을 짜는 식이다. 취향에 맞게 집을 고치는 데 돈 들이는 것을 당연하게 생각한다.

'아파트멘터리'는 이렇게 집을 고치고자 하는 고객을 대상으로 비즈니스를 전개하는 인테리어 기업이다. 이들의 고객은 평균 서울과 경기권에 있는 38.5평, 13억 5000만 원 정도 하는 아파트를 보유한 30~40

대로, 그들은 수천만 원을 들여 집을 고친다. 밀레니얼 세대에는 딱 맞지 않고, 중장년이라고 보기에는 젊은 이 사람들을 아파트멘터리는 '미들노트'라고 부른다. 리빙 시장을 주도적으로 움직이고 있는데, 향수의 미들노트처럼 그 존재가 잘 느껴지지 않는다는 뜻이다.[75]

아파트멘터리가 발견한 미들노트의 라이프스타일은 밀레니얼과 비슷하면서도 다르다. X세대와 많은 부분이 겹친다. 당장의 행복이 중요하지만 재테크에도 관심이 많다. 해외여행은 일년에 1~3번 정도 가며, 잘 쓰기 위해선 잘 벌어야 하니 열심히 일한다. 막 쓰기보다는 제품의 질과 가성비를 중요하게 생각한다. 인테리어에 1,000만 원 이상을 투자할 수 있다고 응답한 비율이 75% 이상이다. 인테리어에 비교적 큰돈을 쓸 작정이다 보니, 눈이 높다. 그렇지만 가성비도 중요하게 생각하기 때문에 너무 비싼 수입 브랜드는 꺼린다.

아파트멘터리는 이 지점을 공략했다. 기존 국내 브랜드를 사기에는 안목이 높고, 수입 브랜드는 비싸다고 생각하는 미들노트를 위한 제품을 내놨다. 부엌 리모델링 제품의 경우 대기업 한샘의 고가 라인은 2,000만 원대이고, 저가 라인은 300만 원대다. 아파트멘터리는 700만 원대를 제안한다. 최저가보다는 비싸지만 2,000만 원대에 눈높이가 맞춰진 소비자는 700만 원대도 괜찮은 가격이라고 생각한다.

아파트멘터리는 이러한 접근 방법으로 승승장구하고 있다. 2016년 설립 이후 2020년까지 300여 채의 집을 직영으로 시공했다. 소프트뱅크벤처스와 삼성벤처투자 등으로부터 유치한 누적 투자금은 130억 원에 달한다. 눈이 높지만 합리적인 가격으로 집을 고치고 싶은 X세대의 취향을 저격한 것이 성장 비결이다.

살림보다 인테리어, 집 꾸미기 트렌드

집을 고쳤다면 내 취향에 꼭 맞는 제품으로 집에 채워 넣을 차례다. 빅데이터 분석기업 다음소프트 생활변화관측소에 따르면 30~40대와 50~60대의 살림에 대한 관심사는 확연히 달랐다. 50~60대가 생활용품이나 주방용품에 관심을 가졌다면, 30~40대의 관심사는 단연 인테리어다. 인테리어 아이템에 대한 관심이 47.2%, 인테리어 시공에 대한 관심이 31.5%였다. 30~40대의 인테리어에 대한 관심사는 거의 80%에 육박한다. 집을 꾸미는 것에 대해 밀레니얼과 X세대의 트렌드는 함께 움직이는 추세다.

2019년 루이스폴센이 한국 시장에서 전 세계 1위 판매량을 달성했다. 2020년 10월에는 서울 성수동에 단독 매장을 열었다. 루이스폴센이 아시아 지역에 낸 첫 번째 매장이다. 루이스폴센은 조명 하나에 80만 원에서 100만 원 정도 하는 고가 명품 브랜드다. 2015년 방송인 김나영 씨의 집을 소개하는 방송에 소개돼 유명세를 탔다.

집의 조명만 바꿔도 인상이 바뀐다. 조명은 집의 분위기를 변신시킬 수 있는 손쉬운 아이템이다. 인테리어에 관심 있는 사람들이 루이스폴센을 구입한 인증샷을 인스타그램에 올리기 시작하면서 덴마크 브랜드가 한국의 국민 브랜드로 자리 잡았다.

X세대는 단순히 제품을 구입하는 것을 넘어 셀프 인테리어에 도전하기도 한다. 가장 먼저 시도하는 것은 페인트칠이다. 집을 꾸미고자 하는 사람들에게 한때 유행했던 체리색 몰딩은 물리쳐야 할 대상이다. 직접 페인트를 구입해 몰딩과 문 등의 컬러를 바꾼다. 페인트칠로 컬러

를 바꾸는 것은 투입 대비 가장 드라마틱한 효과를 가져다준다. 페인트 칠을 마쳤다면 문고리나 손잡이 등을 교체하기도 한다. 역시 노력에 비해 분위기를 확 바꿀 수 있는 가성비 높은 선택이다. 유튜브를 검색하면 수많은 손잡이 교체 영상이 올라와 있다. 이렇듯 집을 내 맘에 꼭 들게 하나하나 가꿔가며 집에 대한 애착을 키워나간다. 집을 나의 취향을 드러낼 수 있는 공간으로 생각하는 것이 X세대와 밀레니얼이 공통적으로 가진 인식이다.

코로나19로 인해 집 꾸미기 열풍은 한층 거세졌다. 해외여행이 불가능해지자 해외여행을 가기 위해 모아 놓았던 돈을 인테리어에 쓰고 있다. 인테리어 플랫폼 '오늘의집'은 2020년 4월 1,000만 다운로드를 돌파했다. 2019년 4월, 500만 다운로드를 돌파한 지 1년 만에 2배 넘게 성장했다. 가구업체들의 온라인 매출도 성장세다. 통상 매장에 가서 앉아 보고 누워 보고 사던 가구를 온라인으로 구입한다.

통계청에 따르면 2020년 상반기 국내 온라인몰의 가구 거래액은 2조 3,058억 원이다. 2019년 같은 기간보다 36.3% 증가한 수치다.[76] 코로나19의 여파와 함께 집 꾸미기 트렌드도 한동안 지속될 전망이다.

'내 공간'에 대한 주관이 확고한 사람들

집 꾸미기 열풍 속에서 정반대의 트렌드도 확산되고 있다. 미니멀라이프가 그것이다. tvN 〈신박한 정리〉는 출연자 연예인의 집 정리를 대신해주는 프로그램이다. 물건을 버리고 정리하며 집 안의 공간을 새로 발견한다. 사람보다 물건이 더 중요했던 출연자의 집이 정리를 거쳐 머물고 싶은 공간으로 변한다. 인스타그램과 유튜브, 서점가까지 미니멀라이프를 전수하는 콘텐츠가 크게 늘고 있다. 쌓아뒀던 물건을 버리고 나눔한 후 깨끗하게 비워진 집 안의 공간을 SNS에 올려 공유하기도 한다.

미니멀라이프는 X세대를 중심으로 각광받고 있다. 사람이 미니멀을 추구하게 되는 것은 맥시멀을 충분히 경험하고 나서다. 채워본 후에야 비움의 미학을 깨닫게 된다. 마흔 정도면 충분히 채워본 뒤다. 마흔 줄에 접어드니 먹고살 만해졌고, 집 평수도 늘어났다. 그런데 집의 공간은 여전히 부족한 느낌이다. 집 꾸미기는 해볼 만큼 해봤다. 이제 비워도 여한이 없을 때다.

미니멀라이프를 실천하는 사람들은 물건을 적게 소유하면 생활이 단순해진다고 말한다. 물건을 비운 만큼 정신적으로 풍요로워진다는 점을 장점으로 꼽는다. 물건을 구입하고 유지하는 데 쏟았던 노력과 생각을 온전히 나 자신에게 집중할 수 있다는 것이다.

인테리어 열풍이든 미니멀라이프든 목적은 결국 동일하다. 내가 머무는 공간을 나에게 가장 잘 맞는 공간으로 만드는 것이다. 집을 나의 취향에 꼭 맞는 공간으로 변화시켜 가장 편안하게 휴식할 수 있는 공간으로 만들고자 한다. 집을 투자의 대상이라기보다는 삶의 공간으로 생각하기 때문에 이러한 트렌드도 나타날 수 있다. 집에 대한 새로운 관점을 처음으로 갖기 시작한 X세대가 현재 집에 대한 소비 트렌드를 주도하고 있다.

X세대는 우리나라의 부동산 성장기에 청소년기를 보내며 처음으로 내 방을 갖고 자란 세대다. '나의 공간'이라는 개념이 확실한 대한민국

첫 세대라고 할 수 있다. 집을 고치고 꾸미는 데에는 제법 큰돈이 든다. 이들이 경제력이 가장 왕성한 지금 시기에 집에 주목하는 소비 트렌드가 부상하는 것은 우연이 아니다. X세대가 시작한 휴식처로서의 집에 대한 취향이 밀레니얼 세대로 전해지며 점점 더 깊어지고 다양해지고 있다.

5.

무엇이든 집에서 하는 홈코노미 트렌드

2017년 엠브레인 트렌드모니터가 성인 남녀 1,000명에게 '평소 집에서 가장 많이 하는 활동'을 물어본 결과 "그냥 누워 있다"고 대답한 비중이 58.5%를 차지했다. 다시 말하지만, 집은 이제 투자나 소유의 대상이 아니라 쉼의 공간이다.

같은 설문조사에서 집의 의미에 대해 81.9%가 "휴식 공간"이라고 답했고, 65.6%는 "가장 사적이고 소중한 공간"이라고 답했다. 집에서 누워만 있는 것은 아니다. '집에서 시간을 보내고 싶게 만드는 아이템'으로는 "맛있는 음식(55.3%)", "양질의 TV 프로그램(50.3%)", "취미생활 용품(43.4%)" 등을 꼽았다.[77] 사람들은 집에서 맛있는 음식도 먹고, TV도 보고, 취미생활도 집에서 하고 싶어 한다.

홈코노미Homeconomy 트렌드가 급격한 성장세를 보이고 있다. '홈코노미'란 홈Home과 이코노미Economy를 합친 단어로 집에서 이뤄지는 여러 가지 경제활동을 뜻한다. 홈코노미는 몇 년 전부터 '집순이', '집돌이'란 말이 유행하며 부상했고, 코로나19로 인해 2020년 세계적으로 가장 크게 성장한 트렌드가 됐다. 이제 재택근무부터 홈트레이닝, 홈카페, 홈바, 홈뷰티 등 밖에서 하던 모든 일을 집에서 한다. 집은 쉼의 공간이면서 일하는 공간, 밥과 술을 즐기는 공간이며, 카페이자 피트니스 센터이기도 하다.

간편하지만 근사하게, 집밥의 개념을 바꾸다

일상적으로 반복되지만 주부들이 가장 귀찮아하는 집안일 중 하나가 바로 '밥하기'다. 백종원 대표가 일으켰던 '집밥' 열풍에도 불구하고 집에서 밥을 해먹기보다는 사 먹는 것을 선호하는 사람들이 늘었다.

단적인 예로 요리에 쓰이는 '불' 사용이 줄었다. 가정용 도시가스 중 취사용 도시가스 공급량은 2013년 15억 4,800m^3에서 2017년 14억 4,000m^3로 감소했다. 동기간 전국에서 도시가스를 공급받는 수요 가구는 1,563만 가구에서 1,775만 가구로 오히려 증가했으나, 가구당 평균 취사용 도시가스 공급량은 99.1m^3에서 81.1m^3로 18.2% 감소했다.[78]

X세대의 집밥 관련 소비추이 변화는 대형마트 이용에서도 찾아볼 수 있다. 대형마트는 집밥과 가장 관련성이 높은 업종 중 하나다. 대형마트의 매출은 해가 갈수록 감소하고 있다. BC카드 빅데이터센터에 따르면

2016년 대비 2017년에 2.3% 감소했고, 2018년 8월 대비 2019년 8월 5.1% 감소했다. 특히 가장 높은 매출 비중을 차지하는 40대의 감소세가 두드러진다. 마트에서 식재료를 구입해 집에서 요리를 해먹기보다는 가정간편식HMR : Home Meal Replacement, 배달음식 등을 통해 간편하게 한 끼 식사를 해결하고자 하는 X세대가 늘고 있는 것이다.

특히 맛있는 음식을 집에서 간편하게 즐길 수 있는 HMR 시장은 성장세를 보이고 있다. 간편식 시장은 과거 3분 요리나 냉동식품 등을 중심으로 유지되어 왔다. 그러나 몇 년 전부터 포장 기술의 발전으로 국·찌개는 물론, 중식, 양식, 세계음식 등 구현이 어려웠던 제품의 완성도가 높아졌다.

여기에 한 번 조리할 분량의 재료가 손질되어 있는 밀키트가 다양한 종류로 출시되기 시작했다. 사 먹는 음식으로 집밥을 대신하는 것이 자녀에게 미안한 X세대 엄마에게 밀키트는 좋은 대안이다. 맞벌이로 바쁜 엄마는 퇴근 후 밀키트로 한 끼 식사를 뚝딱 차려낸다. 집밥은 아니지만 음식의 맛과 퀄리티에 까다로운 주부들에게 HMR은 좋은 선택지다.

이러한 HMR 시장의 성장세에 코로나19가 날개를 달아준 셈이 됐다. 2020년 4월 한국농수산식품유통공사의 〈2019 가공식품 세분시장 현황 보고서〉에 따르면 국내 HMR 시장 규모는 2016년 2조 7,000억 원에서 2018년 3조 2,000억 원으로 뛰었다. 2022년에는 5조 원을 넘길 것으로 예상된다.

또한 CJ제일제당이 코로나19에 따른 식소비 변화에 대한 조사를 진행한 결과, 코로나19 확산 이후 HMR 소비를 유지 혹은 확대하겠다는 응답은 94.1%에 달했다.[79] HMR에 대한 경험이 없던 소비자들이 코로나19를 통해 새롭게 유입되고, 기존 소비자들의 구매도 늘면서, HMR 시장은 더욱 성장할 것으로 보인다.

HMR과 더불어 배달음식도 가정의 밥 먹는 풍경을 바꿨다. 2017년 1월 91만 건이었던 배달앱 이용자가 2019년 6월 360만 건으로 늘어 났다. 특히 초중고 자녀 가구의 매출 증가세는 반기 평균 30%에 달했 다. BC카드 빅데이터센터에 따르면 이들의 주문 시간은 저녁 시간대에 집중되는 경향을 보였다. 맞벌이로 바빠 저녁식사를 직접 준비하지 못 하는 X세대 엄마들이 HMR과 더불어 배달음식으로 저녁식사를 해결하 는 모습이다. 2019년 기준 여성 배달앱 이용자가 남성보다 15.8%가량 많다는 점이 이를 뒷받침한다.[80]

코로나19로 가장 호황을 누리고 있는 업종은 배달음식 시장이다. 배 달음식 시장의 성장은 배달앱이 견인하고 있다. KT경제경영연구원에 따르면 2017년 1분기 5,000억 원이었던 온라인 음식배달 서비스 총 거래액은 2020년 1분기 3조 5,000억 원까지 증가했다. 이 중 94.3%가 배달앱 등 모바일에서 이뤄졌다. 코로나19 상황이 심각해질수록 배달 앱 이용이 증가하는 모습이다. 앱 분석업체 와이즈앱에 따르면 수도권 의 사회적 거리두기가 2.5단계로 격상됐던 2020년 8월 배달앱 결제액 은 역대 최대치인 1조 2,050억 원을 기록했다. 결제자는 2020년 1월 (1,326만명)보다 20% 증가한 1,600만 명이었다.[81]

X세대는 한 끼 식사를 준비하는 데 들이는 수고는 줄이고 싶어하지 만 대충 먹고 때우는 것은 거부한다. 식사는 단순히 배를 채우는 것을 넘어 집에서 즐길 수 있는 중요한 유희의 한 가지로 받아들여지고 있다. HMR이나 배달음식을 먹더라도 예쁜 그릇에 옮겨 담는다. 배달음식 중

에서도 담음새가 좋은 식당의 고객 평점이 높다.

저녁이라면 술을 곁들이기도 한다. 인스타그램엔 '#집밥스타그램', '#집술스타그램'을 통해 집에서 먹는 식사를 공유한다. 휴식처인 집안에서의 노동은 최소화하면서도 먹는 즐거움은 더 많이 누리고 싶은 심리가 반영된 결과다. 이러한 흐름에 일하는 엄마를 필두로 한 X세대도 적극적으로 동참하고 있다.

홈코노미의 시초, 홈쇼핑의 진화

집에서 즐기는 다양한 활동을 뜻하는 '홈○○' 중 가장 먼저 생긴 단어는 홈쇼핑일 것이다. 예전부터 중년 여성은 홈쇼핑의 VIP 고객이었다. 2020년 5월, 롯데홈쇼핑은 40대 영 포티 여성을 겨냥한 헬스&뷰티 프로그램 '찐뷰티'를 론칭했다. 젊고 건강함을 추구하는 40대 여성에게 화장품뿐 아니라 이너뷰티 제품, 미용가전 등 프리미엄 뷰티제품을 총망라해 제안한다. 얼굴선과 목 주름을 관리하는 세럼과 크림, 해외 유명 브랜드의 마스크팩 등을 판매하고 있다.

홈쇼핑의 매력은 나만의 공간에서 남의 눈치 보지 않고 쇼핑을 즐길 수 있다는 점이다. 이런 걸 사면 남들이 나를 어떻게 볼까 걱정할 필요가 없다. 홈쇼핑의 쇼호스트가 오프라인의 판매원보다 X세대 여성을 좀 더 노골적으로 공략할 수 있는 건 그래서다. 눈가 주름과 팔자 주름, 머리 빠짐, 얼굴선 처짐, 뱃살 등 같은 또래 여성들이 공통적으로 갖고 있는 고민을 적나라하게 드러낸다. 오프라인에선 내가 이런 고민을 갖고 있는 걸 남들이 알까 봐 차마 관심둘 수 없었던 제품도 충분히 시간을 두고 살펴볼 수 있다.

"저도 요즘 기미가 생겨 고민이에요"라며 쌩얼을 공개하는 쇼호스트에게 "맞아, 맞아" 하며 공감한다. 최현우, 이수정, 정나연, 임시연 등 X세대 쇼호스트가 잘 나가는 건 이들이 가장 잘 공략할 수 있는 X세대가 홈쇼핑의 큰손이기 때문이다. X세대 쇼호스트와 X세대 고객이 공감하며 홈쇼핑은 한 편의 토크쇼처럼 진화하고 있다.

일상에 지친 X세대 여성들에게 홈쇼핑은 단순한 쇼핑이 아니라 생활에 활력을 주는 존재다. 모두 같은 고민거리를 안고 있음에 안도감을 느끼면서, 저 제품을 사면 내일의 나는 좀 더 나아질 것 같은 희망도 준다. 모바일 쇼핑의 성장세가 두드러지는 와중에도 홈쇼핑이 성장세를 유지하는 건 이런 이유에서다.

홈트레이닝에 열심인 X세대

코로나19로 인해 외부 활동이 제한되자 사람들이 가장 갈증을 느끼는 분야 중 하나가 운동이다. 사이클, 조깅, 피트니스 등 평소 밖에서 즐기던 운동을 집 안에서 할 수 있는 방법을 찾기 시작했다.

미국의 '펠로톤Peloton'은 '운동계의 테슬라'로 불리며 홈트 열풍을 이끌었다. 가정에서 사용할 수 있는 운동 기기와 이를 활용한 동영상 운동 프로그램을 구독형으로 판매한다. 코로나19 이후 가입자가 2019년 대비 두 배 가까이 증가했다. 2020년 1분기 매출이 전년 동기 대비 66%

증가한 5억 2,460만 달러를 기록했다. 애플도 2020년 12월 모바일이나 태블릿 화면을 보며 근력운동 등을 할 수 있는 '애플 피트니스 플러스'를 내놨다.

한국에서도 집에서 운동하고자 하는 사람들을 위한 다양한 서비스가 출시되고 있다. 코로나19로 인해 '확찐자(살이 확 찐 자)'가 된 사람들은 다양한 홈트 프로그램의 도움을 받는다. 동영상으로 실시간 코칭을 받을 수 있는 '리트니스'는 2019년 대비 2020년 동기간 이용자가 4배가량 늘었다. LG 유플러스가 제공하는 홈트레이닝 서비스 '스마트홈트'는 2020년 12월 누적 이용시간이 315만분을 돌파했다. 전문 코치가 집으로 방문해 1:1로 맞춤 운동을 지도하는 '홈핏'은 2019년 매출 10억 원에서 성장해 2020년 30~40억 원의 매출을 바라보고 있다.

홈트레이닝 열풍에 가장 적극적인 것이 바로 X세대다. LG 유플러스가 제공하는 '스마트홈트'는 실시간으로 자세교정을 받으며 맨손 근력운동, 스트레칭, 요가, 필라테스 등의 운동을 할 수 있는 구독형 홈트레이닝 서비스다. 이 서비스의 이용자 중 운동시간이 가장 긴 고객은 40대 여성인 것으로 나타났다. 스트레칭 콘텐츠를 가장 선호하고, 다이어트 프로그램의 운동 완료율이 가장 높았다. 여성에 비해 상대적으로 온라인을 통한 운동 코칭에 익숙하지 않았던 40대 남성들도 2019년 대비 2020년 온라인 PT 서비스 이용자가 늘어나는 등 홈트 열풍에 동참하고 있다.

힘들고 티 안 나는 가사노동의 외주화

코로나19로 인해 집에서 머무는 시간이 늘며 가사노동의 양도 늘어났다. 그러면서 가사노동의 형평성에 대한 문제가 제기되고 있다. 2020년 7월 통계청이 발표한 '2019년 생활시간 조사'에 따르면, 평일 중 남성의 가사노동 시간은 48분이었다. 반면, 여성은 3시간 10분을 가사노동에 할애했다. 여성의 평일 가사노동 시간은 남성보다 4배나 많다.

한국만의 문제는 아니다. 〈뉴욕타임스〉가 2020년 4월 미국인 남녀 2,200명에게 물어본 결과, 코로나19 이후 가사노동이 여성에게 불평등하게 더 많이 부과되는 것으로 나타났다. '청소·요리 등 집안일을 누가 더 많이 하느냐'는 질문에 여성은 70%, 남성은 21%가 각각 "본인"이라고 응답했다.[82]

가사노동 분담의 불공정에 대한 문제는 오래전부터 제기되어 왔다. 가사노동 참여도가 높은 중년 여성의 불만이 크다. 2020년 시장조사 전문기업 엠브레인 트렌드모니터가 성인 남녀 1,000명을 대상으로 조사한 결과에 따르면, "우리 사회는 가사노동의 노동가치를 인정하지 않는 경향이 있다"는 대답이 84.5%를 차지했다. 일한 만큼 티가 나지 않기 때문에 상대적으로 가사노동의 가치가 평가절하되는 것으로 생각할 수 있다. "가사노동은 아무리 해도 잘 티가 나지 않는다"는 응답이 74%를 차지했다. 특히 여성(84%)과 40대(85.2%)에서 높은 응답율을 보였다. 가사노동을 가장 많이 할 것으로 생각되는 X세대 여성이 가장 많이 동의했다.

지금까지는 가사노동의 수고를 덜기 위해 첨단 기기가 동원됐다. 로

봇청소기, 식기세척기, 세탁건조기는 가사노동을 돕는 '삼신(三神)가전'으로 불린다. 청소와 설거지, 빨래 등 시간과 노력이 많이 들어가는 가사노동량을 드라마틱하게 줄여줘 신이 내린 선물 같다는 뜻이다. 삼신으로도 모자라 아예 가사노동을 외부의 손길에 맡기려는 움직임이 늘어나고 있다. 이른바 '가사의 외주화'다. 특히 수고에 비해 티는 안 나는 분야에서 가사대행 서비스가 떠오르고 있다.

가사대행 서비스 이용 의향을 묻는 엠브레인 트렌드모니터의 설문조사에 전체의 64.5%가 이용 의향이 있다고 답했다. 이용하고 싶은 서비스 종류는 가정 내 대청소(61.8%), 화장실 청소(47.8%), 주방 청소(27.2%) 등의 순이었다. 가사노동에 대한 가치도 평가절하되고, 일한 만큼 티도 안 날 바에야 돈을 써서 해결하고 휴식을 취하는 게 더 낫다는 판단이다. 예전보다 집에 대한 관심이 늘어난 만큼 전문가에게 의뢰해서 집 구석구석을 더 꼼꼼하게 관리하고자 하는 욕구도 반영됐다.

'호텔리브'는 귀찮기도 하거니와 청결하게 관리하기 어려운 욕실을 전문적으로 청소하는 서비스다. 매달 정해진 횟수만큼 방문해 욕실을 청소해준다. 전문적인 교육을 받은 담당자가 약품과 도구를 사용해 완벽한 상태의 욕실을 만든다. 이 서비스를 이용하면 물기 하나 없이 깨끗하게 정돈된 호텔 욕실을 집 안에서도 1년 내내 경험할 수 있다. 호텔리브의 고객 만족도는 95%에 달한다. 2017년 안양의 한 아파트에서 서비스를 시작한 이후 3년 만인 2020년, 서울과 수도권의 약 120개 아파트에서 서비스를 제공하고 있다.[83]

호텔에서의 경험이 만족스럽게 기억되는 것은 자고 나면 새것으로 갈아주는 뽀송뽀송한 침구류 덕이 크다. 집에서 해결하기 어려운 가사노동 중 하나가 바로 이불빨래다. 부피가 커서 세탁도 어렵고 건조도 어렵다. '클린베딩'은 이러한 이불 빨래의 수고로움을 덜어주고, 호텔의 경험을 집 안으로 끌어들였다. 사이트에서 침구 교체 주기와 침대 사이즈 정보를 입력한 뒤 구독을 시작하면 구독자 한 명에게 침구 두 세트가 배정된다. 한 세트를 이용한 뒤 문 앞에 놔두면 호텔 침구류 전문세탁 업체에서 세탁해 집 앞으로 배달한다.[84] 주기적으로 세탁된 새것 같은 침구로 언제나 뽀송뽀송한 잠자리를 누릴 수 있다.

청소, 빨래 등 지속적으로 반복되지만 티 안 나고 수고스러운 가사노동은 점점 더 외주화될 것이다. 가사노동을 줄이려는 목적이 첫 번째지만, 집을 좀 더 쾌적하게 만들고자 하는 목적도 크다. 호텔·리조트 등 고급 숙박시설 경험이 많아 머무는 곳에 대한 눈높이가 높아진 X세대가 이러한 흐름에 호응하고 있다. 내 손으로 완벽하게 유지할 수 없다면 전문가의 도움을 받아 호텔 같은 집을 만들고자 한다. 모든 것을 집에서 해결하는 홈코노미 트렌드가 떠오를수록 그 무대인 집의 집중도가 높아질 수밖에 없다. 가사대행 서비스는 이러한 홈코노미 트렌드의 기반이자 끝판왕이다.

집 안에서 동네로의 확장, 슬세권

'슬세권'이 뜨고 있다. 슬세권이란, 슬리퍼를 신고 돌아다닐 수 있는 집 근처의 동네상권을 말한다. 홈코노미 트렌드로 집이 생활의 중심이 되며 멀리 나갈 일이 줄어들자 집 안에서 해결할 수 없는 것들을 집 앞 상권에서 채우게 된다. 슬세권은 집의 확장이면서 외출의 욕구를 채워주는 역할을 하고 있다.

신한카드 빅데이터연구소가 2014년 대비 2017년의 '집 주변 500m 이내 매장 이용자의 연령별 증가율'을 비교한 결과, 40대의 증가율이 30%로 나타났다. 20대의 −2%, 30대의 27%보다 높다.[85] 이렇듯 X세대의 집 근처 소비가 증가하고 있다. 코로나19로 재택근무가 확산되며 이러한 트렌드는 더욱 중요하게 떠오르고 있다.

부피가 큰 장보기는 어차피 온라인으로 소비한다. 집 앞에서 소비하는 것들은 그때그때 필요한 소량의 제품이다. 이커머스의 발달로 맥을 못 추는 오프라인 유통에서 유독 편의점만 호황인 건 그래서다. CU는 지역특화 전략을 취한다. 대학가에선 문서출력과 복사 서비스를, 외국인이 많은 지역에선 물건보관 서비스를 제공한다. GS25는 '나만의 냉장고'를 통해 우리 집 냉장고를 더 확장시킨다. 당장 우리 집 냉장고에 넣어둘 필요가 없는 제품은 집 앞 편의점 냉장고에 넣어뒀다 필요할 때 가져오면 된다.

이러한 흐름을 타고 집 근처에서 모든 것을 해결하고자 하는 '올인빌All-in-Vill' 현상도 가속화되고 있다. 주거형태의 60%가 아파트인 우리나라의 주거문화 특성상 단지 내에 다양한 상업시설이 배치되는 사례가 늘어나고 있다. 2016년 입주한 서울 송파구의 '파크하비오', 2017년 서울 용산구의 '래미안 용산 더 센트럴', 2019년 부산 해운대 '엘시티' 등이 주거단지 내에 호텔, 영화관, 테마파크, 온천과 찜질방, 쇼핑몰과 프리미엄 마켓 등을 완비했다. 쇼핑부터 레저, 휴식까지 모든 것을 슬세권에서 즐길 수 있다.

류시화 시인은 자기만의 공간을 '케렌시아Querencia'라고 불렀다. 마지막 일전을 앞둔 투우장의 소가 잠시 홀로 숨을 고르는 공간을 뜻한다. 현대인들에게 집이 진정한 의미의 케렌시아로 인식된 것이 얼마 되지 않았다. 그간 우리나라에서 집은 투자의 대상이자 사고 파는 자산으로만 여겨졌다. 집이 단순한 거주공간을 넘어 쉼과 재충전을 위한 삶의 터전으로 인식되기 시작한 것은 최근의 일이다.

이러한 흐름에 코로나19로 인한 변화가 더해졌다. 미래학자 토마스 프레이Thomas Frey 다빈치연구소 소장은 미래의 집은 단순한 집을 넘어 사람이 원하는 모든 것을 갖춘 공간이 될 것이라고 예견했다. 코로나19로 인해 모든 활동을 집에서 하게 되는 미래가 앞당겨지고 있다. 휴식에서부터 재택근무와 화상수업, 취미생활과 운동, 쇼핑까지 모든 것을 집에서 해결하게 되었다. 앞으로 집의 중요성은 더욱 커지며 홈코노미 트렌드도 다방면으로 변화할 것이다.

집에서 할 수 있는 활동의 폭이 더욱 넓어질 것이다. 집에 머무는 시간이 늘어나는 만큼 집을 나에게 가장 편안한 상태로 만들려는 노력도 지속될 것이다. 집이 가족 구성원의 다양한 요구를 수용할 수 있도록 주거의 형태도 변화할 것이다. 앞으로의 집은 개인의 휴식을 보장하는 것은 물론, 창의성과 효율성까지 발휘할 수 있는 형태로 발전할 것이다. 집에 대한 패러다임은 더욱 커다란 변화를 맞을 것이다. 이러한 흐름 속에서 홈코노미 트렌드는 이제 시작일 뿐이다. 그리고 이러한 흐름을 맞는 선두에 X세대가 자리 잡고 있다.

6.

문화생활에 아낌없이 돈을 쓰는 큰손

X세대를 다른 말로 '문화 세대'라고도 한다. 이들은 우리나라의 문화가 성장하던 비교적 자유로운 환경에서 어린 시절을 보냈다. 성인이 된 1990년대 대중문화의 전성기를 이끈 주역이다. 지금까지도 대한민국의 문화 분야에서 헤게모니를 잡고 있는 세대다.

그런 X세대가 평생에 걸쳐 가장 경제력이 왕성한 시기를 맞았다. 바쁘게 사느라 잠시 잊었던 문화생활을 즐기며 그 안에서 잃어버린 나를 다시 찾아가고 있다.

도서, 공연, 영화 등 문화 시장의 주인공

X세대는 문화 시장에서도 이른바 큰손이다. 대표적인 문화생활인 출판, 공연, 영화 시장에서 X세대의 소비가 활발하다. 특히 도서 시장에서 40대의 비중은 점점 커지고 있다. 교보문고가 2010년부터 2019년까지 10년간의 자사 판매 데이터를 분석한 결과다. 2010년 20%를 차지했던 40대 독자 비중은 X세대가 40대의 대부분을 차지한 2019년 34%까지 올랐다. 전반적으로 40~50대의 독자 비중은 늘고, 20대 독자는 감소하는 추세다.[86]

2018년 신한카드 빅데이터연구소의 상반기 데이터를 보아도 40대는 서점 이용고객의 31%로 가장 높은 비중을 차지했다. 다음은 20대의 29.4%, 30대의 22.1% 순이다.

서점가의 최대 독자층이 변화하며 베스트셀러의 유형도 바뀌었다. 2010년부터 자기계발 분야의 베스트셀러가 점차 감소하는 추세를 보인 반면, 인문 분야의 베스트셀러는 증가 추세를 보였다. 2010년 자기계발서 16종, 인문서 5종이 베스트셀러 100위에 올랐던 반면, 2019년에는 자기계발서 7종, 인문서 20종으로 엇갈린 결과가 나타났다. 2010년대 초반 인문학 열풍이 불었던 때 영향을 많이 받았던 세대가 당시 30대였던 X세대다. 이때 인문학에 눈을 뜬 X세대가 사고의 폭을 확장하며 지속적으로 인문 분야의 도서를 섭렵하고 있는 것으로 생각해볼 수 있다.

40대에 접어든 X세대가 독서에 심취하고 있다는 점은 여러 가지 면에서 고무적이다. 사람이 40년을 살면 사고의 틀이 굳어지게 마련이다. 유연한 사고를 하기가 쉽지 않다. 그러나 독서를 통해 다양한 생각을 받아들이고 기존의 틀을 깰 수 있다면 나이가 들어서도 창조적인 사고를 할 수 있다. 게다가 X세대는 우리 사회의 어른이자 리더 위치로 진입하는 시기에 접어들고 있다. 이들이 인문서를 비롯한 독서를 통해 공부를 게을리하지 않는다는 점은 우리 사회의 미래가 희망적이라는 의미이기도 하다.

한편, X세대는 독서뿐 아니라 공연도 열심히 보고, 영화도 많이 본다. 2018년 BC카드가 예술경영지원센터와 함께 발표한 〈카드 및 소셜 빅데이터로 살펴본 공연 트렌드 분석〉 자료에 따르면, 공연 시장의 주 소비자는 30대 여성과 40대 남성이다. 전체 공연 소비자에서 30대 여성이 20.8%, 40대 남성이 15.6%의 비중을 차지했다.

영화 분야에서도 X세대는 주 소비자다. 2018년 상반기 롯데시네마의 관객 중 40대가 30%를 차지했다. 20대의 27%, 10대의 23%보다 높은 비중이다. 과거의 40대가 문화소비의 조연이었다면, X세대가 40대로 접어든 지금은 주인공으로 부상하고 있다.

계속 증가하는 X세대의 디지털 생활비

디지털 기기를 이용한 문화생활에도 X세대가 빠질 수 없다. 유튜브, 왓챠, 넷플릭스 등 일상적인 문화 콘텐츠 소비는 대부분 스마트폰과 태블릿 등을 통해 이루어진다. 이를 OTTOver The Top라고 부른다. 'Over The Top'에서 'Top'은 셋톱박스Set-top-box를 뜻하는 말이다. 원래는 셋톱박스를 통해 제공되는 동영상 서비스를 가리키는 말이었다. 시간이 지나고 인터넷을 통한 영상소비가 활성화되며, 이제는 인터넷을 통해 제공되는 동영상 콘텐츠 서비스를 통칭하는 단어로 사용되고 있다.

이러한 OTT 서비스 이용 금액은 통상 매월 일정액이 통신비와 함께 청구된다. 스마트폰을 활용한 문화 콘텐츠 이용량이 늘어나며, 매월 적지 않은 돈을 디지털 문화 콘텐츠에 지불하게 된다. OTT뿐 아니라 지니, 멜론 등 음원 서비스와 리디북스, 밀리의 서재와 같은 디지털 독서 서비스, 카카오페이지, 레진 등을 통해 즐기는 웹툰과 웹소설 등 다양하다. 이렇게 디지털 기기를 통해 즐기는 문화 콘텐츠에 정기적으로 지불하는 금액을 '디지털 생활비Cost of Digital Living'로 정의하기도 한다.

디지털 생활비는 2014년 〈뉴욕타임즈〉의 한 기사에 등장한 단어다. 디지털 콘텐츠에 정기적으로 소비하는 금액을 생활비에 포함시켰다. 디지털 기기를 통한 음악, 영상, 지식 콘텐츠 등 일상적인 문화 콘텐츠 소비가 그만큼 생활의 필수 소비재로 자리 잡았다는 의미다. 2018년 중앙일보 기사에 따르면 20~30대는 월 5만 원 가량의 금액을 디지털 생활비로 썼다. 2018년 디지털 생활비 시장은 월평균 이용자 약 70만 명, 월평균 매출액 400억 원의 규모로 성장했다.

2020년 닥친 코로나19로 인해 디지털 생활비 시장은 더욱 성장했다. 외부활동이 줄며 디지털 기기를 활용한 문화 콘텐츠 소비량이 급증한 탓이다. 2020년 4월 영화관의 관객 수가 전년 동기간 대비 97% 하락하며 2004년 이후 최악의 실적을 기록했다. 같은 시기 넷플릭스의 가입자 수는 드라마틱한 증가세를 보였다.

넷플릭스는 2020년 상반기에만 2,586만 명의 신규 가입자를 확보했다. 2019년 글로벌 순증 가입자 수 2,783만 명에 육박한다. 또한, 2020년 상반기 LG 유플러스의 영화 VOD 구매 건수는 전년 대비 158%, SK 브로드밴드의 영화 VOD 매출액도 24% 증가했다.[87] 이러한 변화는 〈사냥의 시간〉, 〈콜〉, 〈승리호〉 등의 영화가 극장 개봉을 포기하고 넷플릭스로 직행하는 등 영상 콘텐츠의 유통 방식에도 영향을 미쳤다.

이러한 흐름은 X세대가 문화 콘텐츠를 즐기는 방법에도 영향을 줬다. 2019년 오픈서베이가 발표한 'EAT BUY PLAY 2019' 세미나 자료에 따르면, 영화/동영상 콘텐츠 시청과 인터넷 서핑에 사용하는 시간이 크게 늘어났다. 전 연령대에서 평균적으로 '영화/동영상 콘텐츠 시청' 시간이 11%p, '인터넷 서핑' 시간이 10.6%p 증가했다. 40대는 '영상 콘텐츠 시청' 시간이 11.4%, '인터넷 서핑' 시간이 10.3% 늘어나며 전체 평균과 유사한 추이를 보였다. 디지털 생활비는 이제 X세대에게도 필수적인 비용으로 자리 잡았다.

공급자 입장에서 디지털 생활비 개념이 중요한 것은 이들 서비스가 구독 형태로 반복 구매되기 때문이다. 한 번 구독하기 시작하면 해지가 어렵다. 게다가 사용자들이 카테고리별로 특화된 확장 소비를 한다는 것도 특징이다. 예를 들어 영화를 좋아하는 소비자는 넷플릭스와 왓챠를 동시에 이용할 가능성이 높다. 서로 보유한 킬러 콘텐츠가 다르기 때문이다.

한 가지 종류의 디지털 콘텐츠 서비스를 이용하고 있다면 같은 카테고리 내에서 다른 종류의 서비스를 이용하는 경우가 많다. 리디북스를 이용하고 있다면 밀리의 서재를, 퍼블리를 구독하고 있다면 폴인fol:in도 이용하는 식이다. 디지털 콘텐츠 소비가 포화 상태에 이른 20~30대와 달리 X세대는 아직 잠재적인 구매력이 남아 있다. 이들을 공략한다면 시장에서 주도적인 위치를 차지할 수 있을 것으로 예상되는 이유다.

가장 새로운 방법으로 가장 왕성하게

X세대는 어린 시절 폭발적인 문화성장 시기에 문화의 세례를 받고 자랐다. X세대가 처음 등장할 때부터 이 세대의 특징은 문화 분야에서 유독 두드러졌다. X세대는 현재 대한민국의 가장 강력한 문화 생산자인 동시에 문화 소비자이기도 하다. 과거의 중년이 문화 소비자로 주목받지 못했던 반면, X세대는 중년이 된 지금도 문화 분야의 가장 큰 소비자로 자리 잡고 있다. 이 경향은 이들이 노인이 되어서도 유지될 것이다. X세대는 계속해서 자신들을 위한 문화 콘텐츠를 만들어내고, 소비할 것이다.

문화 소비자로서 X세대의 파워는 이들이 경제력을 갖추고 있을뿐더러 변화에 유연하게 대응하며 진화한다는 점에 있다. 아침 일찍 조조할인을 받아 영화를 보던 영화광은 이제 넷플릭스와 왓챠 플레이를 통해 최신 영화를 본다. 중년에 접어들어서도 계속해서 새로운 문화 트렌드를 받아들이며 유연한 사고방식을 유지하고 있다. 게다가 인구도 많고 경제적으로도 여유롭다.

문화에 친숙한 X세대는 맘에 드는 문화 콘텐츠에 기꺼이 지갑을 열 준비가 되어 있다. 문화 시장이 X세대 소비자를 잡아야 하는 이유다. 이들이 흘러간 과거의 소비자가 아니라 지금 가장 새로운 방법으로 왕성하게 문화를 소비하는 소비자이기 때문이다.

7.

특별한 경험에
돈을 쓰는 취향 소비자

2019년, 의외의 프로그램이 '한국인이 좋아하는 TV프로그램' 1위에 선정됐다. MBN의 〈나는 자연인이다〉가 그것이다. 한국갤럽이 성인 남녀 1,050명을 대상으로 조사한 결과다.[88] 다큐 프로그램으로는 처음인데다가 비(非)지상파 프로그램이어서 더욱 화제가 됐다. 이 프로그램은 도시에서의 삶을 버리고 자연 속에서 살아가는 자연인들의 삶을 조망한다. 진행자인 윤택과 이승윤은 이 프로그램으로 '경로당 아이돌'이란 별명을 얻었다. 이 프로그램의 열혈 시청자인 중년 남성들을 중심으로 인기를 얻고 있기 때문이다.

이 프로그램의 주인공인 자연인과 시청자는 모두 중장년 남성들이다. 시청자들은 모든 책임과 의무를 벗어던지고 홀로 자연으로 돌아간 자연인의 삶을 동경한다. 자연과 더불어 살아가는 삶은 많은 중년 남성들의 로망인 것이다. TV를 통해 자연인의 삶을 간접 체험하며 마음을 달랜다. 자연인은 나만을 위한 힐링과 행복에 몰두하는 중년의 취향이 극단적으로 실현된 경우다. 자연인처럼 극단적인 경우는 아니더라도, 자신이 좋아하는 대상에 몰입해 자아를 찾고자 하는 중년의 움직임은 활발하다.

1990년대 X세대를 대표했던 구호는 "난 나야"다. 중년이 되어서도 이들은 '나'를 중요하게 생각한다. 밥 한 끼를 먹더라도 나에게 가장 좋은 경험을 선사할 수 있는 것을 선택한다. 어떻게든 내가 남들과는 다르다는 것을 증명하고자 한다. 어릴 땐 파격적인 패션과 반항적인 태도로 나를 드러냈다. 나이가 든 지금 나를 드러내는 것은 오랜 시간 쌓아온 경험에서 우러나는 높은 취향과 안목이다. 이들은 취향의 중요성을 일찍부터 깨달았던 세대다. 직장에선 무색무취한 회사형 인간으로 살았다면, 취향의 영역에선 마음껏 나를 표현했다. 이들에게 취향은 자아를 드러내는 방법이다.

지금도 중년의 자아 찾기는 활발하다. 이들은 나만의 특별한 경험을 위해 시간과 돈을 투자한다. 지금껏 이루지 못하고 가슴 속 한편에 묻어두었던 로망을 실현하기 위해 새로운 취미생활에 도전하기도 한다. 40대에서 50대를 바라보는 지금, 여태 바쁘게 살아오느라 챙기지 못했던 자아를 실현할 수 있는 마지막 기회라고 생각한다. 이들에게 취미생활은 단순한 시간 보내기가 아니라 진정한 나를 찾아가는 과정이다. 취미생활에 몰두하며 그 안에서 새로운 나를 발견하고, 거기에서 다시 삶을 살아갈 힘을 얻기도 한다.

X세대의 여행법

여행은 개인의 취향이 집약된 경험이다. 뭘 타고 갈지, 어디서 묵을지, 여행지에서 무엇을 하고 뭘 먹을지 개인의 취향에 따라 전혀 다른 모습으로 구성된다. X세대는 우리나라 국민들의 해외여행이 자유로워진 후 가장 먼저 해외로 떠난 배낭여행 1세대. 여행에 대한 로망은 중년이 된 지금도 여전하다. 그때는 배낭 하나 메고 돌아다녔다면 이제는 다르다. X세대는 자신만의 특별한 경험을 누릴 수 있는 여행을 원한다. 1년에 한두 번 하는 특별한 경험을 위해 돈을 아끼지 않는다. 중년이 된 그들의 여행은 풍요로워지고 취향에 따라 세분화되었다.

몇 년 전부터 유행하는 제주도 한 달 살기 열풍을 만든 것은 어린 자녀를 둔 40대 엄마들이다. 한 달이라는 긴 시간을 들여 현지인처럼 생활하는 특별한 경험에 비중을 둔 여행 트렌드다. 아이들이 더 크기 전에 여행지에서 시간을 함께 보내며 추억을 쌓고 싶은 X세대 엄마들이 만들어낸 여행 문화다. 충분한 재력과 시간이 뒷받침되는 X세대이기에 이러한 선택이 가능했다. 한 달 살기 유행은 다른 세대로 전파되어 해외에서의 한 달 살기 트렌드로 이어지기도 했다.

해외의 X세대도 자기만을 위한 특별한 경험을 원한다. 프랑스를 대표하는 미식 브랜드 포숑Fauchon은 2018년 '포숑 로텔 파리Fauchon L'Hôtel Paris'를 오픈했다. 이 호텔은 철저히 최상의 미식 경험을 중심으로 설계되었다. 포숑의 호텔 객실에는 창밖 풍경을 즐길 수 있는 자리에 커다란 식사 테이블이 놓여 있다. 룸서비스를 주문하면 최상급 프렌치 코스 요리를 서빙해준다. 내 방에서 우아하게 프렌치 요리를 즐길 수 있다.

이러한 전략은 포숑이 X세대를 타깃으로 삼았기 때문이다. 경제적으로 여유로운 X세대는 개인적인 공간인 객실에서 호화로운 경험을 하고 싶어한다. 포숑은 이 점에 집중해 객실을 넓게 만들고 푸아그라, 트러플, 마카롱, 샴페인 등을 갖춘 고메 바Gourmet bar를 설치했다. 밀레니얼을 타깃으로 한 요즘 호텔들이 객실은 단순한 대신 공용 공간인 로비와 라운지의 화려함을 추구하는 것과는 정반대의 선택이다. 포숑은 파리에서의 성공을 바탕으로 일본 교토에도 호텔 오픈을 준비하고 있다.[89]

한국에서도 X세대는 고급호텔의 VIP 고객이다. 강원도의 고급호텔 강릉씨마크에 따르면 2018년 5월 기준 멤버십 '더 클래시 SMQ'의 회원 중 40대가 32%를 차지했다. 강릉씨마크 멤버십 카드는 'S(70만 원)', 'M(160만 원)', 'Q(800만 원)'로 구성되어 있으며 연회비가 비싼 편이다. 10명 중 7명 이상이 찾은 멤버십 S 카드 가입자 평균연령은 만 46세로 조사됐다. 40대 비중이 32%로 가장 높았다. 판매 비중 11%를 차지한 고가의 Q 카드 가입자 평균연령은 만 42세다. 40대 비중이 50%로 절반을 차지했다.[90]

코로나19가 시작되기 전, X세대 남성은 해외여행 시장의 주요 고객이기도 했다. 옥션에 따르면 2015년 대비 2016년 40~50대 남성 고객들의 여행상품 구매가 305% 이상 성장했다. 특히 해외항공권 225%, 해외호텔 숙박권 114% 등 해외여행 상품의 구매가 크게 성장했다.

여행 유형별로 보면 크루즈와 골프여행이 191%로 패키지 상품의 56%보다 큰 폭의 성장률을 보였다.[91] 획일화된 패키지 상품보다는 특별한 경험을 할 수 있는 크루즈나 취미생활을 즐길 수 있는 골프여행을 선택하는 모습이다.

코로나19가 종식되고 나면 가장 하고 싶은 것 중 하나가 해외여행일 것이다. 비대면 출퇴근 관리 서비스 알밤이 직장인들을 대상으로 실시한 설문조사에 따르면, 코로나19 이후 하고 싶은 일로 응답자의 66.2%가 "마스크 없이 외출하기"를 꼽았다. 그 뒤를 48.1%로 "해외여행 가기"가 차지했다.

여행은 이제 사람들의 삶에 필수적인 요소가 되었다. 자유롭게 숨쉬는 것 다음으로 여행이 손꼽힌 것이다. 코로나19 이후 여러 분야에서 보복소비가 예상된다. 그중 가장 폭발적인 보복소비가 일어날 분야가 바로 여행이다. 더욱 럭셔리해지고 세분화된 특별한 경험을 요구할 X세대의 니즈와 취향을 미리 파악하는 것이 중요하다.

X세대의 미식 열풍

특별한 경험을 원하는 X세대가 일상에서 만들어낸 트렌드 중 하나가 미식 열풍이다. BC카드 빅데이터센터가 카드 사용자를 유형별로 분석한 자료에 따르면, 카드 사용자 유형 중 14.7%는 카드 소비의 거의 전부를 외식에 할애하는 '외식 집중형'이다. 중년 남성의 비중이 압도적으로 높다.[92]

미식 분야의 트렌드도 중년 남성이 이끌고 있다. 5,000만 방문자를 달성한 국민 미식 블로거 '비밀이야(배동렬)'는 4권의 미식 여행서적을 출간했다. 한 권의 책을 내기 위해 지불한 음식값이 5,000만 원에서 1억 원에 달한다. 일반인들은 예약하기도 어려운 세계 유명 음식점들을 수억 원의 사비를 들여 방문하며 유명해진 미식 블로거 '팻투바하(김범수)' 역시 2,100만 명의 방문자를 보유하고 있다.

이들이 만들어낸 미식 트렌드 중 대표적인 것이 '오마카세おまかせ'다. '맡긴다'는 뜻의 일본어로, 손님이 요리사에게 메뉴 선택을 온전히 맡기고 요리사는 가장 신선한 식재료로 요리를 만들어내는 것을 뜻한다. 내가 무엇을 먹을지 요리사가 정해주는 대로 따르는 것이다. 주로 초밥을 비롯한 일식요리에 해당된다.

오마카세는 재료선정에서부터 조리에 이르기까지 요리사의 수준이 중요하다. 그래서 오마카세는 고급인 경우가 많다. 최상의 음식을 원하는 소비자를 위한 서비스이기 때문이다. 서비스도 특별하다. 손님의 먹는 속도에 따라 음식을 내는 속도가 다르다. 남녀에 따라 초밥의 크기가 달라지거나 손님의 반응에 따라 좋아하는 음식을 좀 더 내주기도 한다. 철저히 손님 한 명에게 맞추는 서비스다.

오마카세를 소비하는 X세대는 나만을 위한 특별한 미식 경험을 추구한다. 스시 장인과 눈을 맞추고 대화하며 나만을 위해 만들어지는 최상급의 요리를 경험하는 데 돈을 아끼지 않는다. 일식에서 시작된 오마카세 문화는 한국에서 한우 오마카세로 이어진다. 최상급 한우와 제철 식재료를 활용한 한우 요리를 코스로 서빙한다. 재료가 비싼 만큼 한우 오마카세도 비싼 금액이다. 통상 성인 1명의 저녁 식사에 30만 원가량이 든다. 여기에 고급 와인을 곁들인다. 최근 생겨나는 최고급 한우 오마카세 식당을 방문한 SNS 후기를 보면 중년 남성 여러 명이 와인잔을 부딪히는 사진을 심심찮게 볼 수 있다.

미식을 추구하는 X세대는 술을 마실 때도 과거의 중년처럼 부어라마셔라 하지 않는다. 한국에서 위스키 시장이 축소되고 있는 와중에 싱글 몰트 위스키만 성장세를 보이고 있다. 2019년 전체 위스키 시장이 6%의 감소세를 보인 반면, 싱글 몰트 위스키 시장은 5% 성장했다.[93] 중년의 대표적인 취미가 된 와인과 함께 싱글 몰트 위스키가 X세대의 사랑을 받고 있다. 100% 보리(맥아)만을 증류한 위스키를 몰트 위스키로 부르며 한 증류소에서 나온 몰트 위스키를 싱글 몰트 위스키로 부른다. 맛과 향이 뛰어나지만 생산량이 적어 전체 스카치 위스키 시장의 5%를 차지한다.

소량만 생산되다 보니 비싼 것은 당연하다. 그럼에도 싱글 몰트 위스키를 마시는 트렌드가 생겨난 것은 조금만 마시더라도 맛있고 취향에 맞는 술을 즐기고자 하는 니즈가 있어서다. 몇 년 전부터 40대를 중심으로 유행하기 시작한 싱글 몰트 위스키 바에선 비싼 술을 조금만 마시면서 즐기는 술 문화가 확산되고 있다. 빨리, 많이 마시고 빠르게 취하기보다는 향과 맛을 느끼면서 술이 가진 가치를 즐기는 것이 X세대의 음주 트렌드다.

X세대는 미식에 돈을 아끼지 않는다. 과소비하는 것이 아니다. 같은 돈을 쓴다면 가장 최상급의 경험을 하고자 한다. 이들의 미식에 대한 기준은 미식 블로거 '비밀이야'의 대답으로 대변할 수 있다.

> "같은 종류의 음식이라면 가능하면 좋은 걸 먹으려고 합니다. 2만 원짜리 삼겹살은 먹어도 2만 원짜리 한우는 안 먹게 되더라고요. 예산이 3만 원이라고 하면 다양한 옵션이 있습니다. 양이 중요한 사람은 소고기 무한리필집 가겠지만 저는 3만 원짜리 삼

겹살집을 가겠어요. 3만 원짜리 파스타는 먹을지언정 3만 원짜리 스시세트는 먹고 싶지 않아요."[94]

나 자신을 가장 중요하게 생각하고, 경험 소비와 가치 소비의 맛을 아는 X세대의 선택이다. 이들은 한 끼를 먹어도 나에게 가장 좋은 경험을 선택하는 미식 세대다.

취미에 유별난 열정을 쏟는 사람들

"초등학교 1학년, 유치원 아이를 자녀로 둔 김모 씨(41)는 개학 연기로 2주째 집에 머무르고 있다. 아이들을 돌봐야 하고, 재택근무로 회사에 나갈 일도 없어서다. 그는 남는 시간을 취미에 쏟기로 했다. 얼마 전 직장 동료로부터 추천받은 취미 플랫폼인 클래스101에서 태블릿PC로 디지털 드로잉을 배우고 있다. 김씨는 '결혼하고 5년째 미뤄온 건데 이번 기회에 배우고 있다'며 '아이들도 옆에서 스마트폰으로 따라 배우니 일석이조'라고 말했다."[95]

코로나19로 변화한 직장인의 일상을 다룬 기사의 일부분이다. 20~30대의 전유물이었던 온라인 취미 플랫폼에 40대가 진입하고 있다.

위 기사에 따르면, 취미 플랫폼 이용자는 코로나19 이후 급격한 증가 추세다. 신한카드 데이터를 보면 취미 플랫폼의 2020년 4월 이용액은 전년 대비 138%를 기록했다. 특히 40대의 신규 진입이 크게 늘었다.

기존 온라인 취미 플랫폼의 주 사용자는 20~30대였다. '클래스101'이나 '탈잉'과 같은 플랫폼을 통해 그림 그리기, 식물 기르기, 홈트레이닝 등 다양한 취미를 배운다.

코로나19 이후 40대가 가세했다. 2020년 1월 대비 3월의 40대 남성 고객 증가율은 97%, 여성은 86%에 달했다. 평소 오프라인을 중심으로 활발한 취미활동을 즐기던 X세대가 코로나19로 인해 집 안에서 온라인을 통해 배울 수 있는 취미생활에 도전하고 있다.

40대에 접어들어 새로운 취미생활을 시작하는 X세대는 젊었을 때의 로망을 실현하고자 한다. 기타나 드럼, 피아노 등의 악기부터 미술, 도예, 베이킹, 요리 등 해보고 싶었지만 시간이 없어 도전하지 못했던 다양한 취미에 도전한다. 취미를 발전시켜 제2의 인생을 위한 디딤돌로 삼는 경우도 있다. 플로리스트 과정에 도전해 꽃집을 오픈하거나, 목공을 배워 자신만의 목재가구 브랜드를 론칭하는 사례 등이 그것이다. X세대의 취미생활은 단순히 시간을 보내는 행위를 넘어 나를 새롭게 재발견하는 계기가 되기도 한다.

X세대의 취미에 대한 유별난 열정은 이미 알려진 바다. 이들은 '덕후' 1세대다. 덕후란 일본어 '오타쿠'를 한국식으로 발음한 '오덕후'의 줄임말이다. 어떤 분야에 몰두해 전문가 이상의 열정과 흥미를 가지고 있는 사람이라는 의미로 사용된다.[96] 앞서 언급한 미식 열풍을 이끈 블로거들은 음식에 대한 덕후라고도 볼 수 있다. 연예인 심형탁(1978년생)은 일본 만화 캐릭터 '도라에몽'의 덕후로 더 유명해지기도 했다. X세대는 덕후 기질에 여유로워진 경제력이 더해져 취미에 큰돈을 아낌없이 쓰는 소비자층으로 떠올랐다.

수백만 원을 호가하는 장난감을 사들이는 키덜트족이 바로 X세대부터 시작됐다. RC제품이나 피규어, 프라모델 한정판을 사들이는 주 고객은 중년 남성들이다. 이들 소비자에 힘입어 불황에도 불구하고 한정판 시장은 성업 중이다. 이들은 한정판이나 디테일이 정교한 제품 등 가격이 비싸더라도 특수성이 높은 제품을 선호한다. 이들은 취미생활에 기꺼이 지갑을 연다. 희소성 있는 물건을 구입하는 데서 희열을 느낀다. 이러한 소비에서 대리만족을 느끼고 일상에서 탈출해 스트레스를 해소한다.

일렉트로마트는 이런 중년 남성의 마음을 공략해 성공한 케이스다. '남자의 마트'를 표방하며 남성 취향을 집중적으로 파고들었다. 기본적인 전자 기기를 비롯해 게이밍 기기, 드론, 카메라부터 프라모델이나 피규어까지 다양한 취미용품을 취급한다. 3D 프린터나 피규어 제작 기기와 같은 매우 전문적인 제품까지도 판매한다. 게다가 고급 주류나 전투식량, 고급 자동차와 같이 남성들의 흥미를 끌 수 있는 제품도 함께 진열되어 있다.

남성들이 이곳에 한 번 들어가면 정신을 못 차리는 것은 당연하다. 매장 한편엔 간단한 맥주 펍과 오락실, 실내야구장, 남성 전용 미용실 등 휴식을 취하고 시간을 보낼 수 있는 공간까지 마련해뒀다. 1인당 객단가가 높을 수밖에 없다. 일렉트로마트는 이마트의 오프라인 유통 중 성장세를 보이는 몇 안 되는 브랜드다. 2019년 이마트의 미용·건강용품 판매점 부츠Boots와 잡화점 삐에로쇼핑 등이 폐점을 결정하는 와중에 일렉트로마트는 전년 대비 40%가량 성장하는 기염을 토했다.

진화하는 이모팬·삼촌팬

'덕질'에서 연예인 덕질을 빼놓을 수 없다. 덕질이란 '덕후'라는 말에 뭔가를 한다는 말을 낮춰 부르는 '-질'을 붙여 만든 단어다. 어느 한 분야에 꽂혀 파고드는 행위를 말한다. 1990년대 서태지의 집 앞에서 진을 치던 X세대 청소년이 자라 이모팬, 삼촌팬이 되었다. 막강한 경제력을 바탕으로 대중문화 시장의 주요 고객으로 부상하고 있다.

이들은 자신이 좋아하는 연예인의 공연 티켓과 음반, 관련 제품인 굿즈Goods를 구입하는 데 큰돈을 쓴다. MBC 〈나 혼자 산다〉에 출연한 노브레인의 이성우(1976년생)가 걸그룹 러블리즈의 팬임을 인증하며 화제가 됐다. 그의 집안 곳곳에는 러블리즈의 사인과 CD, 굿즈, 응원봉 등이 가득했다. 발매된 지 4년이 지난 곡 〈롤린〉이 2021년 3월 뒤늦게 역주행하며 각종 음원차트와 음악방송에서 1위를 휩쓸어 화제가 된 브레이브걸스의 뒤에도 삼촌팬들의 열렬한 응원이 있었다.

X세대 팬들은 10대 못지않은 열정을 보인다. 자신이 좋아하는 연예인을 위해 '스밍(스트리밍의 준말로 음원 사이트에서 좋아하는 가수의 음원을 반복 재생해 순위를 올리는 행위)'을 하고 관련 기사와 게시물에 응원 댓글을 남긴다. 강력한 경제력을 동원해 도심 대형 전광판에 연예인을 홍보하는 광고를 게재하기도 한다. 열정에 경제력과 사회적 지위까지 더해진 팬덤은 어린 팬덤보다 훨씬 위력적이다. 연예기획사들은 실질적인 소득을 가져다주는 삼촌팬과 이모팬을 잡기 위해 노력하기도 한다.

취미와 취향을 공유하는 플랫폼의 진화

취미생활을 하고 있다면 같은 취미를 영위하는 사람들끼리 정보를 공유하는 모임도 필수적이다. 연예인을 좋아한다면 팬클럽이고, 다른 취미생활이라면 동호회다. X세대는 PC 통신 시절에 시작된 동호회 1세대다. PC통신에서 넘어와 인터넷 커뮤니티에서 자리를 잡았다.

지금도 활발하게 운영되는 인터넷 커뮤니티의 시초는 취미 기반의 정보공유 사이트인 경우가 많다. DC인사이드·SLR클럽(디지털 카메라). 보배드림(중고차), 루리웹(게임), MLB파크(야구), 82쿡(요리), 뽐뿌(쇼핑), DVD프라임(홈시어터) 등이 그것이다. 이런 인터넷 커뮤니티의 초창기 활성화를 주도했고 지금까지도 자리를 지키고 있는 게 X세대다.

이러한 취미공유 모임이 오프라인으로 확장되고 있다. 18세기 프랑스 지식인들의 사교 모임의 장이었던 '살롱'이 21세기에 느닷없이 되살아났다. 살롱 문화는 밀레니얼 세대를 중심으로 성장했다. 2015년 유료 독서 클럽 '트레바리'가 시작한 살롱 문화는 이제 독서를 비롯해 커피, 영화, 와인, 음악, 요리 등 다양한 주제로 확장되고 있다. 비슷한 취향을 가진 타인과의 대화를 통해 다른 생각과 경험을 받아들이고 자신이 가진 틀을 깨고 확장되는 경험을 할 수 있다.

처음 만나면 서로 나이를 확인하고 형님 동생 서열을 따지던 기존의 오프라인 동호회와는 달리 살롱 문화는 철저히 개인 대 개인으로 만나는 장이다. 직업과 나이 등은 묻지 않는 게 불문율이다. 각자가 가진 콘텐츠와 취향을 기반으로 동등하게 대화하고 교류한다. 밀레니얼을 중심으로 꾸려지는 살롱 문화에 X세대의 참여도 늘어나고 있다. X세대는 같은 취향을 가진 다른 세대와 동등하게 교류하며 다양하고 유연한 사고방식을 받아들이고 있다.

취향이 곧 '나'인 사람들

X세대에게 취미생활은 자아를 찾는 활동이다. 최근 리모델링을 하는 집에는 게이밍 룸, 멀티미디어 룸 등 취미생활을 위한 공간을 별도로 만드는 경우가 많아졌다. 혼자만의 공간에서 취미생활에 몰두하려는 트렌드다.

별도의 공간이 없더라도 혼자 몰입할 수 있는 취미생활이 있다는 것은 심리적으로 나만의 공간을 가진 것과 비슷한 효과가 있다. 고단한 현실에서 벗어나 취미생활에 심취해 스트레스를 해소하고 힐링의 시간을 갖는다. X세대에게 취미생활은 단순한 시간 때우기가 아니라 중년의 자아를 찾는 시간이다. 이렇게 투자한 시간들이 모여 완성된 취향은 나를 드러내는 지표가 된다. X세대에게 취향에 대한 탐닉은 자아실현과도 같다.

수십 년간 갈고 닦아 내공이 깊어진 이들의 취향은 대한민국 최고 수준이다. 안목도 높고 높은 눈높이를 충족할 경제력도 갖췄다. 이들은 깊어진 취향에 왕성히 투자한다. '취존'이라는 말이 있다. '제 취향입니다. 존중해주시죠'를 줄인 말이다. '취향'이라는 말이 사회적으로 중요한 키워드로 떠오른 것은 X세대가 30대의 대부분을 차지하던 2010년의 일이다. 이때 방송된 MBC 드라마 〈개인의 취향〉을 통해서다.

X세대는 다른 사람의 취향에 대해 이러쿵저러쿵 평가하지 않는다. 남의 취향을 존중하는 만큼 내 취향도 존중받고 싶어한다. 취향이 곧 개인의 자아와 연결된다고 생각하기 때문이다. 지금은 상식이 된 MZ세대의 '취존' 문화는 X세대로부터 시작되었다. X세대는 대한민국 최초의 취향 소비자다.

8.

'나 혼자 산다', 대세가 된 1인 가구

1인 가구, 대한민국의 주류가 되다

2019년 우리나라의 1인 가구가 전체에서 차지하는 비중이 처음으로 30%를 넘어섰다. 2020년 통계청이 발표한 〈2019년 인구주택총조사〉 결과다. 2019년 11월 기준 국내 총 가구는 2,089만 1,000가구로 전년 대비 1.9% 증가했다. 평균 가구원 수는 2.39명으로 전년의 2.44명보다 0.04명 줄었다. 가족과 떨어져 나와 사는 1인 가구가 늘면서 가구원 수도 줄어든 것이다. 1인 가구는 614만 8,000가구로 1년 전에 비해 0.9% 증가했다. 2015년부터 이미 1인 가구가 모든 가구 유형을 통틀어 가장 많았다.[97]

(단위 : 천 가구, %, %P)

가구 원수	2000년^T	2005년^T	2010년^T	2015년^R	2016년^R	2017년^R	2018년^R (A)	2019년^R (B)	증감 (B-A)
일반 가구	14,312 (100.0)	15,887 (100.0)	17,339 (100.0)	19,111 (100.0)	19,368 (100.0)	19,674 (100.0)	19,979 (100.0)	20,343 (100.0)	364
1인	2,224 (15.5)	3,171 (20.0)	4,141 (23.9)	5,203 (27.2)	5,398 (27.9)	5,619 (28.6)	5,849 (29.3)	6,148 (30.2)	299 (0.9)
2인	2,731 (19.1)	3,521 (22.2)	4,205 (24.3)	4,994 (26.1)	5,067 (26.2)	5,260 (26.7)	5,446 (27.3)	5,663 (27.8)	218 (0.6)
3인	2,987 (20.9)	3,325 (20.9)	3,696 (21.3)	4,101 (21.5)	4,152 (21.4)	4,179 (21.2)	4,204 (21.0)	4,218 (20.7)	14 (-0.3)
4인	4,447 (31.1)	4,289 (27.0)	3,898 (22.5)	3,589 (18.8)	3,551 (18.3)	3,474 (17.7)	3,396 (17.0)	3,300 (16.2)	-96 (-0.8)
5인 이상	1,922 (13.4)	1,582 (10.0)	1,398 (8.1)	1,224 (6.4)	1,200 (6.2)	1,142 (5.8)	1,085 (5.4)	1,014 (5.0)	-70 (-0.4)

| 연도별 가구원 수 |

출처 : 2019년 〈인구주택총조사〉 자료, 통계청, 2020.8.23

한국 가족의 표준처럼 여겨지던 '4인 가족'은 이제 옛말이 됐다. 이제 한국 가구의 형태는 1인 가구가 제일 많다. 이 정도면 1인 가구가 표준이라 해도 과언이 아니다. 이러한 흐름에 따라 정부는 2020년 실시한 〈인구주택총조사〉에서 1인 가구를 위한 맞춤형 질문을 추가했다. 1인 가구인 이유와 혼자 산 기간 등을 물었다. 1인 가구 정책 수립을 위한 데이터로 사용하기 위해서다. 1인 가구가 전체 가구 중 차지하는 비중이 제일 높지만 정부 정책은 여전히 다인(多人) 가구 위주로 짜여 있다. 1인 가구가 복지정책의 사각지대에 놓여 있는데 이를 해결하기 위해 1인 가구의 속사정을 들여다보기로 한 것이다.

시장은 정부보다 한 발 앞서 1인 가구가 대세인 트렌드를 감지했다. '1코노미'란 말이 여기저기서 들리기 시작했다. 1인을 뜻하는 숫자에 경제를 뜻하는 이코노미Economy를 합친 신조어다. 1인 가구를 위한 소형 가구와 소형 가전, 1인분 소포장 간편 식품에서부터 1인 가구를 위한 맞춤형 카드와 펀드까지 이들을 집중적으로 공략하는 기업들의 마케팅 활동이 활발하다. 1인 가구는 이제 소비 트렌드 전반을 변화시키는 파워풀한 소비자 집단이 되었다.

경제 분야에서 1인 가구를 주목하는 이유는 이들의 소비력 때문이다. 기본적으로 혼자 살려면 경제력이 뒷받침되어야 한다. 그러려면 소득이 있어야 한다. 소득이 없는 싱글은 부모와 함께 사는 경우가 많다. 혼자 산다는 건 경제력이 있다는 뜻이기도 하다. 2017년 국회예산정책처의 〈1인 가구의 인구·경제적 특징 분석〉 보고서에 따르면, 30대 1인 가구의 소득 평균은 266만 원으로, 다인 가구의 253만 원보다 높았다. 이들의 소득이 높은 이유는 화이트칼라가 많기 때문이다. 30대 1인 가구

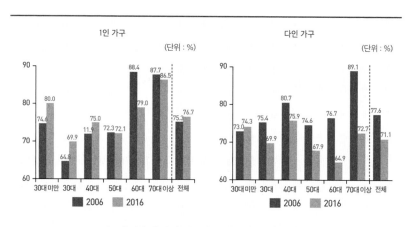

| 1인 가구와 다인 가구의 소비 성향 변화 비교 |
출처 : 〈1인 가구의 인구·경제적 특징 분석〉, 국회예산정책처, 2017.12

의 관리·전문·사무직 비중은 62.3%로 다인 가구의 51.7% 보다 높다.

소득이 높은 데다가 부양가족도 없다. 상대적으로 맘 편히 소비할 수 있다. 우리나라 가계의 평균 소비 성향이 2010년 이후 꾸준히 하락세를 보인 반면, 1인 가구의 평균 소비 성향은 10년 전에 비해 상승세를 보이고 있다. 특히 1인 가구의 평균 소비 성향 상승은 소득이 비교적 높은 30~40대가 주도하는 모습을 보였다. 이들은 충분한 경제력을 바탕으로 1인 가구의 소비 증가를 이끌고 있다. 1인 가구가 소비 트렌드를 선도하는 주체로 부상하고 있는 것은 이런 이유에서다.

X세대 싱글 소비자의 특징

X세대도 이와 같은 흐름을 함께하고 있다. 2019년 기준 40대 1인 가구는 87만 2,000가구로 집계됐다. 전년 86만 4,000가구에 비해 소폭 늘어났다. 전체 1인 가구의 14.2%를 차지하고 있다. 40대 1인 가구는 30대와 유사한 특징을 보인다. 20~40대의 싱글 가구는 미혼이 이유인 경우가 많다. 반면 50대는 이혼, 60대부터는 사별로 인한 1인 가구가 많다.

40대가 되도록 결혼하지 않는 사람이 늘어나며 40대 미혼 가구는 2005년 35.7%에서 2015년 55.7%로 20% 증가했다. 일찌감치 비혼을 선언한 X세대가 중년에 접어들며 역사상 가장 중년 싱글이 많은 시대가 됐다.

특히 전 연령층에서 남성 1인 가구의 비중이 높은데 40~50대에서는 그러한 특징이 더욱 두드러진다. 비혼 및 이혼이 늘어난 현상과 관계가 있다. 비혼 남성은 부모와 함께 살 가능성과 이혼했을 경우에 자녀의 양육을 직접 할 가능성 모두 여성보다 낮기 때문이다. SBS의 관찰 예능 〈미운 우리 새끼〉는 혼자 사는 자녀의 생활을 어머니가 지켜보는 콘셉트의 프로그램이다. 이 프로그램의 출연자 박수홍, 임원희, 이상민, 김종국 등 대다수는 미혼 또는 이혼으로 인한 X세대 싱글 남성이다. 이 프로그램은 현실의 인구 구조를 정확히 반영한다고 할 수 있다.

1인 가구의 경제적 수준이 높은 것은 30~40대의 특징이다. 50대 이상에선 1인 가구의 소득 수준이 다인 가구에 비해 현저히 떨어진다. 반면, 40대 1인 가구의 소득 수준은 다인 가구와 유사한 수준을 보였다. 40대 1인 가구의 평균 소득은 266만 원으로 다인 가구의 평균 소득 267만 원과 거의 동일한 수준이다. 소비 성향도 2006년 71.9%에서 2016년 75%로 상승했다. 30대와 함께 40대 싱글이 주도적으로 우리나라 1인 가구의 소비를 견인하고 있다.

X세대 싱글이 중년의 소비 시장에서 중요한 이유는 그들이 중년 소비의 트렌드를 리딩하는 그룹이기 때문이다. 40대가 가장 경제력이 왕성한 시기라 해도 부양가족이 있다면 마음대로 지출하기 어렵다. 그러나 X세대 싱글은 가정이 있는 또래들과 비슷하거나 더 나은 경제력을 가지고 있다. 온전히 자신을 위해서만 그 돈을 쓴다. 가족을 이룬 중년과는 소비의 기준이 다르다. 가족이 없는 대신 나를 위한 삶에 집중한다. 나이가 들어도 화려한 싱글을 지향한다. 그러다 보니 또래집단에서 가장 먼저 트렌드를 받아들이는 것이 싱글 소비자다. 이들의 소비 트렌드가 가정이 있는 중년 세대에게도 영향력을 미치게 된다. X세대 싱글

은 X세대의 트렌드세터다.

소비의 개인화가 불러올 트렌드

가정이 있건 없건 소비 트렌드가 개인화되는 것도 싱글 소비자를 주목
하는 이유다. 소비의 주체는 점점 개인으로 변화하는 추세다. 예전 같으
면 온 가족의 의류 구매를 엄마가 대신했다. 이제는 다르다. 남편은 백화
점의 남성 전용 편집숍에서, 아들은 무신사Musinsa, 딸은 지그재그Zigzag
와 같은 온라인 편집숍에서 각자 취향에 따라 쇼핑을 한다. 가족과 상관
없이 자신만의 취향에 집중하는 하나의 개인으로 소비한다.

집단이 아니라 개인으로 소비하면 소비의 기준이 바뀐다. 온 가족이
함께 떠나면 일정이 빽빽한 패키지 여행을 선택하게 되지만, 나 혼자 떠
나면 경치 좋은 리조트 선베드에 종일 누워 뒹굴뒹굴하면서 시간을 보
내는 선택도 가능하다.

개인이 주체가 되는 소비는 나의 현재를 위한 소비다. 그래서 소비
의 개인화는 필연적으로 경험 소비와 가치 소비로 연결된다. 주체로서
의 개인은 나의 시간을 충만하게 채워줄 수 있는 경험을 추구하게 된
다. 다른 사람에게는 별것 아니더라도 나에게는 중요한 나만의 가치를
추구할 수 있다.

이러한 소비의 개인화 물결의 바로미터가 바로 싱글 가구다. 1인 가
구의 소비 성향은 개인화되는 소비 트렌드의 방향을 한발 앞서 가리키
는 척도가 된다. 지금 현재 누구보다도 밀도 있게 자신에게 집중하며 자

신을 위해 소비하는 집단이기 때문이다. 이들이 추구하는 경험과 가치가 확산되면 사회적인 트렌드가 된다.

게다가 X세대 싱글은 역사상 가장 경제적으로 풍요로운 싱글 세대다. X세대 싱글이 한발 먼저 시작한 경험 소비와 가치 소비의 트렌드는 중년 세대를 비롯해 전 세대에 영향을 미친다. 기업과 마케터들이 1인 가구, 특히 X세대 1인 가구를 주목해야 하는 이유다.

9

X세대 싱글들의
1코노미 시장

1인 가구가 불러온 1코노미 트렌드

소비의 주체가 1인으로 변화되면서 시장에도 많은 변화가 생겼다. 1코노미 소비 성향의 특징 중 하나는 미니멀리즘이다. 불필요하게 많은 기능이 탑재되어 있거나, 불필요하게 부피가 큰 제품은 선택에서 배제된다. 1인 가구는 작고 실용적이면서도 핵심적인 기능에 집중한 제품을 선택한다.

대표적인 것이 가전제품이다. 삼성전자와 LG전자 등 대기업에서부터 중소기업까지 1인 가구를 위한 소형 가전을 속속 내놓고 있다. 소형 냉장고와 세탁기, 건조기, 공기청정기부터 커피머신, 에어프라이어, 토스터까지 종류도 다양하다.

1인 가구의 1인용 가전제품 소비가 늘어나며 소형가전 시장이 성장하고 있다. 2018년 가전시장의 전체 규모는 38조 520억 원으로 전년의 38조 600억 원과 유사한 수준을 유지했다. 그 속에서 유독 소형가전이 23.1%의 성장률을 기록하며 침체된 가전시장을 이끌었다. 작기만 하다고 싱글 맞춤형 제품인 것은 아니다. 출근한 사이 알아서 집을 청소하는 로봇청소기나 옷을 손쉽게 손질할 수 있는 스타일러 등 싱글가구의 라이프스타일에 맞는 가전제품도 1인 가구에게 각광받고 있다.

싱글 가구가 증가하며 혼밥과 혼술이 일상화됐다. 이에 따라 식품·유통 시장도 변화를 맞았다. 편의점의 성장세가 대표적인 예다. 한국편의점협회에 따르면 2018년 기준 전국 편의점은 총 3만 8,451개다. 인구 1,348명당 1개의 편의점이 있다. 편의점 왕국이라고 불리는 일본보다도 1.7배가량 많은 수치다. 도시락이나 삼각김밥, 컵밥, 샐러드류 등 혼자 먹기에 딱 맞는 소포장 식품을 가장 쉽게 구매할 수 있는 곳이 편의점이다. 퇴근길에 편의점에 들러 쇼핑하는 직장인을 가리키는 '편퇴족'이라는 신조어가 생겨나기도 했다. 싱글족과 편의점은 떼려야 뗄 수 없는 관계가 됐다.

HMR의 성장도 1인 가구의 증가와 관련이 있다. 2013년 2조 원에서 2019년 4조 원으로 2배가량 성장했다. 대형 마트에서 장을 보기보단 부피가 크고 무거운 제품은 온라인으로 쇼핑한다. 그 외 제품은 가까운 동네마트나 편의점에서 그때그때 해결하는 집 근처 소비가 뜨고 있다. 이러한 소비 트렌드의 확산에도 1인 가구가 기여한 바가 크다. 앞서 살펴본 홈코노미 소비 트렌드의 성장에 큰 영향을 미친 것이 바로 1인 소비자다.

오롯이 개인에게 집중하는 공간 추구

1인 가구는 다인 가구에 비해 상대적으로 작은 집에 산다. 그렇지만 예상과는 달리 이들은 큰 방을 선호한다. 집은 작더라도 방은 큰 사이즈를 원한다. 집에서 거의 모든 생활이 이루어지기 때문에 다용도로 활용할 수 있는 큰 방이 필요하다. 싱글에게 집은 잠을 자는 것 외에도 혼밥과 혼술을 즐기는 공간이며, 대형 빔프로젝터를 설치해 혼자 영화를 즐길 수 있는 공간이다. 운동을 하는 피트니스룸이자 독서를 하는 서재다. 집의 절반이 옷으로 가득찬 드레드룸일 수도 있고, 캣타워와 캣휠 등으로 가득한 고양이를 위한 공간일 수도 있다.

MBC 관찰 예능 프로그램 〈나 혼자 산다〉의 출연자 개그우먼 박나래의 집은 '나래바'로 불린다. 집의 많은 공간을 할애해 네온사인으로 장식하고 요리와 음주를 즐길 수 있게 꾸몄다. 헨리는 스튜디오 같은 커다란 거실에 설치한 그랜드피아노에 앉아 루프스테이션과 바이올린을 이용해 작곡을 한다. 탤런트 경수진의 발코니는 캠핑 공간이다. 작은 화로를 설치해 고기를 구워 먹으며 혼술을 즐긴다.

이처럼 1인 가구의 집은 다인 가구의 집보다 훨씬 다양한 가능성을 가진 유연한 공간이다. 집에 대한 고정관념에서 벗어나 개인에게 집중할 수 있는 공간이다. 온전히 나를 위한 공간에서 휴식이 이루어지고 새로운 에너지를 충전한다.

일본은 우리나라보다 몇 년 앞서 중년의 싱글 가구가 주류가 된 사회다. 일본의 중년 싱글 인구는 눈에 띄게 증가하고 있다. 2000년에 485만 명이었던 35~59세의 중년 싱글은 단카이 주니어(2차 세계대전 직후

1947~1949년에 태어난 일본의 베이비부머 세대인 단카이 세대가 낳은 자녀 세대로 1971~1974년생을 가리킴) 모두가 40대가 된 2020년엔 973만 명까지 증가한 것으로 추산되고 있다. 특히 혼자 사는 중년 남성의 비중이 1인 가구 중 가장 높은 비중을 차지한다. 미혼 남성이 점점 늘어나 2015년 남성의 생애미혼율이 23.4%에 달했다. 남성 4명 중 1명은 결혼 경험 없이 중년을 맞는 셈이다.

혼자 사는 기간이 길어진 중년 남성들은 주거의 질에 대한 관심이 높아지는 경향을 보였다. 2002~2006년 대비 2007~2011년의 소비를 비교해보면 인테리어와 침구 관련 소비가 증가했다. 침대와 조명기구, 이불·담요 등에 지출하는 금액이 늘어났다. 수면의 질을 높일 수 있는 침대와 침구를 교체하고, 작은 변화로도 큰 효과를 줄 수 있는 조명을 구입한다. 집을 단장하면 누군가 초대하고 싶은 마음이 들기도 한다. 혹은 혼자 밥을 먹더라도 잘 차려서 먹고 싶은 마음이 들 수도 있다. 응접 세트 소비액이 22배 늘었다. 평생 혼자 살 수도 있다는 가능성을 받아들인 중년 남성들이 본격적으로 삶의 질을 높이는 데 지출하는 것이다.

반면, 여성은 물건 소비를 그만두고 서비스를 구입하는 경향을 보인다. 케이블TV 수신료와 가사 서비스, 발포주 등의 알코올 음료, 치즈 등을 구입하는 금액이 늘어났다. 집에서 TV를 보며 혼술을 즐기는 중년 여성의 모습이다. 집안일에 시간을 할애하기보다는 가사 서비스를 이용한다. 의류, 속옷, 스타킹 등 물건을 구입하는 데 지출하는 금액은 줄어들었다.[98] 이들은 보여주기 위해 치장하는 데 에너지를 쏟기보단 나의 만족을 위해 소비한다. 나를 편안하고 즐겁게 하는 서비스에 돈을 지출하고 있다. 혼자 집에 머무르며 스트레스를 해소하고 즐거운 시간을 보내는 데 소비하는 것이다.

가슴으로 낳아 지갑으로 길렀다, 반려동물

겉으론 화려한 싱글이라도 외로운 순간이 찾아오게 마련. 1인 가구는 혼자의 자유를 만끽하는 한편 외로움 속에서 살아간다. 1인 가구의 외로움과 관련해 급속하게 성장하고 있는 것이 반려동물 산업이다.

한국농촌경제연구원의 〈반려동물 연관 산업 발전방안 연구보고서〉에 따르면 2015년 1조 8,994억 원이었던 반려동물 시장 규모는 2027년 6조 원까지 증가할 전망이다.[99] 신한카드 빅데이터연구소에 따르면 반려동물 관련 가맹점 이용 건수는 2015년 대비 2019년 145% 증가했다. 최근 5년 내 오픈한 가맹점도 181% 증가한 것으로 나타났다.[100] '가슴으로 낳아 지갑으로 길렀다'는 구호가 사실인 셈이다.

1코노미의 영향으로 '펫코노미Pet+Economy'가 새로운 경제 트렌드로 부상하고 있다. 반려동물을 키우는 인구가 1,000만 명을 넘어섰다. 반려견은 598만 마리, 반려묘는 258만 마리인 것으로 파악되고 있다. 이러한 흐름 속에서 반려동물을 가족처럼 생각하는 '펫팸족(Pet+Family+族)'을 넘어 자신과 반려동물을 동일시하는 '펫미족(Pet+Me+族)'이란 단어까지 등장했다. 반려동물에게 쏟는 정성도 대단하다. 그저 좋은 사료를 먹이고 아프지 않게 돌보는 수준을 훨씬 넘어섰다.

반려동물을 위한 종합 검진과 치아 교정 등 의료서비스는 날로 발전해 반려동물을 위한 비만 클리닉까지 생겼다. 여행이나 출장 등으로 집을 비울 때 반려동물 전문 호텔에 맡기거나, 펫시터가 집으로 방문해 반려동물을 돌봐줄 수도 있다. 반려동물이 죽음을 맞았을 때를 대비한 장례 서비스도 나타났다. 반려동물 시장에서 가장 규모가 큰 식품은 사람이 먹어도 될 정도의 퀄리티를 자랑한다. 단순한 사료가 아니라 기능성 원료를 사용하여 굽고 찌는 등 조리법도 다양화하고 있다. 유기농 재료만을 사용한 프리미엄 제품도 각광받고 있다.

반려동물 시장의 성장은 IT 분야에서도 활발하다. 반려동물을 위한 자동 급식기·급수기, 모니터링 카메라는 이미 보편적인 제품이다. 이동통신사들은 여기에 더해 반려동물 케어 기기와 이동통신 서비스가 결합된 제품을 선보이고 있다. LG 유플러스의 'U+스마트홈 펫 케어'가 대표적이다. 반려동물 전용 CCTV와 반려동물용 장난감인 피트니스 로봇, 편안한 수면 환경을 제공하는 IoT수면 등으로 구성되어 있다. 이 기기들을 스마트폰 앱으로 제어할 수 있도록 했다. 가전제품 분야에선 반려동물의 털 날림과 냄새를 효과적으로 잡을 수 있는 펫 케어 기능이 강화된 공기청정기를 선보여 큰 인기를 끌고 있다.

X세대 1인 가구의 숙제

X세대 싱글족들은 외로움을 달래기 위해 반려동물을 들이고 반려동물을 위해 시간과 돈을 아끼지 않는다. 사람 대신 나의 옆자리를 차지한 반려동물에게 사람에게 쏟던 애정을 쏟는다. 결국 싱글 가구의 외로움은 어떻게든 해결해야 할 문제인 것이다.

미국 국립노화연구소NIA의 조사 결과에 따르면, 은퇴자의 외로움 때문에 발생하는 추가 비용이 연간 70억 달러에 달했다. 론리니스 이코노미Loneliness Economy의 탄생이다. 미국의 사례는 은퇴자를 중심으로 조사한 것이지만, 외로움은 노인들만의 문제가 아니다. 혼자 사는 현대인, 심지어 가족과 함께 사는 현대인들도 일상적인 외로움에 시달린다.

특히 중년 남성이 외로움에 취약하다. KB금융지주 경영연구소의 〈2019 한국 1인 가구 보고서〉에 따르면 30~50대 남성 1인 가구의 가장 큰 걱정거리는 '외로움'이었다. 20대 남성은 '경제'를 1위로 꼽았고, '외로움'을 2위로 꼽았다. 여성의 경우 20대에서 50대까지 전 연령에서 '경제'를 1위로 꼽았다. 40~50대 여성은 2위로 '건강'을, 20대 여성은 '주거'를 꼽았다. 여성들에게 외로움은 훨씬 후순위의 걱정거리이다. 그래서인지 결혼을 원하는 비율도 남성이 여성보다 월등히 높다.

외로움에 대한 두려움을 가진 40~50대 남성은 실제로 고독사하는 경우가 많다. 국내 고독사의 80%는 남성이다. 2012~2016년 무연고 사망자 중 4050세대가 40.4%를 차지했다. 65세 이상의 29.2%보다 많다. 흔히 고독사를 이야기할 때 독거노인을 떠올리지만 실제 고독사는 4050세대의 싱글 남성에게 가장 위협적이다.

여성들은 공적인 만남이 아니더라도 소소한 친목 모임이 많고, 혼자 쇼핑을 하거나 전시를 보러 다니는 등 외로움을 더 잘 다룬다. 남성의 경우 공적인 관계를 벗어나 마음 터놓을 관계가 부족한 것이 사실이다. 자존심이 센 한국 중년 남성들의 특성상 외로움을 느낀다는 것을 드러내기 꺼려 하기도 한다.

개인의 외로움을 사회적 차원에서 관리하려는 움직임이 일어나고 있다. 2018년 10월 테레사 메이Theresa May 영국 총리가 '외로움 대응 전략'을 발표했다. 국가 차원에서 외로움을 관리하는 세계 최초의 종합 대책이다. 메이 총리는 "외로움은 우리 시대 건강의 커다란 적이자 질병"이라고 선언했다. 대책은 사람들이 만나고 교류할 수 있는 장을 늘려 외로움을 덜 느끼도록 하겠다는 것이다. 지역사회에 카페나 정원 등의 공간을 늘려 사람들이 얼굴을 맞댈 수 있게 하고, 의료보험 재정을 걷기모임이나 요리강좌 등과 같은 교류 활동에 지원하겠다는 내용이다.

무조건 타인을 많이 만나는 것이 외로움에 효과적일지는 판단하기 어렵다. 안 만나는 것보단 나을 것이다. 2018년엔 유효한 정책이었다 하더라도 코로나19가 휩쓸고 간 지금 적절하다고 평가하기는 어렵다. 답은 내 안에 있다. 나 자신을 더욱 사랑함으로써 자존감을 높이는 것이다. 타인을 통해 외로움을 극복하려고 하면 외부환경에 의존할 수밖에 없다. 나에게 집중해 나의 가치를 재발견함으로써 외로움을 극복하는 것이 근본적인 해법이 될 수 있다.

사회적으로는 이들이 자존감을 회복하고 유지할 수 있도록 멘탈 케어를 지원하고 정신건강을 살피는 것이 바람직할 것이다. 다행히 X세대는 대한민국 역사상 자신을 가장 사랑하는 첫 번째 세대다. 이들은 일찌감치 나 자신의 가치를 발견하고 자신을 위해 투자해왔다.

X세대가 중년에 접어들며 역사상 가장 많은 중년 싱글 가구가 탄생했다. X세대 1인 가구가 외로움을 어떻게 관리하느냐에 따라 향후 1인 가구의 모습이 달라질 것이다. '독거 노인'이 될 것인지, 개인주의와 개성으로 무장한 긍정적인 싱글의 '골드 세대'가 될 것인지는 X세대 싱글의 선택에 달렸다.

Young Forty

Part
5

X세대
마케팅의 모든 것

최근 마케팅 방법론 중 필요성이 빠르게 줄고 있는 것 중 하나가 인구통계학에 기반을 둔 마케팅이다. 소비자를 연령과 성별로 구분 짓는 것이 무의미해지고 있다는 뜻이다. 디지털 기술의 발전은 소비자들이 접하는 정보의 양을 기하급수적으로 증가시켰다. 덕분에 소비자들은 과거라면 평생 접할 수 없었을지도 모를 다양한 취향과 관심사에 접근할 수 있게 되었다. 그 정보의 수준 또한 상세하다. 이런 환경 속에서 소비자 개개인의 취향과 니즈가 다양해지며 관습적인 연령과 성별에 따른 소비행태가 희미해지고 있다.

이제 소비자를 이해하기 위해선 관심사와 취향에 따라 구분 지어야 한다. 앞서 언급했듯 집단에서 개인으로 삶의 주체가 변화하면서 개인의 경험과 가치가 소비의 가장 중요한 기준이 되었기 때문이다. 관심사와 취향을 정교하게 타겟팅할수록 소비자는 '나만을 위한 제품'이라는 확신을 갖게 된다.

'X세대 마케팅'이라고 하면 40대를 타깃으로 한 중년 마케팅으로 이해하기 쉽다. 그러나 그런 방식으로 받아들여선 안 된다. X세대를 하나의 소비자 그룹으로 구분 지을 수 있다면 이는 성장과 삶의 과정에서 함께 겪은 집단적인 경험이 이 그룹의 특수성을 만들었기 때문이다. 이러한 접근은 단순히 X세대가 중년에 접어들었기 때문에 중년 타겟 마케팅으로 접근하는 것과는 본질적인 차이가 있다. X세대로 통칭되더라도 개개인은 각자 고유한 맥락을 가진 개별 소비자임을 기억해야 한다.

1. | 중년 마케팅은 통하지 않는다

나이를 잊게 하라

이케아IKEA는 자신들의 타깃을 'Young people of all ages(모든 연령대의 젊은 사람들)'로 정의한다. 생물학적 나이의 한계에 고객을 가두지 않는다. 나이가 몇 살이든, 돈이 많든 적든, 젊은 취향을 가지고 있다면 이케아의 고객이 된다. 합리적인 가격으로 구매한 가구와 인테리어 소품을 내 손으로 조립하는 과정을 즐기는 사람이라면 나이가 몇 살이든 그는 젊은이다.

이케아를 사는 중장년은 '내가 나이가 몇 살인데 이런 싸구려 가구를…'이란 생각을 하지 않는다. 오히려 '나는 이케아를 사서 직접 조립할 만큼 젊은 감각을 가진 사람이야'하고 뿌듯해할 수도 있다.

중년이 된 X세대를 대상으로 마케팅을 할 때 가장 먼저 기억해야 할 것이 바로 이것이다. 나이를 잊게 하라는 것! 그들을 타깃으로 한 마케팅의 어려움은 여기서 발생한다. 중년을 위한 제품이지만 중년이란 말을 쓸 수 없다. 중년이라는 말이 들어가는 순간, 타깃 소비자는 자신을 위한 제품이라고 생각하지 않는다.

"나도 이제 아줌마 다 됐어"란 말에는 '나는 아직 아줌마는 아니지'란 속내가 깔려 있다. 아직 자신이 아줌마, 아저씨라는 것을 마음속에선 인정하지 않는 것이다. 기업의 마케팅 메시지가 나에게 아줌마, 아저씨라고 하면 '내가 왜 이런 말을 들어야 하지?'란 반감이 생긴다. 어쩌면 자신에게 하는 말이라는 생각조차 못 할 수도 있다.

홈쇼핑은 전형적으로 중년 여성의 구매 파워가 막강한 채널이다. 아이웨어 브랜드 '서포트라이트'는 눈 건강에 신경 쓰는 소비자를 공략한 안경 3종 세트를 홈쇼핑 최초로 내놨다. 이 안경은 CJ오쇼핑 판매방송에서 대박을 치며 품절 사태까지 낳았다.

그들은 '노안'이라는 표현 대신 블루라이트 차단 기능을 앞세웠다. '눈 건강을 걱정하는 중년'이라는 타깃을 공략하는 대신, '눈 건강'이라는 기능에 집중한 결과다. 거기에 여전히 젊고 아름다움을 간직한 배우 한예슬을 모델로 내세웠다. 중년을 위한 제품이라는 이미지는 전혀 없지만, 눈 건강을 걱정하는 중년 여성들이 이 제품을 앞다투어 구입했다. 스스로를 위한 제품이라고 생각했기 때문이다.

다시 말하지만, X세대는 '나'를 중요하게 생각한다. 그들은 나의 삶을 풍성하고 편리하게 만들어주는 제품, 나를 더 가치 있게 만드는 제품에 기꺼이 투자한다. CJ오쇼핑의 라이센스 브랜드 'VW베라왕'도 좋은 예다. 이 브랜드는 뉴욕에서 활동하는 세계적인 디자이너의 이름을 내세워 고급 브랜드 이미지를 만들었다. 처음부터 프리미엄 전략을 선택했다. 밍크, 천연가죽 등 고급 소재를 사용했다. 천연 악어가죽을 사용한 '베라 리미티드 크로커백'은 판매가가 299만 원이다. 이 제품은 2019년 론칭 방송에서 18분 만에 3억 2,000만 원어치가 판매됐다. 온전히 나를 위해 가치 있는 제품을 선택하는 중년의 소비 파워다.

가장 트렌디한 제품을 제안하라

X세대는 트렌드에 민감하다. 과거 왕성하게 소비문화를 향유했던 흐름을 여전히 이어가고 있다. 새로운 것에 대한 거부감이 적고 유연하게 변화를 받아들인다. 특히 새로운 IT 기술에 대한 적응력이 뛰어나다. 디지털 기기나 신기술에 대한 수용력이 좋다 보니 20~30대를 타깃으로 한 제품에도 열렬히 반응한다. 수많은 소비 트렌드와 신기술의 변화를 겪으며 적응해온 세대이다 보니 어떤 새로운 것이 나와도 겁먹지 않는다. 오히려 가장 먼저 써 보고 가장 먼저 반응한다.

　로봇청소기, 식기세척기. 빨래건조기의 삼신가전에 가장 먼저 반응한 건 귀찮은 집안일 돕기를 빨리 처리하고 한 숨 더 자고 싶은 X세대 남편들이었다. 국내가 더 비싼 한국 브랜드의 대형 TV를 해외에서 직구하기 시작한 것도 X세대 아빠들이다. 집 평수를 늘리며 대형 TV를 구입할 필요성이 생기자 좀 더 싸게 구입하는 방법을 고민한 것이다. X세대 남성들의 커뮤니티를 중심으로 '거거익선(鉅鉅益善 : 크면 클수록 좋다는 뜻, 다다익선의 패러디)'이라는 신조어를 유행시키며 현관문을 통과할 수 있는 가장 큰 사이즈의 TV를 직구로 구입하는 소비 트렌드를 만들어냈다.

이러한 X세대 소비자에겐 20~30대를 위한 제품으로 포지셔닝하는 것이 더 효과적인 접근 방법이 될 수도 있다. 신세계백화점은 2020년 7월 영등포점을 '신세계백화점 타임스퀘어점'으로 리뉴얼했다. MZ세대가 많은 상권 특성을 고려해 이들이 선호하는 스트리트 캐주얼 브랜드와 해외 유명 브랜드로 채웠다. 푸드코트엔 인기 맛집을 대거 입점시켰다. 그 결과 30대 고객 매출이 10%p 증가한 것은 물론, 40대 고객도 20%에서 26%로 늘어났다.[101] 트렌디하고 힙한 것을 좋아하는 X세대가 MZ세대를 타깃으로 한 새로운 변화에 반응한 결과다.

몸매에 자신 있는 10~20대 여성의 전유물이었던 레깅스 패션도 40대까지 확산되고 있다. 운동할 때 입는 옷이었던 레깅스는 여가와 운동이 결합된 '에슬레저Athleisure' 패션이 트렌드가 되며 젊은 여성들의 일상복으로 범위가 넓어졌다. 여기에 코로나19로 인해 집 근처에 잠깐 외출할 때 편하게 입을 수 있는 옷의 수요가 커져 레깅스가 대중화되었다.

이 흐름에 X세대도 동참했다. 한국인 체형에 잘 맞고 노출이 부담스러운 Y존이 잘 커버되는 제품이 나오면서부터다. 이제 레깅스 매장에 가면 40대를 심심찮게 볼 수 있다. 자기관리를 열심히 해 젊은 여성 못잖은 몸매를 유지하는 X세대 여성들이 레깅스 패션에 동참한 것이다.

이처럼 X세대는 젊은 층을 위한 제품이라고 해서 거리를 두지 않는다. 오히려 젊은 층에서 유행한다고 하면 한 번쯤 시도해보려고 한다. 시도해보고 자신에게 필요한 것이고 좋은 것이면 적극적으로 수용한다.

이들은 언제나 새로운 트렌드를 향해 달려들 준비가 되어 있다. 오히려 X세대를 비롯한 중년 소비자 시장을 어려워하는 것은 제품과 서비스 공급자 쪽이다. 중년을 공략할 특별한 마케팅 방법이 따로 있지 않을까 하며 지레 장벽을 치는 것이다.

경험과 가치를 중심으로 재편되는 소비 트렌드

과거 중년 소비자는 시장의 변방에 머물러 있었다. 특히 중년 남성 소비자는 소비의 주체라기보다는 생산의 주체로 인식되어 왔다. 식품이나 의류와 같은 기본적인 생필품에서부터 가전제품이나 주택에 이르는 큰 규모의 소비까지 중년 남성은 소비의 조연으로 취급됐다. 그러나 X세대가 중년으로 접어들며 중년 소비자의 존재감이 달라지기 시작했다.

특히 이 세대에서 비혼과 이혼으로 인한 싱글 인구가 늘어났다는 점이 주목할만하다. 이들은 지금 일생에서 가장 소득이 높고 구매력이 높은 시기를 맞고 있으나 부양가족이 없다. 오로지 자신만을 위해 소비할 수 있다. 이러한 X세대 싱글 소비자가 중년의 소비 트렌드를 이끌고 있다.

이들이 만들어갈 새로운 중년의 소비 트렌드는 필연적으로 경험 중심, 가치 중심이 될 수밖에 없다. 물건을 소유하는 것 자체보다 나를 위한 값진 경험을 더 중요하게 생각한다. 그들이 생각하는 '값진 경험'은 오롯이 자신의 주관적인 판단에 의해 결정된다. 나만의 가치를 위해 소비하는 것이다.

게다가 이들은 일찌감치 소비의 즐거움을 깨달은 세대다. 제품이나 서비스를 단순히 필요에 의해 사는 것이 아니다. 소비의 과정 그 자체를 즐긴다. 이케아 가구를 사서 조립하는 데 즐거움을 느끼는 중년이 나타난 건 그래서다. 이렇듯 지금껏 없었던 새로운 중년, 영 포티가 만들어 갈 경험과 가치 중심의 소비 트렌드가 다가오고 있다.

2.

레트로 마케팅,
향수를 불러일으켜라

세대의 동질감을 만들어내는 시간 브랜드

'시간 브랜드Zeitmarken'라는 개념이 있다. 독일 칼스루에 대학의 마케팅 및 미디어·소비자 문화 교수인 뵈른 보넨캄프Björn Bohnenkamp의 표현이다. 어떤 브랜드는 특정한 시대를 다른 시대와 구별하는 표식이 된다는 것이다. 그리고 특정 시기에 이 브랜드를 함께 경험한 같은 세대에게는 동질성과 소속감을 불러일으킨다. 이러한 시간 브랜드는 보통 미디어 상품(TV 프로그램이나 영화), 장난감, 라이프스타일 제품(패션 등) 등 일상생활과 밀접히 연관된 상품인 경우가 많다.[102]

예를 들어, 삐삐라는 제품은 특정 시기에 삐삐를 사용한 사람들에게 동질감을 부여한다. 우리는 X세대를 '삐삐 세대'라고도 부를 수 있다. 삐삐는 X세대에게 과거의 집단적인 기억을 호출하는 상징이 된다. 동시에 다른 세대와의 차별성을 부여한다. 삐삐를 사용해본 적 없는 세대는 삐삐 세대의 기억에 동참할 수 없다. 삐삐는 X세대가 과거의 추억을 소환하고 이를 통해 동년배들과의 동질감을 형성하도록 하는 그들만의 매개체인 것이다. 그리고 이를 통해 서로 일면식도 없는 수많은 X세대가 밀접하게 연결된 듯한 느낌을 가지게 된다. 시간 브랜드의 이러한 측면을 활용하는 것이 바로 레트로 마케팅이다.

과거와 현재를 연결하는 마케팅

최근 몇 년간 가장 성공한 레트로 마케팅 사례 중 하나가 '진로이즈백'이다. 하이트진로가 2019년 4월 출시한 진로는 출시한 지 1년 만에 3억 병, 16개월 만에 4억 병을 팔아치웠다. 2000년대부터 하이트진로의 참이슬과 롯데음료(구 두산주류, 2009년에 롯데로 인수)의 처음처럼의 양강 구도 속에서 치열했던 저도수 소주의 전쟁은 진로가 출시되며 판이 바뀌었다. 하이트진로의 2020년 3분기 소주 부문 누적 매출은 전년 동기 대비 19.4% 늘어난 반면, 롯데음료 소주 부문의 동기간 매출은 25% 하락한 것으로 나타났다.[103]

진로의 성공은 단순히 옛 디자인을 다시 재현했기 때문만은 아니다. 저도수 소주가 보편화됨에 따라 옛날의 독한 진로가 아니라 16.9도의 저도수로 출시했다. 순하고 부드러운 목 넘김으로 부담 없이 마실 수 있게 했다. 물론 옛 진로 소주의 헤리티지를 되살린 디자인이 가장 큰 몫을 했다. 녹색 소주병 일색인 진열장에서 스카이블루 컬러의 병에 은색 트위스트 캡을 쓴 진로는 단연 돋보인다. 젊은 새대에게는 신선한 디자인으로, 옛 진로를 기억하는 40대 이상 고객에게는 향수를 자극했다.

가장 큰 성공 요인은 MZ세대를 타깃으로 삼았다는 점이다. 귀여운 두꺼비 캐릭터를 앞세워 패션 브랜드와 컬래버레이션을 진행했다. 기존의 소주 판촉이 술집을 돌아다니며 시음을 권하는 것이었다면, 진로는 SNS로 MZ세대와 소통했다. 두꺼비 캐릭터가 다양한 활동을 하는 모습을 꾸준히 업로드하고 있다.

이렇게 쌓은 친숙한 이미지를 바탕으로 굿즈 사업까지 영역을 확장했다. 두꺼비 캐릭터 굿즈를 전문으로 판매하는 '두껍상회'는 줄을 서야 입장이 가능할 정도로 만원을 이룬다. 두꺼비 캐릭터 인형은 없어서 못 산다. 당근마켓에는 웃돈을 주고서라도 두꺼비 인형을 사겠다는 사람들이 넘쳐난다. 과거를 소환하되 요즘 감성에 딱 맞는 방법으로 되살려 낸 레트로 마케팅의 교과서적인 사례다.

한편, 브랜드가 원래 가지고 있었던 상징성을 과거의 향수와 연결해 더욱 강화시키는 전략을 취하기도 한다. 현대자동차의 그랜저 광고 캠페인 '2020 성공에 관하여'는 '그랜저=성공'이라는 오래된 상징을 과거와 현재를 오가며 연결시킨다.

이 광고의 프리론칭 광고에는 1993년을 배경으로 듀스의 〈나를 돌아봐〉 음악에 맞춰 춤 연습을 하는 고등학생들이 등장한다. 한 친구가 다른 친구에게 "우리 이다음에 성공하면 뭐할까?"라고 묻고, 그때 마침 당시 그랜저 모델인 '각그랜저'가 지나간다. 질문을 받은 친구는 웃으며 "그랜저 사야지"라고 답한다. 1990년대에 성공의 척도가 그랜저였음을 보여주는 장면이다.

2020년 시점으로 돌아온 광고는 요즘 시대에 맞는 새로운 성공에 대해 이야기한다. 고전적인 성공(승진한 동창)의 상징으로도 그랜저가 등장한다. 한편, 성공한 유튜버, 몸 관리가 잘 된 중년, 자기 사업을 시작해 회사를 떠나는 박 차장 등 예전의 기준으론 성공이라고 부르기 어려웠던 인물들을 등장시킨다. 성공의 기준은 예전과 달라졌어도, 성공을 나타내는 방법은 30년이 지난 지금도 여전히 그랜저임을 주지시킨다. 그랜저가 성공의 상징이 맞느냐는 논란은 차치하더라도, 브랜드의 상징을 헤리티지와 연결해 풀어낸 방법만은 훌륭했다고 평가할 수 있다.

과거의 고객을 다시 호출하는 레트로 마케팅 기법도 선보였다. 1996년 PC통신 때부터 2000년대까지 인기를 누렸던 게임 〈바람의 나라〉가 2020년 〈바람의 나라 : 연〉으로 리메이크되어 출시됐다. 20여 년 만에 재출시된 이 게임은 40대를 맞은 과거의 이용자들을 타깃으로 '그리웠던 그 순간, 다시 느껴보기 바람'이라는 슬로건을 내걸었다. X세대의 향수를 자극한 이 마케팅으로 100만 명 이상이 사전등록하는 성공을 거뒀다.[104] PC통신에서 시작해 모바일로 다시 돌아온 이 게임이 많은 이용자들의 향수와 반가움을 불러일으켰기 때문이다.

이러한 레트로 마케팅의 잇단 성공에 힘입어 2020년은 레트로 마케팅의 전성기를 맞았다. 롯데제과는 추억의 과자를 모은 '과자종합선물세트'와 옛날과 같은 원형 케이스에 알록달록한 사탕이 담긴 '사랑방 선물'을 재출시했다. SKT는 추억의 브랜드 'SPEED 010', 'TTL', 'june', 'ting' 등의 로고로 디자인된 휴대폰 액세서리를 출시해 향수를 자극했다. LG전자는 '휘센' 론칭 20주년을 맞아 추억의 '골드스타Gold Star'를 되살려냈다. 옛날 골드스타 에어컨에 얽힌 사연을 응모하면 신제품 에어컨으로 바꿔주고, 옛 골드스타 로고가 새겨진 유리컵과 에코백 등 굿즈를 증정하는 이벤트다. 한편, 현대자동차는 1999년 단종된 자동차 '포니'를 전기차로 변신시켜 2021년 선보일 예정이다.

레트로 마케팅이 성공하는 이유

레트로 마케팅은 무엇보다 과거의 향수를 자극한다. 현실의 고단함을 잊고 좋았던 과거를 회상하게 한다. 과거도 마냥 좋지만은 않았을 것이다. 그러나 향수는 과거의 나쁜 기억은 모두 지우고 아름다웠던 것만을 기억하게 한다.

레트로 마케팅을 노스탤지어 마케팅이라고도 한다. 아름다웠던 과거를 현재로 호출하고, 새롭게 포장하여 대중에게 선보인다. 이것은 내가 살아냈던 과거가 자랑스러웠다는 것을 현재로부터 인정받는 것과도 같다. 그래서 노스탤지어 마케팅은 개인에게 자기 긍정감을 높인다. 내가 사회로부터 사랑받고 있다는 느낌을 불러일으키기 때문이다.

지금 X세대를 필두로 레트로 마케팅이 열풍인 것은 그래서다. 장기간의 저성장 기조가 이어지는 가운데 코로나19라는 전대미문의 재난까지 닥쳤다. 이제 중년에 접어든 X세대는 너무 많은 변화를 거쳐왔다. 적응에 적응을 거듭해 살아남았지만 변화의 속도는 거세지기만 한다. 그 와중에 아랫세대는 빠르게 치고 올라온다. 내가 살아낸 시간들에 대한 확신이 없어지고, 미래에 대한 자신감도 떨어진다. 이럴 때 과거를 돌아보게 된다.

X세대가 최고의 전성기를 누렸던 1990년대는 단군 이래 최고의 호황이라고 했을 만큼 풍요롭던 시기다. IMF 외환위기가 닥치기 전까지 그들은 무엇이든 할 수 있다는 자신감에 차 있었다. 현재와 미래의 불확실성이 커질수록 과거는 더욱 매력적으로 느껴지게 마련이다. X세대는 일생 중 가장 행복했던 과거를 호출해 현재의 두려움을 불식시키고자 한다. 이를 통해 내가 잘 살아왔음을 현재에서 확인받고자 하는 것이다.

대표적인 사례가 양준일이다. 특이한 점은 과거의 향수를 자극하기 위해 기획된 마케팅의 결과물이 아니라 네티즌에 의해 발견되었다는 점이다. 양준일의 1990년대 방송 출연 영상이 유튜브에서 젊은 세대의 눈에 띄며 유명해졌다. 양준일이 네티즌 사이에서 '탑골GD'란 별명으로 유명해지자 TV 프로그램에서 미국에 있는 그를 초청해 방송을 내보냈다. 그리고 현재 활동하는 아이돌 가수보다도 비주얼과 퍼포먼스, 패션 감각이 뛰어난 그의 과거는 화제가 됐다. 젊은 세대에게는 신기함과 놀라움의 대상이, 그와 같은 세대인 X세대에겐 뿌듯함의 대상이 된 것이다. X세대에게 양준일은 우리가 옛날에 이렇게 대단했음을 보여주는 상징과도 같다. 그의 뒤늦은 성공에 내 일처럼 울고 웃으며 기뻐한 X세대 팬들이 생겨난 것은 당연한 일이다.

레트로 마케팅은 한때 지나가는 유행이 아니라 큰 흐름이다. 단순히 과거를 소환하는 것에만 그치지 않는다. 과거를 현재로 불러와 새롭게 재창조한다. 이렇게 재창조된 과거의 것들이 현재의 젊은이들로부터 뜨거운 반응을 이끌어낸다. 젊은이들의 반응을 통해 과거의 오리지널을 기억하는 옛 세대는 뿌듯함과 함께 새로운 세대에 대한 동질감도 느낄 수 있다. 이것이 레트로 마케팅이 그저 과거를 소환하기만 해선 성공하기 어려운 이유다.

과거와 현재를 연결하고, 그 안에서 구세대와 신세대가 함께 공감할 수 있도록 해야 한다. 그래야 성공한 레트로 마케팅이 될 수 있고, 이 시대에 의미 있는 마케팅이 될 수 있다.

3.

브랜드 충성도가 높다는 점을 공략하라

선택지가 넘쳐나는 시대의 브랜딩

상품이 넘쳐난다. 우리는 지금 넘쳐나는 상품에 둘러싸여 살아가고 있다. 당장 쿠팡에 접속해서 '휴지'를 검색하면 141만 4천여 개의 검색결과가 뜬다. 휴지 하나를 사려 해도 140만 개의 선택지가 있는 세상인 것이다. 상품이 다양해진다고 소비자가 무조건 좋은 것은 아니다. 선택지가 다양할수록 스트레스를 겪기 때문이다. 이와 관련된 유명한 실험이 바로 스탠포드 대학원생이었던 쉬나 아이엔가Sheena Iyengar의 잼 선택 실험이다.

하루에 잼 24가지를 전시한 날과 6가지를 전시한 날을 비교했다. 사람들은 6가지의 잼을 전시한 날보다 24가지의 잼을 전시한 날 더 많은 관심을 보였다. 그렇지만 판매는 6가지만 전시한 날에 더 잘 됐다. 24가지를 전시한 날엔 시식자의 3%만 구매했고, 6가지를 전시한 날엔 30%가 구매했다. 6가지만 판매한 날 10배 더 잘 팔린 것이다.

초콜릿 선택 실험도 있다. 6가지 초콜릿 중에 하나를 선택한 사람은 30가지 초콜릿 중 하나를 선택한 사람보다 훨씬 만족도가 높았다. 선택지가 많은 것은 선택을 어렵게 할 뿐만 아니라, 선택에 대한 만족도도 떨어뜨린다. '다른 것을 선택하는 게 더 낫지 않았을까' 하는 후회를 남기기 때문이다.

코스트코의 성공 비결은 선택지를 좁힌 데 있다. 코스트코에서 쇼핑을 하면 한 가지 상품군에서 고를 수 있는 브랜드의 수가 매우 제한적이다. 한 가지 내지 두 가지에 그친다. 용량도 선택할 수 없는 경우가 많다. 소비자는 살지 말지, 몇 개를 살지만 결정하면 된다.

〈백종원의 골목식당SBS〉을 보면 장사가 안 되는 가게는 메뉴가 많다. 누구에게도 외면받고 싶지 않아 다양한 메뉴를 구비하는 건 두려움 때문이다. 백종원 대표가 솔루션에 착수하면 가장 먼저 메뉴의 숫자를 줄인다. 제일 잘할 수 있고, 시그니처가 될 만한 메뉴 2~3개만 남기고 모두 없애버린다. 모두를 만족시키려고 하다간 누구도 만족시킬 수 없다는 게 핵심이다.

마트를 가든 인터넷 쇼핑 플랫폼을 보든 상품이 넘쳐난다. 메뉴가 너무 많다. 그 속에서 제품을 팔아야 하는 판매자들은 소비자의 마음에서 메뉴를 줄이는 작업을 해야 한다. 소비자의 의사결정 과정에서 선택지를 좁히는 역할을 하는 것이 바로 브랜드다. 사람들은 각자의 상품군에서 선호하는 브랜드를 이미 결정해둔 경우가 많다. 마트에 가서 라면을 살 때 진라면을 살지 신라면을 살지 이미 마음속에 정해져 있다. 아이폰을 쓰는 사람은 갤럭시 신제품이 나와도 눈길조차 안 준다. 지금처럼 무수한 상품으로 넘쳐나는 세상에서 경쟁력을 가질 수 있는 방법은 강력한 브랜딩뿐이다.

브랜딩이란 브랜드의 철학을 정립하고, 그 철학을 상품과 서비스, 광고를 비롯한 기업의 활동을 통해 드러내고, 이를 통해 소비자가 브랜드의 철학에 동의하고 참여하도록 만드는 일련의 과정을 말한다. 현대 사회에서 소비는 나를 드러내는 행위다. 내가 사는 제품과 서비스는 내가 누구인지를 말해준다.

명품 브랜드 루이비통Louis Vuitton 가방을 구입하는 사람과 업사이클링 브랜드 프라이탁Freitag을 사는 사람은 다르다. 이제 소비를 통해 내 지위를 드러내기는 어려워졌다. 돈이 없는 대학생도 아르바이트를 해서 루이비통을 살 수 있고, 연봉이 1억이어도 프라이탁을 들고 다닌다. 이제 소비가 드러내는 건 나의 가치관이다.

미국을 'WHY' 신드롬에 빠뜨린 세계적인 강연가이자 리더십 전문가인 사이먼 시넥Simon Sinek은 이렇게 말한다. 소비자는 'What'이 아니라 'Why'를 보고 구매한다고. 어떤 제품인지를 보고 사는 게 아니라 '왜 만들었는지'를 보고 산다는 말이다. 이제 하이테크를 요구하는 특수한 분야를 제외하면 제품의 질은 상향평준화되었다. 소비자는 제품 그 자체를 사는 것이 아니라 그 안에 담긴 철학을 소비한다. 소비가 나의 가치관을 드러내는 행위가 되었으니 당연한 일이다. 브랜드의 철학과 나의 신념이 일치할 때 소비자는 소비를 결정한다. 단순히 구입하는 것을 넘어 브랜드의 열렬한 팬이 되기도 한다.

자신만의 분명한 철학을 가진 브랜드는 모두를 만족시키려고 하지 않는다. 그들은 모두를 만족시키려다간 무엇도 되지 않는다는 걸 안다. 대신 브랜드와 철학이 일치하는 소비자를 만족시키고자 한다. 그러려면 브랜드의 메시지는 점점 뾰족해질 수밖에 없다. 이러한 브랜드에 핵심 소비자는 열광한다. 그 브랜드가 나만을 위한 브랜드라고 느끼게 된다. 다른 브랜드와 차별성을 갖게 되는 순간이다. 열렬한 팬을 가진 브랜드들은 이러한 과정에 성공한 브랜드들이다.

브랜드의 팬이 되면 브랜드와 감정적인 애착관계를 형성하게 된다. 그들은 단순한 소비자를 넘어선 것이다. 브랜드의 모든 것을 이해하고 지지한다. 심지어 단점도 장점으로 승화시켜 받아들인다. 브랜드가 잘못을 해도 너그럽게 용서할 뿐만 아니라 적극적으로 옹호하기도 한다.

애플의 팬을 가리키는 '앱등이'도 애플의 단점을 지적하는 글에 옹호하는 반박 댓글을 열심히 다는 열성 팬들을 비꼬는 말에서 시작됐다. 브랜드가 열성적인 팬을 얻는다는 것은 강력한 옹호자를 얻는 것과 같다. 이들은 스스로 브랜드를 홍보하기 때문에 브랜드의 가치를 더 멀리 전파하는 데에도 매우 강력한 무기가 된다.

자신만의 철학으로 차별화한 브랜드

브랜드의 명확한 철학과 그에 열광하는 팬을 가진 대표적인 브랜드가 바로 애플Apple이다. 스티브 잡스가 애플을 떠났다가 다시 돌아온 뒤 처음으로 선보인 캠페인 '다르게 생각하라Think Different'를 소개하며 직원들을 대상으로 한 연설이 있다. 그는 이렇게 말한다.

> "우리는 믿습니다. 열정을 가진 사람들이 세상을 좀 더 나은 곳으로 만드는 것이 가능하다고. 그것이 우리의 신념입니다. (…) 그래서 우리는 믿습니다. 자신이 세상을 좀 더 나은 곳으로 만들 수 있다고 믿을 만큼 미친 사람들이 실제로 세상을 바꾼다는 것을요. (…) 본질과 핵심 가치, 그것들은 바뀌면 안 됩니다. 애플이 믿었던 것들, 애플의 본질은 오늘 우리가 존재하는 이유와 동일합니다."

이러한 철학을 토대로 만들어진 '다르게 생각하라' 캠페인은 세상을 바꾸는 새로움을 추구한 사람들에 대한 존경과 찬사를 담고 있다. 그리고 애플은 이런 남다른 생각을 하는 사람들을 위해 남다른 제품을 만든다는 것을 보여준다.

아인슈타인의 흑백사진에 애플 로고, 그리고 'Think Different'라는 슬로건이 적힌 광고에 수많은 사람들이 열광했다. 이때부터 애플의 충성팬들이 생겨났다. 이후 애플은 아이폰을 비롯한 수많은 혁신을 선보이며 브랜드 팬들의 충성도를 더욱 확고히 했다. 단순한 슬로건에 그치지 않고 진짜로 세상을 바꿀 수 있음을 보여줬다. 전 세계인의 삶의 모습을 완전히 변화시킨 아이폰을 통해서 말이다.

'몰스킨Molskine'이라는 유명하고 비싼 노트가 있다. 들춰보면 사실 별것 없다. 하드커버에 200쪽짜리 무지 노트다. 그런데 한 권에 2만 원이

나 한다. 그래도 사람들은 몰스킨을 산다. 전 세계적으로 연간 1,000만 개의 판매량을 자랑한다. 몰스킨을 검색하면 관용어구처럼 '헤밍웨이와 피카소가 썼던 노트'란 말이 나온다. 몰스킨은 고흐, 헤밍웨이, 피카소 등 예술가와 작가들이 사용했던 브랜드로 알려지며 전성기를 맞았다.

몰스킨은 예술가의 이름을 빌려 자신들의 노트를 창의적인 사람들의 영감을 적는 노트로 재탄생시켰다. 고객의 범위도 더욱 좁게 정의했다. 모든 사람을 위한 노트가 아닌 크리에이티브한 일을 하는 사람들을 위한 노트로 이미지를 만들어나갔다. 몰스킨의 SNS엔 건축가와 디자이너, 작가, 예술가 등 크리에이티브한 일을 하는 사람들의 스토리가 끊임없이 업로드된다.

스스로 자신을 크리에이티브한 사람이라고 생각하는 사람들은 좀 더 비싼 가격을 지불하고 기꺼이 몰스킨을 산다. 노트를 단순히 스케줄 적는 종이로 생각한 것이 아니라 크리에이티브가 펼쳐지는 장으로 관점을 바꾼 덕이다. 종이가 필요한 온 세상 모든 사람을 포기한 대신 열성적인 브랜드의 팬을 얻었다.

'미치도록 좋아하거나, 미치도록 싫어하거나You either love it or hate it.' 영국 스프레드 브랜드 '마마이트Marmite'의 슬로건이다. 다수를 포기하고 소수를 만족시키는 전략을 극단적으로 밀어붙이는 브랜드다. 빵에 발라먹는 이 음식은 무척 짠 맛이 나고 냄새가 고약해서 우리나라의 홍어 같은 느낌이라고 한다. 엄청나게 싫어하는 사람이 있는 반면 엄청나게 좋아하는 팬들도 있다.

마마이트는 우리 제품을 알아주는 고객을 우선순위로 둔다. 싫어하는 사람들을 위해 맛을 완화하지도 않는다. 싫어하는 사람을 위해 노력하기보단 열렬한 팬의 충성도를 유지하는 것. 그게 마마이트의 전략이다. 모두의 마음에 들려고 기존의 정체성을 바꾸다간 팬과 새로운 고객 모두 잃어버릴 수 있다는 것이다.

국내에도 브랜드의 핵심 가치에 집중하며 위기를 극복하는 브랜드가 있다. 블랙야크는 브랜드의 핵심가치인 알피니즘Alphinism(모험적이고 스포츠적인 등산을 통해 즐거움을 찾는 도전적인 태도) 확산을 위해 노력하고 있다. 2015년부터 BACBlackyak Alpine Club(블랙야크 알파인 클럽)란 커뮤니티를 만들어 투자하고 있다. '100대 명산 챌린지' 프로그램을 만들어 챌린지를 신청한 회원에겐 인증 타월을 제공한다. 커뮤니티 회원이 정상에서 인증샷을 찍어 업로드하면 10좌를 완등할 때마다 인증 패치를 준다. 100좌를 다 완등하면 행사에 초청해 완주증을 수여한다.

이 커뮤니티의 회원은 코로나19로 인해 등산이 다시 유행하던 2020년 6월 16만 명을 돌파했다. 포털 검색창에서 블랙야크를 입력하면 자동으로 '100대 명산'이란 키워드가 딸려 나온다. 등산을 좋아한다면 '100대 명산 챌린지'는 꼭 한 번 도전해봐야 할 것이 됐다. 그리고 지속적인 하락세를 기록하는 아웃도어 시장에서 블랙야크는 등산 좀 한다는 사람들에게 인정받는 브랜드로 자리 잡았다. 등산광으로 유명한 문재인 대통령의 착용 사진이 보도되며 품절 사태가 벌어지기도 했다. 언제 성과가 날지도 모르는 브랜드 철학 확산에 수년간 투자한 결과다. 브랜드 가치에 들인 시간들이 모여 브랜드의 정체성을 더욱 단단하게 만들어준 것이다.

한편, 타깃을 명확하게 설정하고 그들을 위한 가치에 집중하여 성공을 거둔 브랜드도 있다. 필자가 마케팅을 담당했던 캐주얼의류 브랜드

'마인드브릿지'가 그것이다. 마인드브릿지는 '일하는 사람들을 위한 브랜드'라는 철학을 가지고 있다. 일하는 사람들이 일에 집중할 수 있도록 편안하면서도 세련된 의류는 물론, 그들의 지적(知的) 성장을 돕는 인문학 콘서트 등도 꾸준히 운영한다. 옷만 파는 것이 아니라 일하는 사람들의 성장과 삶에 도움이 되고자 하는 것이다. 2014년에는 '뜻밖의 퇴근'이라는 영상 캠페인을 공개하기도 했다. 출근할 때부터 퇴근하고 싶은 직장인의 심리를 캐치한 이 영상은 160만 회의 조회 수를 기록했다.

2018년엔 취준생을 응원하는 '뜻밖의 스펙' 캠페인을 진행했다. 한 취준생이 스펙 분석기가 놓인 방으로 들어선다. 터치스크린에 학력, 학점, 외국어 점수 등 스펙을 신중하게 입력하는 취준생. 스펙을 모두 입력하고 분석을 기다리는 순간, 화면에 '아직 입력하지 않은 스펙이 남아 있습니다'라는 문구가 나타난다. 주인공을 잘 아는 지인들이 화면에 등장해 주인공의 뜻밖의 스펙, 즉 점수로 환산할 수 없는 '능동적인 마인드', '빠른 순발력' 등을 이야기해준다. 취업전쟁이 스펙전쟁이 되고 스스로를 점수화해야 하는 취업준비생들에게 그럼에도 가장 중요한 스펙은 자기 자신임을 일깨우고 자존감을 돋우는 캠페인이다. 곧 일하는 사람이 될 미래의 타깃을 겨냥한 이 캠페인은 208만 회의 조회 수를 기록하며 화제를 모았다.

마인드브릿지는 유니클로 등 저가 SPA의 공세로 캐주얼 시장이 어려움을 겪는 와중에도 홀로 지속적인 성장을 거듭했다. 2019년엔 단일 브랜드로 1,200억 원의 매출을 올렸다. '일하는 사람들'로 타깃을 좁혔지만 브랜드의 정체성이 더욱 선명해진 결과다. '일하는 사람들'을 위한 제품과 캠페인에 집중한 결과, 이제 마인드브릿지는 옷을 사려는 직장인이면 한 번씩은 들러보는 브랜드가 되었다. 거기에 창조적인 일을 하는 사람들을 위한 'YOUTH', 프리랜서 등 이동하며 일하는 디지털 노마드 워커를 위한 'F.O.W' 등 '일하는 사람들을 위한 브랜드'라는 철학을 지키면서도 라인을 익스텐션하는 전략으로 성장을 지속하고 있다.

브랜드 충성도가 높은 X세대

X세대는 모든 세대 중 최고의 브랜드 충성도를 갖고 있다고 한다.[105] 빅데이터 플랫폼 모바일인덱스가 2020년 9월 국내 '패션앱 사용자 현황'을 분석한 바에 따르면, 4050세대 이용률이 높은 앱일수록 사용시간과 사용일수가 많았다. 사용시간 1위 '하프클럽'은 1인당 월평균 1.8시간 사용한 것으로 나타났다. 2위를 차지한 '지그재그'와 비교하면 42분 더 길다. 또한 'LFmall'은 1인당 평균 사용일수가 가장 많은 7.2일을 기록했다. 참고로 하프클럽과 LFmall은 40대 이용자 비율이 높고, 지그재그는 20대 비중이 높다.[106] X세대와 한 번 좋은 관계를 맺고 나면, 그들은 여간해선 이탈하지 않을뿐더러 높은 충성도를 유지할 것이다.

사실 X세대는 어려서부터 브랜드로 자신을 표현했던 세대다. 이들이 리바이스 청바지를 입고 싶어했던 것은 단순히 청바지가 예뻐서가 아니었다. "양복? 죽어도 안 입어. 난 나야"라고 말하던 리바이스의 메시지에 공감했기 때문이다. X세대가 리바이스를 입는 것은 기성 질서에 반항하는 것을 뜻했다. X세대는 일찌감치 나의 철학을 대변하는 브랜드를 선택하는 소비 성향을 보였다. 이들은 모두 아이리버를 쓰던 2000

년대 초반 아이팟i-Pod으로 음악을 들었고, 아이폰이 출시되자마자 매장으로 달려갔던 앱등이 1세대이기도 하다.

브랜드의 가치에 공감하고, 브랜드를 통해 나의 가치관을 드러내는 데에도 익숙한 X세대가 가장 파워풀한 소비자로 부상했다. 브랜드 충성도가 낮아 이탈율이 높은 Z세대와 달리, X세대는 충성도도 높다. 이들은 한 번 브랜드의 팬이 되면 여간해선 마음을 바꾸지 않는다.

브랜드가 X세대 소비자에게 주어야 할 것은 당위성이다. 이 브랜드를 구입하는 것이 나의 가치관에 부합하는지, 그리고 그것이 나와 남들을 차별화할 수 있는 요소인지가 중요하다. 확고한 철학을 가진 브랜드가 '우리는 왜 만들어졌는지'를 X세대 소비자에게 설득하고 공감을 이끌어낼 수 있다면, X세대 소비자는 브랜드의 가장 강력한 지지자가 되어줄 것이다.

4

구독경제 모델로
긴밀한 관계를 구축하라

완전히 새로운 구독서비스의 등장

'구독경제'가 뜨고 있다. 구독경제란 일정 금액을 내고 제품이나 서비스를 정기적으로 받아보는 것을 말한다. 영문 그대로 읽어 '서브크립션Subcription'이라고 부르기도 한다. 신개념 유통 서비스라고 얘기하기도 하는데, 사실 구독경제는 전혀 새로운 것이 아니다.

오래전부터 우리는 매일 아침 집 앞으로 배달되는 신문을 읽고 우유를 마셨다. 달라진 것은 업종이다. 전통적으로 구독의 영역에 있던 업종들이 쇠퇴하고, 상상하지 못했던 새로운 분야에서 새로운 플랫폼을 통해 정기구독 모델이 나타나고 있다. 그래서 새로운 것처럼 보인다. 사실

정기구독 모델은 꽤 오래된 비즈니스 모델이다.

전통적인 비즈니스 모델인 구독경제가 새롭게 느껴지는 것은 몇 가지 이유 때문이다. 첫 번째는 구독모델이 적용되는 업종이 매우 다양해졌다는 것이다. 생각해보면 우리가 일상적으로 사용하는 넷플릭스나 멜론 같은 서비스는 한 편을 볼 때마다, 혹은 한 곡을 들을 때마다 비용을 지불하지 않는다. 매월 일정 금액을 지불한다. 일종의 구독경제 모델이다.

마이크로소프트 오피스나 어도비 같은 소프트웨어도 구독모델로 전환하고 있다. 처음 구입할 때 큰돈을 내는 대신 정기 결제 시스템을 도입했다. 욕실 청소와 같은 서비스 상품에 구독모델을 도입한 사례도 있다.

두 번째는 대기업의 진출이다. 기존의 구독모델이 신문이나 우유 같은 단일 제품에 특화된 비교적 작은 기업의 전유물이었다면, 이제는 대기업이 본격적으로 구독경제에 뛰어들고 있다. P&G나 마이크로소프트, 현대자동차와 같은 글로벌 기업이 그 예다.

마지막으론 구독모델이 맞춤형으로 진화하고 있기 때문이다. 온라인을 통해 고객에 대한 자세한 정보 수집이 가능해지면서, 고객의 니즈를 좀 더 정교하게 충족시킬 수 있게 됐다. 이제 구독모델은 고객의 취향과 기호에 맞는 제품과 서비스를 제공하는 맞춤형이 대세가 되어가고 있다. 이러한 변화가 구독경제를 전혀 새로운 비즈니스로 인식되도록 만들었다.

앞에서 주지하였듯이, 브랜드와 상품이 넘쳐나는 지금 소비자의 눈에 띄는 것은 몹시 어려운 일이 되었다. 특히 우리나라와 같이 인구가 꾸준히 줄어드는 상황에서 시장이 확대되리라고 기대하기는 더욱 어렵다. 신규 고객을 창출하는 데 노력을 쏟기보단 기존 고객과의 관계를 더 단단히 유지하는 것이 현명할 수 있다. 기업들이 구독모델을 채택하는 배경에는 이러한 판단이 숨어 있다.

거기에 모바일이 고객과의 가장 중요한 접점으로 부상한 것도 한 이유다. 스마트폰을 통해서라면 소비자와 지속적인 관계를 맺는 구독모델에 진출하기가 훨씬 수월하다. 새로운 소비자를 공략하기보단 기존의 소비자와 장기적인 관계를 맺는 것이 더 중요한 시대가 다가오고 있다.

고객과 직접 연결하고 경험을 제공하는 구독모델

P&G가 구독모델을 채택하게 된 것은 플랫폼에 대한 두려움 때문이다. 아마존의 대시버튼이나 알렉사 같은 서비스를 이용하면 세탁세제나 휴지 같은 생필품을 자동으로 주문할 수 있다. 소비자의 결정 과정에 브랜드가 개입할 여지가 없어진다. 게다가 아마존이나 월마트 같은 대형 유통 플랫폼들이 앞다투어 PBPrivate Brand(유통사에서 만든 자체 브랜드) 상품을 확장시켜나가는 것도 심각하게 받아들였다. 눈앞의 매출을 얻고자 플랫폼에 전적으로 의지하는 것은 위험하다고 판단했다. 고객과 직접 연결되는 유통모델을 가져야겠다는 전략을 수립하고, 그 방법으로 구독모델을 도입했다.

P&G는 '질레트셰이브클럽Gillettee Shave Club'을 론칭해 저렴한 가격에 질레트 면도날을 정기적으로 배송해주는 구독서비스를 선보였다. 세탁세제 타이드Tide도 비슷한 시도를 했다. 세탁세제는 주기적으로 구매가

이뤄지는 제품이라는 점에 주목했다. 2016년 타이드를 정기적으로 배달해주는 '타이드워시클럽Tide Wash Club' 서비스를 테스트하기 시작했다. 한발 더 나아가 타이드와 세탁소, 소비자를 연결하는 '타이드스핀Tide Spin' 서비스를 시작했다. 소비자의 세탁물을 픽업해서 세탁소에 갖다주고, 세탁이 완료되면 다시 소비자에게 배달해주는 서비스다. 핵심은 고객과 직접 연결되는 핫라인을 구축하겠다는 것이다.

자동차 업계에도 구독모델이 도입되고 있다. 자본주의 사회에서 대표적으로 부와 지위의 상징이 된 자동차를 소유가 아니라 경험의 관점에서 접근한다는 점이 흥미롭다. 현대자동차는 독일에서 2020년 10월부터 구독 서비스 '오토 아보Auto Abo'를 시작했는데, 한 달 만에 140건의 계약이 성사됐다. 오토 아보는 최대 3개월간 차량을 빌려 사용할 수 있는 구독서비스로 현대자동차 i10의 경우 한 달에 주유비를 제외한 비용이 190유로(약 25만 원) 수준이다. 현대자동차는 독일 사례를 토대로 구독서비스를 유럽 전역으로 확대할 계획이다.[107]

이 외에도 자동차 구독서비스를 도입한 기업은 많다. 포르쉐의 '패스포트Passport' 프로그램의 구독료는 정비, 보험, 자동차세, 세금을 포함해 월 2,000달러부터 시작한다. 포르쉐의 6가지 모델을 바꿔가며 이용할 수 있다. 캐딜락의 구독모델은 현재 출시된 모든 자동차를 다 이용할 수 있는데, 한 달에 1,800달러를 내면 된다. 포드의 '캔버스Canvas' 프로그램은 월간 일정액의 마일리지 프로그램을 선택하게 된다. 그 달에 사용하지 못한 마일리지는 다음 달로 이월할 수 있다. 볼보는 2023년엔 차량 5대 중 1대는 구독 방식으로 공급될 것으로 예상하고 있다.

자동차 구독 프로그램이 리스와 다른 점은 여러 가지 차량을 이용할 수 있다는 것과 언제든 구독을 해지할 수 있다는 점이다. 차량을 소유할 때 생기는 성가신 등록, 보험, 정비 등을 소비자가 부담할 필요도 없다. 소비자는 자동차가 필요한 시점에만 자동차를 잠시 이용했다가 다시 반납할 수 있다. 자동차를 구입하기 전 여러 종류의 자동차를 내 차처럼 몰아보며 비교하는 기회로 삼을 수도 있다. 자동차를 '소유하는 것'이 아니라 '타는 것'으로 바라본 결과다. 이러한 경향이 확대되며 시장조사 기관 테크내비오는 2023년까지 전 세계 자동차 구독 시장이 78억 8,000만 달러(약 8조 7,230억 원)까지 성장할 것으로 전망하고 있다.

구독경제가 급속도로 성장하고 있는 일본에선 이제 맥주도 구독해서 먹는다. 기린맥주에서 제공하는 '홈탭HomeTap'은 가정용 맥주 케그를 대여해주고 전용 맥주인 '기린이치방시보리 프리미엄'을 탱크째 매달 집으로 배송해준다. 홈탭은 '새로운 맥주 체험New eer Experience'을 표방한다. 월 구독료는 7,500엔. 매달 약 7만 7,000원이 든다. 결코 저렴한 비용이 아님에도 공장에서 바로 배달되는 신선한 맥주를 맛보는 경험을 하고 싶은 소비자들이 대거 몰렸다. 기린 측은 홈탭의 물량이 달려 신규가입을 중단하고 사전 회원가입 예약을 받아야 했다.

한국에서는 구독모델이 개인의 취향에 맞춰 큐레이팅하는 방향으로 진화하고 있다. 와인 구독서비스 '퍼플독Purple dog'은 월정액 금액에 따라 1~3병의 와인을 매달 집으로 정기 배송해준다. 이 서비스에 가입할 때 평소 자신이 좋아하는 와인 취향에 대해 디테일한 질문에 답변하게 된다. 이 답변을 토대로 소비자가 좋아할만한 와인을 매달 골라서 배송해준다.

매달 배달되는 와인을 먹어보고 평가를 남길 수도 있다. 이 평가는 기존 고객 데이터에 더해져 더욱 디테일한 취향 분석을 하는 자료가 된다. 이러한 상호 피드백을 통해 기업은 소비자의 기호를 더욱 잘 파악하고 고객의 니즈에 꼭 맞는 맞춤형 서비스를 제공할 수 있다.

X세대를 공략하는 '나만의 맞춤 서비스'

구독모델은 기업에게 여러 가지 장점을 제공한다. 수익의 측면에선 일단 중장기적인 매출 예측이 가능하다. 한 번 가입한 고객은 당분간 서비스를 이용할 것이란 예측이 가능하기 때문이다. 한동안의 매출을 미리 예측해 경영 계획을 세울 수 있다.

두 번째론 지속적인 수익 증대가 가능하다. 한 번 가입한 고객을 대상으론 신규가입 캠페인을 벌일 필요가 없다. 매번 새로운 고객을 유입시켜야 하는 일반적인 이커머스와 비교하면 엄청난 장점이다. 한 명을 가입시키기 위한 비용이 많이 들더라도, 이 비용은 고객의 회원 유지 기간이 길어질수록 상쇄된다. 고객 1명에게서 발생하는 이익이 점점 늘어나는 것이다.

공급자 관점에서 구독모델의 가장 큰 장점은 엄청난 데이터를 확보할 수 있다는 점이다. 퍼플독의 사례에서 알 수 있듯 구독모델 하에선 기업과 소비자 간 끊임없는 상호작용이 발생한다. 일반적인 이커머스와 비교하면 고객 데이터의 질과 양이 압도적으로 뛰어나다. 이 데이터를 활용해 고객의 취향에 딱 맞는 서비스를 지속적으로 제공할 수 있고, 이는 꾸준한 구독율을 유지하는 원동력이 된다. 즉, 확보된 고객 데이터를 기반으로 얼마나 철저히 고객 맞춤형 서비스를 제공할 수 있느냐가 사업의 성공여부를 결정하게 된다.

X세대는 나를 중요하게 생각한다. '나만을 위한 맞춤 서비스'는 그들이 가장 좋아하는 것이다. 나만을 위한 서비스라면 조금 비싼 비용도 받아들인다. 게다가 X세대는 브랜드 충성도도 높다. 한 번 구독서비스의 회원이 되고 나면 웬만해선 이탈하지 않을 확률이 높다. 확보된 X세대 고객을 유지하는 방법은 그들에 대한 철저한 분석과 이를 통한 맞춤형 서비스를 제공하는 것이다.

이는 X세대 고객만을 위한 것은 아니다. 이미 관계 맺은 고객에 대한 디테일한 파악은 모든 비즈니스의 기본이 되었다. 계속해서 낯선 고객을 대상으로 제품을 팔고 있다면 가까운 미래에는 비즈니스를 지속하지 못할 수도 있다. 지금 구독경제가 뜨는 이유다.

5. | 강렬한 경험으로 브랜드를 각인시켜라

경험은 뇌에 깊은 발자국을 남긴다

SNS를 중심으로 해외여행을 갈 때 향수를 사서 여행 내내 그 향수를 뿌린다는 내용의 여행팁이 크게 유행한 적이 있다. 한 연예인이 방송에서 자신의 경험담을 공유하면서 화제가 됐는데, 이전부터 같은 방법으로 여행을 즐기는 사람이 많다는 사실이 알려졌다.

여행지에서 맡았던 향은 내가 일상으로 돌아와도 향을 맡을 때마다 여행지의 추억을 떠올리게 한다. 현실에서 잠시 여행지로 도피하고 싶은 마음을 향수를 통해 달랠 수 있다. 향이 여행지의 기억을 더욱 생생하게 되살리는 것이다.

이처럼 경험은 힘이 세다. 세계적인 광고 리서치 회사 밀워드브라운 Milward Brown은 물질적인 매체가 뇌에 더 '깊은 발자국'을 남긴다는 사실을 밝혀냈다. 연구진은 종이 광고와 화면을 통해 전송되는 광고를 참가자에게 보도록 하고, MRI로 뇌의 활성화 정도를 측정했다. 연구결과 뇌는 종이 광고를 더 사실적으로 받아들였다.

실제로 만질 수 있는 매체는 뇌에 더 많은 활동을 불러일으켰다. 뇌에 실질적인 공간을 차지하는 공간기억 네트워크와 연결되어 기억에 더 잘 남는 것이다. 또한, 뇌의 감정적 처리 과정을 담당하는 부분도 물질적인 광고에 더 많이 반응했다. 종이 광고가 정서적으로 더 생생한 기억을 남기는 역할을 했다.[108]

마케팅 영역에서 경험의 중요성이 점점 더 커지고 있다. 이커머스가 발달하고 언택트Untact(직접 접촉하지 않고 상품이나 서비스를 판매하는 비대면 마케팅 방식)가 대세가 되어도 기업들이 오프라인을 포기할 수 없는 건 그래서다. 오감을 통해 브랜드를 경험할 때 소비자의 뇌에 가장 생생하게 브랜드를 각인시킬 수 있음을 알기 때문이다. 소비자와의 접점 찾기가 더욱 어려워진 요즘, 브랜드는 소비자와 잠깐 접촉하는 그 순간 가장 강력한 경험을 제공하고자 한다.

잊을 수 없는 강렬한 경험을 제공하라

경험의 강력한 힘을 일찍부터 깨우쳤던 브랜드가 바로 '러쉬Lush'다. 러쉬는 영국에서 탄생한 핸드메이드 코스메틱 브랜드다. 러쉬는 지난

3~4년간 꾸준히 매출이 증가하고 있다. 2018년 글로벌 매출은 9억 2,930만 달러(한화 약 1조 931억 원)에 달했다. 같은 해 한국법인 러쉬코리아의 매출도 762억 원으로 전년대비 16% 성장했다.[109] 일반적인 화장품 업계의 마케팅 공식을 거스르는 방법으로 승승장구하고 있어 더 눈에 띈다. 인지도 높은 모델을 활용하지도, 대대적인 TV 광고를 하지도 않고 거둔 성과다.

러쉬의 매장은 가장 강력한 광고 수단이다. 매장 앞을 지나다 보면 강렬한 향이 발걸음을 멈추게 만든다. 매장 내에는 알록달록한 컬러의 목욕용품과 스킨케어 제품이 가득하다. 소비자는 러쉬 매장에서 마음껏 제품을 사용해볼 수 있다. 핸드메이드 제품이라 비뚤비뚤 제각기 다른 모양의 비누로 손을 씻어 보고, 러쉬의 상징인 검은색 용기에 담긴 로션도 발라본다. 매장이라기보단 놀이터에 가깝다. 충분한 경험을 한 소비자는 빈손으로 매장을 나오기 어렵다. 강렬한 자극이 소비를 이끄는 대표적인 사례다.

경험의 가치를 극대화해 주목받기 시작한 또 다른 사례가 있다. 취향을 설계하고 라이프스타일을 제안하는 공간으로 변신에 성공한 일본의 '츠타야서점'이 그것이다. 츠타야서점은 책을 매개로 다양한 라이프스타일을 경험할 수 있도록 매장을 설계했다. 푸드 코너에서 요리책을 고른다면, 옆에 진열된 파스타 면이나 프라이팬, 다양한 소스류도 함께 구입할 수 있다. 요리책을 구입하는 사람은 단지 책만 원하는 게 아니라는 것을 간파한 결과다. 츠타야서점은 단지 요리 '책'을 제공하는 것이 아니라 '요리'라는 경험과 관련된 폭넓은 라이프스타일을 제안하는 공간이고자 한다.

이러한 라이프스타일 제안을 위해 츠타야서점의 각 코너에는 '컨시어지Concierge'라고 불리는 직원들이 있다. 이들은 단지 책만 찾아주는 점원이 아니다. 여행기자 출신의 여행 컨시어지가 여행코스 짜기를 도와주고, 바로 옆에 있는 여행 에이전시와 연결해 예약까지 한 번에 해결할 수 있다. 재즈 바를 운영했던 경험이 있는 컨시어지가 새로운 음반을 추천해주기도 한다. 해당 분야의 전문가들이 고객이 좀 더 깊은 경험을 할 수 있도록 돕는 것이다. 이는 서점을 단순히 책 파는 장소가 아니라 고객들이 라이프스타일을 발견하고 선택하는 장소로 재정의했기 때문에 가능한 일이다.

국내에선 '최인아책방'이 또 다른 경험의 공간으로 서점을 재정의한다. 카피라이터이자 삼성의 첫 번째 여성임원으로 알려졌던 최인아 대표가 2016년 오픈한 공간이다. 이 서점의 캐치프레이즈는 '생각의 숲'이다. 생각의 깊이를 더해주는 공간이 되겠다는 것이다. 그 취지에 맞게 책을 분류하는 방법을 새롭게 바꿨다.

보통 서점이 인문·경영, 에세이, 소설 등과 같이 도서를 분류한다면 이 서점은 다른 관점으로 책을 큐레이션한다. '혼자 있는 시간을 어떻게 하면 잘 보낼까?', '특히 생각하는 힘을 키워주는 책', '무슨 일을 하든 글쓰기가 중요하다' 등과 같은 분류가 그것이다.[110]

최인아책방을 채운 1,600여 권의 책 중 3분의 1은 지인들의 추천서다. 이렇게 추천된 책엔 '디자이너 ○○○가 추천하는 책'이나 '카피라이터 ○○○가 권하는 책'과 같은 인덱스가 붙어 있다. 추천인이 책을 추천하는 이유도 적혀 있다. 나의 상황에 꼭 맞는 책을 고를 수 있다. 이 서점에선 내가 지금 하고 있는 고민을 앞서 했던 누군가의 도움을 받는 경험이 가능한 것이다. 때때로 책을 중심으로 한 강연이나 북토크가 개최되기도 한다. 생각이 힘인 시대에 깊이 사고할 수 있는 경험을 폭넓게 제안하는 공간인 것이다.

매트리스라는 제품을 '좋은 잠과 휴식'이라는 경험의 관점으로 재정의한 '식스티세컨즈'도 미래의 라이프스타일을 제안하는 브랜드로 평가받고 있다. 식스티세컨즈는 2019년 5월 제품을 체험할 수 있는 '식스티세컨즈 라운지'를 열었다. 2층 집을 개조한 이 공간은 예약제로 방문객을 한정해서 받는다. 여기선 단순히 매트리스에 앉아 보고 누워 보는 것을 넘어 실제 잠을 자면서 매트리스를 경험해볼 수 있다. 누구의 방해도 받지 않고 은은한 향과 간접 조명 하에서 충분히 휴식을 취하며 '좋은 쉼'의 가치를 느끼는 것이다. 식스티세컨즈는 일부러 제품에 가격을 기재하지 않았다. 가격을 알고 경험하면 왜곡될 수 있기 때문이다.[111]

식스티세컨즈의 브랜드 카피는 '60초 안에 잠들고, 60초 더 머물고 싶은'이라는 뜻을 담았다. 이 슬로건에 맞게 여기선 매트리스뿐 아니라 다양한 쉼을 경험할 수 있는 큐레이션 제품도 선보인다. 순면의 베개나 패드, 잡화, 쉼에 대한 인상적인 글귀가 있는 책까지 섭렵한다. 식스티세컨즈는 코로나19 이후 더욱 주목받고 있다. 사람들이 쉼과 휴식에 대해 생각해보게 된 지금, 라이프스타일 관점에서 쉼의 가치를 일깨우는 브랜드이기 때문이다.

경험의 소중함을 아는 소비자, X세대

X세대는 100% 아날로그 세상을 경험한 마지막 세대다. 전화기의 다이

얼을 돌려봤던 기억이 있는 세대다. 컴퓨터도, 스마트폰도, 태블릿도 없던 시절 한 장 한 장 넘겨가며 읽었던 책장의 촉감을 기억하는 세대다. 이들은 경험의 소중함을 안다. 흔한 것이었다가 어느덧 사라져버려 손에 잡히지 않는 경험들을 그리워하는 세대다. 그래서 오감으로 즐길 수 있는 경험에 열광하는 세대이기도 하다.

X세대는 한편으론 디지털 세상에 가장 잘 적응한 기성세대이기도 하다. 이들은 생활방식과 소비 트렌드의 큰 변화를 모두 수용하며 적응해왔다. 새로운 경험은 아직도 가슴 뛰는 일이다. 최근 핫한 동네로 부상한 '힙지로(힙한 을지로)'의 간판 없는 카페엔 40대 이상으로 보이는 고객들이 꽤 눈에 띈다. 마음은 아직 청년인 X세대는 요즘 핫한 것이라고 하면 한 번쯤 경험해 보고 싶어한다. 오래된 경험도, 새로운 경험도 이들에게는 모두 신선한 자극이 된다.

코로나19로 인해 물리적인 접촉이 두려워진 세상이 됐다. 그렇지만 사람들은 경험이 주는 자극을 포기하지 않을 것이다. 오히려 경험의 소중함을 더욱 깨닫게 됐다. 자유롭게 숨 쉬는 것이 얼마나 감사한 일인지 새삼 느끼게 된 것처럼 말이다. 이러한 환경에서 모바일은 역으로 경험의 기회를 만들어주는 수단이 될 수도 있다.

앞에서 본 식스티세컨즈의 사례에선 모바일로 예약한 고객만 라운지에 입장할 수 있었다. 사람들은 무조건 언택트만 하기보단 온택트 Ontact(온라인을 통한 외부와의 연결)도 하려고 한다. 경험은 그 형태가 바뀔지언정 없어지진 않을 것이다. 경험의 가치가 중요해진 만큼 더욱 다양한 방법으로 진화하며 소비자의 뇌에 더 깊은 발자국을 남길 것이다.

6. ‖ X세대의 마음을 읽고 공감하라

고객의 마음을 읽는다는 것

'노보 노르디스크Novo Nordisk'는 인슐린을 판매하는 덴마크 회사다. 이 회사가 개발한 '노보펜'은 일주일 분량의 인슐린을 내장한 휴대용 주사기다. 당뇨병 환자는 하루에도 몇 차례 주사를 맞아야 한다. 그때마다 병원에 갈 수는 없으므로 환자 자신이 직접 주사해야 한다. 직접 주사를 놓는 일은 불편하고 고통스럽다. 그보다 견디기 힘든 건 주변의 시선이다. 직접 주사하는 광경을 누가 보기라도 한다면 창피하다. 마약 중독자를 연상시키기도 하기 때문이다.

노보펜은 이러한 환자의 마음을 읽었다. 누가 봐도 만년필처럼 보이는 노보펜을 개발했다. 한 번에 정확한 양을 투약할 수 있도록 만들었다. 환자의 고통을 덜기 위해 주사바늘도 더 짧고 가늘게 만들었다. 노보펜이 개발한 0.23mm의 주사바늘로 주사하면 70%의 환자는 거의 아픔을 느끼지 못한다. 환자의 고통스럽고 불편한 지점을 정확히 읽어내 그것을 해결한 것이다. 그 결과 유럽 당뇨병 환자의 90%가 노보펜의 고객이 되었다.

브랜드가 고객과 공감한다는 것은 이런 것이다. 소비자의 불편한 점을 정확히 캐치하여 그 부분을 해결하는 것. 그러려면 철저히 고객의 입장이 되어 그들과 공감해야 한다. 공감을 넘어 혼연일체가 되어야 한다. 기업들이 자주 범하는 실수 중 하나가 소비자의 편익과 상관없는 최첨단 기술에 매달리는 것이다. 기업의 자기만족이다.

만약 노보펜이 주사기의 디자인이나 바늘의 굵기가 아닌 인슐린의 순도에 계속 집착하고 있었다면 위와 같은 성공을 거둘 수 없었을 것이다. 고객과 공감하는 데는 혁신적인 기술이 필요할 수도 있지만 아주 작은 변화로도 이룰 수 있다.

고객의 불편함을 없애는 것이 공감

겉보기엔 대단할 것 없는 변화로 대박상품이 된 가전제품이 있다. 2015년 8월 출시된 삼성전자의 '버블샷 애드워시'가 그것이다. 애드워시는 대단한 기술이 반영된 제품은 아니었다. 그저 세탁기 도어에 작은 창문인 '애드윈도우'를 하나 더 달았을 뿐이다. 세탁기가 돌아가는 중간에도 세탁물을 추가할 수 있도록 한 것이다.

　이 작은 변화가 소비자의 큰 호응을 이끌어냈다. 꼭 빨래를 돌리기 시작하고 나면 어디선가 나타나는 빨랫감 때문에 짜증났던 마음을 헤아린 것이다. 이 제품은 출시한 지 6주 만에 국내 판매 1만 대를 돌파하는 성공을 거뒀다.

　반면 고객의 작은 불편을 해소하기 위해 엄청난 노력과 인내가 필요하기도 하다. 1,700만 명의 고객을 보유하며 이제는 '핀테크 공룡'으로 성장한 '토스Toss'의 시작이 그랬다. 토스는 보안카드나 공인인증서 없이, 상대방의 계좌번호를 몰라도 송금할 수 있는 이체 서비스다. 토스의 기술은 의외로 기술 장벽이 매우 높은 기술은 아니다. 문제는 높은 은행권 제휴의 장벽을 뚫는 것이었다.

　비금융회사가 개발한 금융서비스인 데다가 5명 규모의 스타트업에 불과했다. 은행이 제대로 상대해줄 리 없었다. 은행과의 협상도 어렵지만 은행마다 다른 전산 표준을 연동시키는 과정이 필요했다. 17개 은행과 협약과 개발을 반복하며 3년의 시간을 보냈다. 공인인증서 없이, 보안카드 없이 간편하게 송금할 수 있는 사소하지만 큰 편리를 만들어내기 위해 3년의 시간이 걸린 것이다. 토스의 슬로건은 '금융을 쉽고 간편하게'다. 소비자의 쉽고 간편한 경험을 위해 들인 토스의 노력은 전혀 쉽고 간편한 것이 아니었다.

　마켓컬리 역시 소비자의 귀찮음을 해소하기 위해 엄청난 투자가 필요했던 경우다. 마켓컬리를 상징하는 것은 아침에 현관문을 열면 문 앞에 놓인 식자재, 즉 샛별배송이다. 샛별배송은 전날 밤 11시까지 주문받은 제품을 다음날 새벽까지 배송해준다. 이전까지 가정에서 아침식사를 차려 먹으려면 한꺼번에 장을 봐둬야 했다. 신선식품은 많은 양을 쟁여놓을 수도 없다. 일반배송은 주로 오후에 도착하기 때문에 이용할 수 없다. 콕 집어서 새벽에 배송이 되었으면 좋겠다고 생각한 건 아니지만 이러한 불편을 느끼는 사람들이 많았다. 마켓컬리는 이러한 불편을 해소하는 데 뛰어든 것이다.

마켓컬리는 직매입 제도를 도입한다. 직매입은 재고에 대한 부담을 모두 마켓컬리가 부담한다는 뜻이다. 어젯밤에 주문한 제품이 오늘 새벽에 집 앞에 도착하려면 배송시간이 드라마틱하게 단축되어야 한다. 결국 마켓컬리 창고에 제품을 보유하고 있다가 즉시 출고하는 방법뿐이다. 거기에 식품을 신선하게 유통할 콜드체인이 붙었다. 식품 유통의 전 과정에 적정 온도를 유지하는 시스템이다.

당시 식품배송의 전 과정에서 콜드체인을 구현한 업체는 없었다. 마켓컬리는 새벽배송 대행업체를 인수해 콜드체인과 샛별배송이 결합된 독자적인 시스템을 구축했다. 소규모 스타트업으로는 무모할 정도로 큰 투자를 했다. 고객 편익을 최우선에 둔 마켓컬리의 시도가 큰 호응을 얻은 것은 당연한 일이다.

공감해주는 브랜드에 매력을 느끼는 사람들

사람들은 감정적으로 공감을 보이는 따뜻한 브랜드에 매력을 느낀다. GS칼텍스는 비일비재하게 벌어지는 콜센터 상담원을 향한 언어폭력을 막기 위한 캠페인을 벌였다. '마음이음 캠페인'은 콜센터 상담원에 연결되는 전화 연결음을 통상의 기계소리나 음악소리 대신 아이의 목소리로 바꿨다. "제가 세상에서 제일 좋아하는 우리 엄마가 상담드릴 예정입니다"라는 식이다.

그 결과 고객의 친절한 말은 8% 증가했고, 상담원의 스트레스는 54% 감소했다. 이 캠페인은 콜센터의 상담원도 누군가의 가족이자 감정이 있는 소중한 사람이라는 사회적 공감대를 이끌어냈다.

평범한 일상의 단면에 공감하는 브랜드도 있다. '시디즈'는 신제품 아기 의자를 출시하며 인스타그램을 통해 〈앉음마툰〉을 연재했다. 〈앉음마툰〉은 의자를 홍보하는 대신 '전투육아'를 벌이는 초보 엄마 아빠의 일상을 잔잔한 그림체로 그려낸다. 밤새 칭얼대는 아이를 돌보고, 밥 한 끼 먹일 때마다 전쟁을 치르는 육아 일상이 주된 내용이다.

이 웹툰엔 "제 얘기 같아요, 공감 100배", "아 공감ㅋㅋㅋㅋ 진짜 끼니 하나 제대로 챙겨 먹지도 못하고 힘이 드는데 왜 살은 안 빠지는지…" 등 육아 중인 초보 엄마 아빠의 현실적인 공감 댓글이 가득하다. 이들은 자신과 같은 처지의 부모들과 소통하고 서로 응원을 주고받는다.

'문명의 충돌'이라는 거창한 제목을 단 KCC 건설 스위첸의 광고도 신혼부부들의 공감을 자아낸다. 고급 아파트에서 누리는 여유롭고 우아한 생활 대신 현실 부부의 투닥대는 일상이 그려진다. 이들은 남편이 변기 뚜껑을 내리지 않는다는 이유로 싸우고, 아내가 게임을 방해했다는 이유로 싸운다. 이러한 소소한 일상은 현실의 그것과 꼭 닮아 있다.

광고는 서로 다른 두 명이 만나 가족이 되어가는 스토리를 그리며, 이렇게 소소한 일상이 쌓여가는 소중한 공간이 집이라는 점을 은유적으로 보여준다. 이렇게 작은 일상에 공감하는 브랜드에 사람들은 알게 모르게 친밀감을 느끼게 된다.

40대, 공감이 필요한 나이

40대는 생애주기상 가장 잘 나가는 나이이면서 가장 외로울 때이기도 하다. 자녀들은 중2병이 한창일 나이인 데다 생업에 지쳐 가족 얼굴은 보기도 힘들다. 회사에선 더하다. 위로는 권위적인 상사와 아래로는 내가 제일 잘난 맛에 사는 MZ세대가 버티고 있다.

앞으로 40년은 더 살아야 한다는데, 미래는 어떻게 해야 하나 생각하면 막막하다. 개인적인 성향의 그들은 마음 터놓을 친구도 많지 않다. 체력도, 두뇌도, 감정도 예전 같지 않은데 겉으로는 멀쩡하다. 이야기할 곳도 없다. 그러다 보니 알아주는 이는 더욱 없다. 40대야말로 공감이 필요한 나이인 것이다.

힘들게 중년을 통과하고 있는 X세대는 공감에 반응한다. 마음을 울리는 광고를 보다 자신도 모르게 눈시울이 붉어지는 건 나만의 일이 아닌 것이다. 나의 시간과 체력을 아껴주고 귀찮음을 덜어주는 현실적인 것일 수도, 나의 마음속 한 조각을 들여다본 것 같은 감성적인 것일 수도 있다.

그들은 '나'를 중요하게 생각하는 세대다. 브랜드가 '나'를 이해하기 위해 노력하고 있다는 인상을 받게 되면 호감을 느낄 수밖에 없다. 공감 마케팅은 모든 연령에 유효하지만, 특히 어려운 시기를 통과하고 있는 X세대에게 더욱 주효할 수 있는 까닭이다.

7.

X세대는
유머 코드에 반응한다

유머로 표현하는 공감

브랜드가 근엄하게 폼 잡는 시대는 지나갔다. 소비자와 기업이 가진 정보의 양이 대등한 시대가 되었다. 기업이 소비자 앞에서 잘난 척, 아는 척 하는 것이 어려워졌다. 이제 브랜드는 고객과 눈높이를 맞추고 공감하며 끊임없이 대화해야 한다. 끊임없는 상호작용을 주고받아야 한다. 소비자와 공감하고 친밀감을 형성할 수 있는 효과적인 방법 중 하나는 바로 유머다. 재미있는 사람 곁에 사람이 끊이질 않듯, 브랜드도 마찬가지다.

'칸투칸'은 X세대를 비롯한 중년 남성들의 열렬한 지지를 받는 의류 브랜드다. 칸투칸의 온라인 쇼핑몰은 범상찮다. 방한용품의 보온력을 테스트하기 위해 영하 150°C의 챔버에 모델을 집어넣는가 하면, 정장과 구두의 편안함을 보여준다며 수트 차림으로 해발 1,046m의 산을 오르기도 한다.

제품 설명은 한 술 더 뜬다. '집콕에 이만한 바지 또 없습니다', '편하다는 바지들 한꺼번에 다 덤벼', '등산에 딱 좋더라 정상까지 날아갈 듯'과 같이 바지를 설명하는 데 온갖 미사여구가 동원된다. 유머를 겸비한 독특한 매력의 칸투칸은 온라인 쇼핑에 소극적인 중년 남성을 타깃으로 하고 있음에도 월 방문자 780만 명을 기록하며 승승장구하고 있다.

2011년 70%를 차지하던 '질레트Gillettee'의 미국 내 면도기 시장 점유율은 2016년 54%까지 떨어졌다. 사건은 '달러셰이브클럽Dollar shave club'이라는 스타트업이 유튜브에 업로드한 한 편의 영상에서 시작되었다. 영상의 주인공은 마이크 더빈Micheal Dubin. 달러셰이브클럽의 CEO다.

> "안녕하세요, 저는 마이크입니다. '1달러 면도클럽.com'의 창립자죠. '1달러 면도클럽.com'이 뭐냐고요? 한 달에 1달러만 내시면, 고품질 면도기를 댁으로 보내드리는 곳이죠. 네, 1달러요. 면도날은 괜찮은 편이냐고요? 아뇨, 존X 끝내줍니다Our Blades are f**king great."

빨려들 듯한 마이크의 입담과 함께 영상은 이어진다.

> "유명 브랜드에 한 달에 20달러씩 쓰는 게 좋으세요? 그중 19

달러는 로저 페더러(질레트 광고 모델인 유명 테니스 선수)한테 갑니다. 테니스는 저도 잘 쳐요. (헛스윙) 면도기에 진동 손잡이나 조명등, 스크래처, 10중 면도날이 진짜 필요하다고 생각하세요? 쓸데없는 면도기 기능에 돈 쓰지 마세요. 그리고, 매달 면도날 사는 걸 까먹지도 마세요. 알레한드라(포장 직원)와 제가 바로바로 배송해 드리겠습니다."

영상은 의미심장한 문장으로 마무리된다. "ISN'T IT ABOUT TIME? (이제 바꿀 때 아닌가요?)" 달러셰이브클럽은 48시간 만에 1만 2,000건의 주문을 받았다.

달러셰이브클럽의 폭발적인 인기를 만들어낸 이 영상은 단순히 웃기기만 한 것이 아니라 그 안에 날카로운 메시지를 담고 있다. '이것은 고작 면도기'라는 것이다. 면도를 하기 위해 최고의 남자가 되어야 한다거나Gilletee the best man can get(질레트의 1989년 광고), 온갖 최첨단 기술이 적용된 면도기가 반드시 필요한 것은 아니라는 사실이다. 그저 면도기는 기본적인 기능이 있고 매달 새 면도기를 사는 것을 까먹지만 않으면 그만이다.

이러한 태도는 진지하고 심각한 표정으로 '최고의 남자를 위한 최첨단 면도기'를 고수하며 비싼 단가를 책정해온 질레트를 한순간에 웃음거리로 만들었다. 소비자의 불편을 캐치하고 그것을 웃음 속에 녹여내 공감을 이끌어낸 커뮤니케이션의 승리였다.

문화코드의 하나로 자리 잡은 '병맛'

'병맛', 개연성이 없고 황당한 B급 감성의 유머를 말한다. X세대도 이러한 병맛 문화를 처음엔 이해하지 못했다. 기승전결이 분명한 내러티브에 익숙한 X세대는 예측 불가능한 전개와 허탈함을 안겨주는 병맛 코드를 받아들이기 어려웠다. 그러나 병맛 코드가 이제 문화적 트렌드의 하나로 자리 잡으며 X세대도 서서히 받아들이는 분위기다. 마이너한 인터넷 커뮤니티 중심으로 소구되던 병맛 코드 콘텐츠가 이제 대중적으로 큰 호응을 얻기도 한다.

2020년 12월 공개된 KCC창호의 '무한 광고 유니버스에 갇힌 성동일'이란 제목의 광고는 '약빤 광고'란 평가를 받으며 2주 만에 조회 수 270만 회를 돌파했다. 약 3분 길이의 이 광고는 '경동보일러', '개비스콘', '꽃을 든 남자', '2% 부족할 때' 등 설정만 보면 알 수 있는 유명 광고를 패러디해 이어 붙였다. 광고에서 성동일은 끝없이 "세상을 연결하는 창 KCC"를 반복한다. KCC창호는 "유튜브 캠페인임에도 20~30대는 물론 중·장년층에서도 좋은 반응이 있어 고무적"[112]이란 반응이다. 20~30대의 전유물이었던 병맛 코드가 좀 더 폭넓게 받아들여지고 있다는 뜻이다.

더 극단적인 사례도 있다. '본격 LG 빡치게 하는 노래'란 자극적인 제목을 단 세탁세제 '피지FIJI'의 광고다. LG생활건강이라는 대기업의 광고라고는 믿을 수 없을 만큼 '허접한' 퀄리티를 자랑한다. 색칠도 안 한 무성의한 그림체에 노래 가사엔 은어와 비속어가 난무한다.

이 광고는 조회 수 400만 회를 넘기며 큰 화제를 모았고 피지의 매출액은 전년 동기간 대비 40% 신장했다. "이 광고 한 30번은 본 거 같다", "이거 보고 피지 쓰고 이때까지 세제 피지 쓰고 있음" 등의 반응을 보이며 광고를 즐긴 사람들 덕분이다. 전 연령대가 폭넓게 사용하는 생활용품임에도 이처럼 파격적인 광고가 먹히는 것이다.

브랜드를 긍정적으로 받아들이게 하는 유머의 힘

유머는 사람들에게 긍정적인 감정을 불러일으킨다. 브랜드의 메시지를 전달하는 데 유머가 효과적인 것은 그래서다. 유머로 인해 생겨난 긍정적인 감정이 브랜드로 전이되는 것이다. 이렇게 만들어진 브랜드에 대한 긍정적인 감정이 지속되면 브랜드 선호가 되고 구매로 이어진다.

배달의민족은 유머를 통한 커뮤니케이션으로 가장 성공한 사례 중 하나라고 할 수 있다. 김봉진 대표는 '고객과 잘 노는 것'이 '배민스러움'의 하나라고 말한다.[113] 유머러스함은 단순한 커뮤니케이션의 방법을 넘어 브랜드의 정체성이 될 수도 있다.

유머를 브랜드의 커뮤니케이션 방법으로 사용할 때 주의해야 할 점도 있다. 연구자들에 따르면 유머는 소비자의 관심을 제품에서 유머로 이탈시키기도 한다. 결과적으로 유머만 남고 브랜드가 잊히는 부작용을 낳을 수도 있다. 유머를 활용한 브랜드 커뮤니케이션 전략을 짤 때 신중해야 하는 이유다.

유머의 수위와 메시지의 내용을 어떻게 조합할 것인지 고민해야 한다. 그럼에도 근엄하게 소비자를 가르치려 드는 브랜드보다 유머러스하게 수다 떠는 브랜드가 더욱 친근하게 받아들여지는 것은 당연하다. 유연한 사고방식을 가진 X세대를 공략할 때에도 적절한 유머러스함은 브랜드에 대한 호감도를 높일 수 있음을 기억해야 한다.

8. ┃ 제품이 삶을 얼마나 더 좋게 만드는가를 설득하라

기술이 집약된 분야일수록 흔히 저지르는 실수가 있다. 최첨단의 기술 그 자체를 강조하는 것이다. 더 커진 저장공간, 더 빨라진 CPU, 더욱 화려한 그래픽을 구현할 수 있는 그래픽 카드 등. 오늘날 눈 깜빡하면 새로운 기술이 등장하고 숨 가쁘게 기술의 발전이 이뤄지고 있지만, 지난 30여 년간 숱한 최첨단 기술의 파고를 넘어온 X세대는 웬만한 기술 혁신엔 관심이 없다. '우리가 상상할 수 없을 만큼 기술이 빨리 발전하고 있구나' 정도가 그들이 갖는 느낌이다. 기술에 대한 자세한 정보가 필요한 전문가들이나 최첨단 기술에 관심이 많은 얼리어답터들은 알아서 찾아본다.

얼리어답터가 트렌드를 리드한다고 생각하지만, 그들은 그저 새로운 것을 좋아하는 사람들일 뿐이다. 세계적인 마케팅 구루 세스 고딘 Seth Godin은 그의 최근 저서 《마케팅이다》에서 이들을 "새로운 것에 중독된 새것 애호가들Neophiliacs"이라고 불렀다. 그들은 새로운 것을 발견했다는 흥분을 즐긴다. 그러나 그뿐이다. 더 새로운 것이 나오면 가차 없이 떠난다.

세스 고딘은 "누구를 위한 것인가?"라는 질문이 필요하다고 말한다.[114] 우리의 기술이 누구를 향하고 있는지 돌아보라는 의미다. 이 시대의 최첨단 기술이 소비자에게 이야기해주어야 할 것은 '이 기술이 우리의 삶을 얼마나 더 좋게 만드는가'에 대한 답변이다.

우리의 삶을 더 좋게 만드는 기술

2020년 공개된 애플의 에어팟AirPods 광고는 시끄러운 도시 속의 여성을 비춘다. 사람들과 이리저리 부딪히고, 정신없이 바쁜 삭막한 도시다. 그녀가 에어팟을 착용하자 도시는 혼자만의 스테이지가 된다. 에어팟을 통해 흘러나오는 음악은 삭막한 도시에 있던 그녀를 텅 빈 새벽의 몽환적인 공간으로 인도한다. 그녀는 그 속에서 현실을 잠시 잊고 춤에 몰두한다.

애플이 완벽한 노이즈 캔슬링Noise canceling(외부 소음을 감소시켜 헤드폰이나 이어폰의 소리가 잘 들리게 하는 기능)이 구현된 신제품을 설명하는 방법이다. "우리는 최첨단 기술로 외부 소음을 완벽하게 차단합니다"라고 말하는 대신 "이 제품을 쓰면 시끄러운 현실에서 벗어나 나만의 세계에 몰두할 수 있다"고 고객을 유혹한다.

테슬라는 현재 지구상에 존재하는 가장 혁신적인 기업 중 하나다. 2016년 테슬라의 모델3를 발표하는 프레젠테이션 자리에서 일론 머스크Elon Musk는 말한다.

> "시작하기에 앞서, 왜 우리가 이런 일을 하는지에 대해 이야기해보겠습니다. 왜 테슬라가 존재하는지, 왜 우리가 전기차를 만드는지, 왜 그것이 중요한지에 대해서요. 이유는 지속가능한 운송수단으로의 전환이 매우 중요하기 때문입니다. 이것은 세계의 미래를 위해서 정말 중요한 일입니다."

이어 그는 기존의 내연기관 자동차에서 배출되는 배기가스가 지구 온난화에 어떤 영향을 미치는지 설명한다.

테슬라의 내부자료에 따르면, 테슬라S의 타깃은 '새로운 기술에 대한 수용도가 높은 고위직 임원과 기업가들'이다. 그들은 고가의 자동차를 구입할 수 있는 재력을 갖춘 데다가 새로운 기술에도 관심이 많다. 커다란 차체와 우아한 디자인, 고급스러운 인테리어를 갖춘 전기자동차 테슬라 모델S는 그들이 딱 원하는 것이었다. 럭셔리한 데다가 새로움을 빠르게 받아들이는 트렌드세터 이미지, 그리고 환경까지 생각하는 개념 있는 사람으로 보일 수 있는 것이다.

그래서일까. 국내 시장에서도 테슬라는 X세대 남성들의 전폭적인 지지를 받고 있다. 2020년 3월, 수입차 시장에는 큰 지각변동이 있었다. 장기간 수입자동차 시장에서 우위를 점하고 있던 메르세데스 벤츠 E클래스와 BMW 5시리즈를 제치고 테슬라 모델3가 월간 신차등록 순위 1위를 기록한 것이다. 40대 고객이 전체 고객의 29.3%를 차지하며 테슬라의 파란을 주도했다.[115] 테슬라는 단순히 전기자동차의 우수함과 성능에 대해 이야기하는 것에 그치지 않았다. 그들은 테슬라의 가치를 지구의 미래로 설명한다.

테슬라를 사는 것은 단순히 멋진 전기자동차를 사는 것이 아니다. 테슬라를 구입한다는 것은 인류와 지구의 미래를 위한 가치에 투자하는 것이다. 테슬라는 브랜드의 존재 의미를 설명하는 한편, 테슬라를 구입해야 할 당위를 만들어준다. 우리의 미래를 더욱 좋아지게 하는 가치에 투자하라고 말이다.

카카오택시와 타다의 빠른 성장도 공유경제 그 자체가 중요한 것은 아니었다. 추운 겨울, 밖에서 한 시간이고 떨며 택시를 향해 손을 흔들던 경험, 승차거부를 당했던 경험, 밤늦게 택시를 타기라도 한다면 혹시 몰라 택시번호를 적어뒀던 기억이 이러한 서비스들을 급성장하게 만들었다.

카카오택시의 론칭 광고에는 "아니 이 시간에 택시가 잡히겠어?"라는 질문 아래 "되네, 누르자마자 배차가 돼"라는 카피가 적혀 있다. 편리하고 안전하며 쾌적한 탑승 경험이라는 매력적인 제안이 소비자들의 환호를 이끌어냈다. 얼마나 최신의 기술인지가 아니라 그것이 우리 삶을 어떻게 더 좋게 만드는지의 관점에서 이야기해야 하는 것이다.

신기술이 부담스러운 X세대에게 제안하는 법

X세대는 신기술에 대한 수용도가 높은 편이다. 그들은 아날로그에서 디지털로 넘어오는 격변기를 겪어냈다. 디지털 세상에서도 여러 번의 변화를 경험했다. 그러나 그들도 이제 신기술의 발전을 따라잡기 버거운 나이에 접어들고 있다.

아일랜드 출신 경영 컨설턴트 찰스 핸디Charles Handy는 그의 저서 《코끼리와 벼룩》에서 "신기술의 변화는 35세가 되기 전까지는 우리를 흥분시키는 데 반해 35세 이상에겐 당황하고 난처하게 만든다"라고 했다.[116] X세대는 이제 신기술이 반갑기보다는 부담스러운 나이다.

의외로 많은 소비자들이 테크노포비아Technophobia를 느낀다고 한다. 점점 복잡해지는 첨단 기기에 대해 스트레스를 받거나 이러한 뉴스에 싫증을 내고 있다. 거기엔 갈수록 고도화되는 AI(인공지능)와 같은 기술이 인간을 위협할지도 모른다는 두려움도 공존한다. 발전하는 기술에 대한 반작용이다.

누구나 신기술을 좋아하는 것은 아니라는 사실을 기억해야 한다. 기술 그 자체가 아니라 삶의 변화라는 관점에서 접근해야 하는 이유다. 이것이 내 삶과 공동체의 미래를 더욱 좋게 만들어준다면, 사람들은 신기술을 기꺼이 받아들일 것이다. 평생 새로운 트렌드와 신기술을 앞서 수용하며 살아온 X세대라면 더욱 그렇다. 그것을 매력적으로 설득하는 것이 기업과 마케터의 역할이다.

Young Forty

Part

6

X세대가
살아갈 미래

2019년, 통계청은 〈장래인구특별추계(2017~2067)〉를 발표했다. 2016년 〈장래인구추계(2015~2065)〉를 발표한 지 3년 만이다. 통상 통계청의 〈장래인구추계〉는 5년 주기로 발표된다. 그런데 '특별'이란 이름까지 붙여가며 2년을 앞당겨 비정기 보고서를 내놓은 것이다.

통계청은 2016년 발표 당시 2065년까지의 저위출산율을 1.07~1.12로 예상했다. 2065년까지 아무리 출산율이 떨어져도 최저치는 그 사이에 머물 것이라고 내다본 것이다. 그런데 2018년 출산율이 0.98까지 떨어졌다. 50년이 아니라 2년 후의 미래도 제대로 예측하지 못한 것이다. 향후 50년을 예측한 이 통계를 근거로 연금, 복지 등의 장기계획이 수립되기에 더욱 큰 문제다. 따라서 통계청이 서둘러 수정에 나선 것이다.

출산율이 줄어드는 게 X세대와 무슨 상관이 있느냐고 시큰둥해선 안 된다. 이는 자연히 젊은 층의 인구감소를 불러온다. UN의 기준에 따르면 65세 이상 인구가 20%를 넘는 사회를 '초고령 사회'라고 한다. 지금의 속도라면 우리나라는 2025년에 초고령 사회로 접어들 것으로 예상된다.

초고령 사회에서 노인이 될 X세대의 미래가 결코 밝을 수 없다. 이렇게 극심한 인구구조의 변화 속에서 노인이 된 세대는 역사상 없었다. 라이프스타일에서부터 소비 트렌드까지 모든 부분에서 근본적인 변화가 예상된다. X세대의 미래에 대한 준비가 지금까지의 노인 세대와는 본질적으로 달라야 할 이유다.

1.

세계에서 가장 빨리
늙고 있는 나라

초고령 사회로 진입하는 대한민국

2020년을 기점으로 X세대가 50대에 접어들기 시작했다. 통계청이 실시한 〈2019년 인구주택 총조사〉 결과에 따르면, 2019년 기준 50대 이상 인구는 전체의 38.1%를 차지한다. 40대를 더하면 54.4%까지 올라간다. 전 국민의 절반 이상이 40대 이상인 사회가 됐다. 대한민국 인구 구조에서 40~50대가 차지하는 비중은 엄청나다. 40대 801만 4,000명, 50대 836명으로 전체의 32.7%를 차지한다. 이렇게 큰 비중을 차지하는 40~50대가 나이를 먹어가며 우리나라 인구 구조는 중간 부분이 두터운 종형 구조로 변화했다.

(단위 : 세, 천명 %)

연령	2018년R(A)		2019년R(B)		증감(B-A)	
		구성비		구성비		증감률
계	49,978	100.0	50,000	100.0	22	0.0
0~4	1,968	3.9	1,842	3.7	-126	-6.4
5~9	2,261	4.5	2,251	4.5	-10	-0.4
10~14	2,251	4.5	2,219	4.4	-32	-1.4
15~19	2,735	5.5	2,596	5.2	-140	-5.1
20~24	3,290	6.6	3,204	6.4	-86	-2.6
25~29	3,259	6.5	3,343	6.7	84	2.6
30~34	3,081	6.2	3,030	6.1	-51	-1.7
35~39	3,915	7.8	3,791	7.6	-124	-3.2
40~44	3.776	7.6	3,707	7.4	-69	-1.8
45~49	4,362	8.7	4,307	8.6	-55	-1.3
50~54	4,071	8.1	4,192	8.4	120	3.0
55~59	4,212	8.4	4,168	8.3	-44	-1.0
60~64	3,401	6.8	3,605	7.2	204	6.0
65~69	2,335	4.7	2,450	4.9	115	4.9
70~74	1,817	3.6	1,911	3.8	94	5.2
75~79	1,579	3.2	1,588	3.2	9	0.6
80~84	1,002	2.0	1,071	2.1	69	6.9
85세 이상	660	1.3	725	1.5	65	9.8
0~14세	6,480	13.0	6,312	12.6	-168	-2.6
15~64세	36,104	72.2	65,943	71.9	-161	-0.4
65세 이상	7,394	14.8	7,746	15.5	351	4.8
평균연령	42.0	-	42.5	-	0.5	-
중위연령	43.1	-	43.7	-	0.6	-

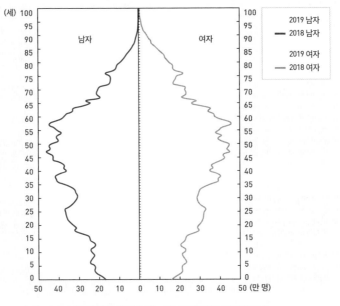

| 상 · 2019년 연령별 인구 | 하 · 2019년 인구 피라미드 |

출처 : 〈2019년 인구주택 총조사〉 결과, 통계청

이와 함께 우리나라의 고령화 속도도 가속화되고 있다. 2019년 기준 우리나라의 고령화 비율은 15.06%다.[117] 고령화 여부를 판단하는 기준 나이는 65세다. UN은 65세 이상의 인구가 7%를 넘으면 '고령화 사회', 14%를 넘으면 '고령 사회', 20%를 넘으면 '초고령 사회'라고 한다. 이 기준에 따르면 우리나라는 현재 '고령 사회'다. 고령화는 전 세계적인 추세이기도 하다. UN에 따르면, 2012년 인구 9만 명 이상인 나라 중 45개국이 이미 고령화율 14%를 넘긴 고령 사회로 접어들었다.

주목해야 할 것은 우리나라의 고령화 속도다. 고령화 사회에서 고령 사회로 넘어가는 데 프랑스는 126년, 미국은 71년, 일본은 24년이 걸렸다. 반면 대한민국은 18년 만에 돌파했다. 초고령 사회로의 진입도 세계에서 가장 빠르게 진행될 전망이다.

2006년 이미 고령 사회에서 초고령 사회로 진입한 일본은 12년이 걸렸다. 지금껏 세계에서 가장 빠른 속도다. 한국은 일본의 속도를 추월할 전망이다. 우리나라는 2025년 초고령 사회로 진입할 것으로 예상된다. 2018년 고령 사회로 진입한 지 7년 만이다. 대한민국은 세계에서 가장 빠른 속도로 늙어가고 있다.

초고령 사회에 노인이 될 X세대

통계청의 〈장래인구특별추계(2017~2067)〉에 따르면, X세대의 맏형인 1970년생이 노인 세대(66세)로 접어드는 2035년 우리나라의 평균연령은 49.6세가 된다. 2020년의 42.8세에 비해 6.8세 더 많다. X세대는 초고령 사회에서 최대 인구를 차지하는 노인 세대가 될 것이다. 대한민국 역사상 이처럼 고령인구가 젊은이들보다 압도적으로 많은 수를 차지한 적은 없었다. X세대는 젊은이들보다 노인이 훨씬 더 많은 세상에서 노인이 되는 첫 세대다.

고령 사회라고 하면 할머니 할아버지가 가득한 사회를 상상하기 쉽다. 실제로 일어날 일은 사회가 전반적으로 '어른화'되는 것이다. 사회적으로 '어른'이라고 부를 수 있는 사람들이 압도적인 다수를 차지하게 된다. 앞에서 이야기하였듯이 40~50대는 우리나라 인구의 32.7%를 차지하는 거대한 집단이다. 이 거대한 집단이 나이를 먹으면서 초고령 사회로 접어들게 된다. 인구가 많다는 것은 그만큼 영향력이 크다는 뜻이다. 사회의 주도권이 젊은 세대에서 노인을 중심으로 한 '어른 세대'로 넘어가는 사회가 다가오고 있다.

인구구조의 변화는 필연적으로 시장의 변화를 가져온다. 주 고객이 청년에서 중고령으로 바뀌고 있는 것이다. MZ세대의 소비에만 집중된 기업의 마케팅 활동도 점검해보아야 할 때가 됐다. 앞으로의 중고령은 과거의 노인과는 다르다는 점도 주목해야 한다. 숫자도 많고 가치관도 다양하며, 평균수명은 더 길어질 것이다. 일찍부터 건강관리를 시작한 그들은 의욕도 충만하다. 경제력도 탄탄하다. 자식의 부양에 기대는 지금의 노인 세대와는 다르다. 건강한 신체에 경제력이 더해져 적극적인 소비자로 시장을 주도할 것이다. 기업들이 노인이 다수일 사회를 미리부터 준비해야 할 이유다.

한편, 노인이 다수일 사회의 주인공이 될 X세대도 50+의 인생을 준비해야 한다. 사회가 고령화된다는 것은 노인 세대를 부양할 젊은 세대가 줄어든다는 의미다. 젊은 세대가 줄어든다는 것은 생산인구가 줄어든다는 뜻도 된다. 2018년 한국의 출산율은 0.98을 기록했다. 2명이 만나 1명도 낳지 않는 사회가 됐다. 출산율 저하로 젊은 세대의 공급은 줄어들었는데 노인 인구의 기대수명은 더 길어졌다. 2017년 통계청 자료에 따르면 한국의 기대수명은 82.7세다. 2015년의 81.3세보다 2년 새 1.4세 늘었다. 사회의 생산능력은 떨어지는 데 반해 노인들은 더 오래 사는 것이다.

X세대는 이처럼 처음 겪는 급격한 인구구조의 변화 속에서 노인이 되는 첫 세대다. 50+ 인생을 준비하는 데 있어 지금의 노인들과 다른 자세로 임해야 한다. 살아온 만큼 살아갈 날이 남아 있는 지금, 인생 후반기를 준비해야 한다. 노년의 가장 큰 걱정거리인 건강과 돈이 우선이다. 제2의 인생을 어떻게 살 것인지도 준비해야 한다. X세대는 자신들이 생각하는 것보다 훨씬 더 오래 일하게 될지도 모른다. 지금까지의 삶이 부모와 가족을 위한 것이었다면 50부터는 진짜 나의 삶이 시작된다. 다시 청년이 된 마음으로 50+ 인생을 준비해야 할 때다.

2. 초고령 사회, 일본의 새로운 소비 트렌드

일본의 50+ 라이프스타일

2006년 일본은 우리나라보다 앞서 이미 초고령 사회로 진입했다. 성인 인구(20세 이상)의 절반 이상을 50세 이상이 차지한다. 일본의 2020년 인구는 1억 2,401만 명으로 추산된다. 그중 성인 인구는 1억 395만 명이다. 이 중 50대 이상은 5,987만 명이다. 성인 10명 중 6명이 50대 이상이다. 40대 이상으로 넓히면 7,788만 명으로 늘어난다.[118] 성인 10명 중 8명이 40대 이상인 것이다. 이제 일본은 성인이라고 하면 젊은이인 20~30대보다 40대 이상이 절대 다수인 사회가 됐다. 젊은이 중심의 사회에서 40대 이상 어른 중심의 사회로 전환된 것이다.

사회가 젊은이 중심에서 어른 중심의 사회로 바뀌었다는 것은, 소비의 주체도 젊은이에서 어른으로 옮겨갔다는 뜻이다. 2014년 60세 이상의 소비가 100조 엔(약 1,056조 원)을 돌파하며 개인 소비의 46%를 차지했다. 2020년 50세 이상의 소비는 약 140조 엔(약 1,478조 원)으로 개인 소비의 60%까지 차지할 것으로 추산된다. 일본에선 이미 40~50대 이상의 어른들이 이끄는 새로운 소비 트렌드가 나타나고 있다.

50세가 넘어가면 라이프스타일이 바뀌게 된다. 크게 세 가지 사건이 벌어진다. 자녀의 독립, 정년퇴직, 부모의 사망이 그것이다. 이 사건들은 한 가지 공통점을 가지고 있다. 기존의 삶에서 중심이 되었던 관계들과의 결별이다. '가족 3~4명'의 관계에서 '부부 단 둘'의 관계로 변화한다.

혼자 있는 시간도 더 많아진다. 사회에선 직장을 중심으로 맺어졌던 관계가 끝나는 시기다. 이를 대신할 새로운 관계를 형성하게 되기도 한다. 처음에는 조금 외롭다는 생각이 들기도 하지만, 시간이 지나면 자유로움을 느끼게 된다. 누군가의 부모, 누군가의 자녀, 회사의 직책을 떠나 오롯이 하나의 개인이 되는 것이다.

자녀의 독립은 가계에 여유를 가져다준다. 그간 자녀양육에 쏟았던 비용이 고스란히 가처분소득이 되기 때문이다. 자녀의 독립과 퇴직은 시간을 늘려준다. 그간 자녀양육과 사회생활에 쏟았던 시간이 전부 빈 시간이 된다. 돈이 있고 시간도 많은 데다가 건강하다. 퇴직하고 나면 사회에서 조연으로 전락한 이전의 노인들과는 다르다. 직장에서는 은퇴했지만 삶에서까지 은퇴한 것은 아니라고 생각한다. '이제부터 뭘 해볼까'란 생각이 든다. 아직 의욕이 넘치는 나이인 것이다. 이러한 상황에서 '인생은 지금부터'라는 생각이 싹튼다.

새로운 어른 세대의 소비 트렌드

'인생은 지금부터'라는 생각은 필연적으로 소비를 부른다. 돈이 있다는 것보다도 시간이 많다는 것이 더 중요하다. 일본의 모든 연령대를 대상으로 '돈 부자', '시간 부자', '돈과 시간 부자', '여유 없음'의 네 가지로 분류하고 자신이 어디에 속하는지를 물어본 조사가 있다. 그 결과 "돈도 있고 시간도 있는 돈과 시간 부자"라는 답변이 50~60대에서 가장 많이 나왔다.[119] 50대부터는 라이프스타일 자체가 달라지는 것이다. 특히, 시간이 많다는 것은 소비를 하는 방법이 근본적으로 달라짐을 뜻한다.

시간이 많은 중노년층이 늘며 생겨난 일본의 대표적인 소비 트렌드 중 하나는 JR규슈(규슈 여객철도 주식회사)가 운영하는 '세븐스타 in 규슈'다. 최고급 호텔을 실은 크루즈 관광 열차로, 14개의 객실이 모두 스위트룸이다. 3박 4일 여행에 50만 엔이 넘는 이 여행 상품은 인기가 높아 예약 경쟁률이 매우 치열하다. 3박 4일에 528만 원 정도로 금액이 비싼 편이기는 해도, 아주 부유한 사람들이 이용할만한 여행 상품은 아니다. 이 상품에 열광하는 소비자는 늘어난 시간을 즐겁게 사용하고 싶은 평범한 중노년 고객인 것이다.

일본이 고령 사회에서 초고령 사회로 이동하던 2000년대 초반, 중년 여성 소비자가 대거 움직이며 만들어낸 트렌드가 있다. 바로 '욘사마(배용준) 열풍'이다. 욘사마 열풍을 일으킨 것은 자녀양육을 마치고 독립시킨 50~60대 주부들이었다. 50대에 자녀가 독립할 즈음이면 남편은 아직 직장을 다닐 때다. 50대 여성들은 남편보다 먼저 많은 시간을 확보하게 된다.

이런 여성들이 자신들끼리의 커뮤니케이션을 통해 유행시킨 것이 바로 〈겨울연가〉와 '욘사마 현상'이다. 이들은 단순히 드라마를 보는 데 그치지 않고 그들끼리 삼삼오오 모여 한국으로 여행을 떠나는 트렌드를 만들었다. 한류 열풍에서부터 한국 관광 트렌드까지 연결된 거대한 비즈니스는 '시간 부자'가 된 중노년 여성들로부터 시작되었다.

욘사마로부터 시작되어 권상우로 연결된 한류 열풍은 모녀 소비로 이어졌다. 모녀 소비의 트렌드는 몇 년 전부터 우리나라에서도 조짐이 나타나고 있다. 친구들과의 커뮤니케이션을 통해 욘사마 열풍을 일으킨 50~60대 엄마는 이 정보를 딸에게도 공유하고 딸도 이 트렌드에 동참한다. 엄마가 배용준에게 빠졌다면 딸의 취향은 박용하일지도 모른다. 한류 열풍에 빠져든 딸은 드라마에서 확장해 K-POP까지 섭렵한다. 슈퍼주니어, 동방신기, 카라 등으로 이어지는 일본의 K-POP 열풍은 엄마 덕분에 한국 문화를 접한 딸들에 의해 확산되었다.

경험 소비의 대표 사례로 자주 언급되는 츠타야서점도 실은 일본의 50~60대를 겨냥한 것이었다. 원래 츠타야는 젊은이를 타깃으로 하던 서점이자 CD·DVD 대여점이었다. 그러나 시간이 흘러 인구구조가 변화하자 나이를 먹은 그들에게 다시 라이프스타일을 제안하고 어른들을 위한 문화공간으로 만들고자 했다.

츠타야서점엔 책과 함께 다양한 라이프스타일을 경험할 수 있는 연관 상품이 진열되어 있다. 전문적인 지식을 가진 컨시어지의 도움을 받을 수도 있다. 스타벅스가 있어 커피를 마실 수도 있고, 앉아서 편안하게 책을 읽을 수 있는 공간도 많이 마련되어 있다. '시간 부자'가 된 어른 세대의 시간을 붙잡아놓기 위한 장치다. 50~60대를 타깃으로 했지만,

이것이 확산되어 이제는 30~40대 고객이 더 많아졌다.

이 밖에도 나를 위한 소소한 사치를 즐기려는 중노년 고객의 소비 트렌드가 확산되고 있다. 고가의 모터사이클이나 스포츠카, 하이브리드 자동차, DSRL 카메라, 슬림형 TV 등의 소비가 늘어나기 시작했다. 맥주나 즉석식품 등은 좀 더 프리미엄급의 제품을 선택한다. 안티에이징 화장품, 기능성 음료, 기능성 유제품 등 미용과 건강을 관리하려는 기능성 제품도 각광받고 있다.

즐겁게 시간을 보낼 수 있는 대표적인 활동인 여행에 있어서도 좀 더 럭셔리한 선호를 보인다. 앞서 이야기한 '세븐스타 in 규슈'의 흥행을 비롯해 비즈니스 클래스를 타고 유럽이나 하와이로 여행가는 중노년 소비자가 늘어나는 현상을 보였다.

한국의 초고령 사회를 대비할 선행사례

2000년대 초반 새로운 중노년 세대의 소비 트렌드를 만든 단카이 세대는 일본 경제가 성장하던 시기 젊은 시절을 보낸 세대다. 이들은 일본의 젊은이들을 중심으로 한 소비 트렌드를 만든 세대다. 젊었을 때 새로운 소비문화를 만들었다는 점에서 우리나라의 X세대와 비슷한 점이 많다. 이러한 단카이 세대가 이제는 돈과 시간 부자인 어른 세대가 되어 초고령 사회가 된 일본 중노년 세대의 소비 트렌드를 이끌고 있다.

가까운 일본에 고령화 사회의 선행사례가 있다는 것은 다행스러운 일이다. 급격한 인구구조의 변화라는 거대한 사회적 충격을 먼저 경험한 유일한 사례인 것이다. 배울 점이 있다면 벤치마킹하고, 실패한 점이 있다면 반면교사로 삼아 피할 수 있다. 특히 급격하게 늘어난 어른 인구의 라이프스타일 변화와 그에 따른 소비 트렌드는 눈여겨볼 만하다. 일본의 라이프스타일과 소비 트렌드가 우리나라의 그것과 닮은 점이 많기 때문이다. 곧 우리에게 닥칠 초고령 사회에서 나타날 새로운 소비주체를 이해하고 그에 대응할 힌트를 얻을 수 있다.

3. 윗세대와는 전혀 다른 모습의 50+

나이 들기를 거부하는 X세대

X세대는 1990년대 우리나라 대중문화의 르네상스를 이끌었던 세대다. 기존의 문화가 기성세대를 중심으로 한 것이었다면, X세대는 처음으로 문화의 주도권을 젊은이들의 것으로 가져왔다. X세대는 이 경험을 강렬하게 기억하고 있다. 그들은 여전히 청년의 마음을 간직한 중년이 되었다. 나이는 숫자에 불과하다고 말만 하는 것이 아니라 진심으로 믿는 것이 그들이다.

실제로 X세대 연예인들을 보면 나이를 믿을 수 없을 만큼 젊은 외모를 유지한 경우가 많다. 일반인들도 마찬가지다. 일부러 말하지 않으면 나이를 짐작하기 어려운 사람들이 많다. 이들은 마음만 젊은 것이 아니라 실제로도 젊다.

이처럼 기존의 기성세대와는 전혀 다른 새로운 중년의 X세대가 50대로 진입하고 있다. X세대가 본격적인 노인(66세) 세대가 되는 2035년엔 확실하게 노인이 주류인 사회가 된다. 사회의 주류층이 젊은이들에서 중노년으로 바뀌는 것이다. 사회의 주류 세대가 바뀐다는 것은 소비 트렌드를 비롯한 라이프스타일 자체가 변화함을 뜻한다. X세대는 노인이 주류인 시대에 노인이 될 첫 세대다.

X세대가 만들어갈 중노년의 모습은 지금과는 많이 다른 모습일 것이다. 특히 이들이 '나는 젊다'고 생각한다는 점이 중요하다. 일본의 사례에서도 이런 모습을 찾아볼 수 있다. 설문조사에 따르면 "당신은 기존의 40~60대와 다르다고 생각하십니까?"라는 질문에 "그렇다고 생각한다"와 "어느 정도 그렇다고 생각한다"고 답변한 사람은 무려 85.1%에 달했다. '다르다고 생각하는 점'에 대해서는 "마음이 젊다"가 36.2%로 1위, "육체 연령이 젊다"가 31.3%로 2위, "새로운 문물에 민감하다"가 27.7%로 3위를 차지했다.[120] 그러니까 거의 대부분의 중노년은 자신이 다른 사람보다 특히 젊다고 생각하는 것이다.

새로운 중노년, 액티브 시니어

국내에서 이러한 경향은 이미 조짐을 보이고 있다. '액티브 시니어Active senior'란 신조어가 대표적이다. 액티브 시니어는 경제적·시간적 여유를 가지고 사회활동과 소비에 적극적인 50대 이상을 가리키는 말이다.

한국방송광고진흥공사의 자료에 따르면, 액티브 시니어의 월평균 카드 사용액은 30~40대보다도 많은 것으로 나타났다. 이들은 월 177만 원을 사용했는데, 같은 나이대인 일반 시니어의 115만 원과는 큰 차이를 보인다. 이들의 26%는 1년에 한 번 이상 해외여행을 가고, 28%는 공연 등 문화생활에도 지출한다. 특히 외모를 가꾸는 데 돈을 아끼지 않는다. 액티브 시니어의 67%는 외모를 가꾸는 데 돈을 쓰는 것이 당연하다고 응답했는데, 30대(65%)나 40대(57%)보다도 높은 수치다.

외모를 가꾼다는 것은 '나'를 위해 투자한다는 뜻이기도 하다. 실제로 2016년 50대의 사치재 소비 비중은 38.7%로 중립재(31.4%)나 필수재(29.9%)보다 높았다. 생활필수품에 쓰는 돈보다 오락·문화, 교육, 외식·숙박 등에 쓴 돈이 더 많았다는 뜻이다. 이들이 다른 연령대에 비해 럭셔리한 소비를 하는 것도 이유다. 하나투어에 따르면 액티브 시니어들이 구입하는 여행상품은 평균 112만 원으로 타 연령대에 비해 18% 가량 높은 것으로 나타났다. 프리미엄 상품을 구입한 비중도 55%로 타 연령대에 비해 높았다.[121]

나를 위해 소비하는 성향을 단적으로 보여주는 게 패션이다. 4070 시니어매거진 〈브라보 마이 라이프〉의 설문조사에 따르면, "패션 관련 기사·잡지를 즐겨본다"는 대답은 2006년 13.1%에서 2016년 26.2%로, "유행을 빨리 받아들인다"는 대답은 12.8%에서 28.8%로 증가했다.[122] 예전 노인세대와 같이 '부인복'을 찾는 것도 아니다.

딸이 없는 여성들은 옷을 고를 때 '디자인'에 대한 불만이 많았다. 반면 딸이 있는 경우에는 '사이즈'에 대한 불만이 많이 나타났다. 이들이 입고 싶은 것은 딸이 입는 트렌디한 브랜드다. 그런데 자신에게 맞는 사이즈가 없어 불만인 것이다. 젊은 감각을 유지하는 액티브 시니어의 특징을 단적으로 보여준다.

아직은 액티브 시니어가 중노년의 일부를 차지하고 있다. 정보통신정책연구원은 50세 이상 인구 중 약 16%만 액티브 시니어에 해당한다고 밝힌 바 있다.[123] X세대가 본격적으로 50+ 세대로 접어들면 이러한 비율은 획기적으로 달라질 것이다. 무엇보다도 이들의 사고방식이 달라진다는 점이 결정적이다.

이전까지는 50세 이상의 인생을 '여생'으로 보는 시각이 강했다. 말 그대로 '남아있는 생'이다. 지금까지 살아온 삶이 주연의 삶이었다면 50세 이상의 삶은 조연의 삶으로 인식했다. 그러나 이제는 다르다. 50세까지는 누군가의 부모로, 누군가의 남편·아내로 살아왔지만 50세부터는 '진짜 내 삶'이 시작된다고 생각하는 것이다.

'50부터 진짜 내 삶이 시작된다'고 생각한다면 삶의 자세가 바뀔 수밖에 없다. 나이 50이 새로운 삶의 시작이라는 생각이 주류가 되는 것은 역사상 처음으로 나타나는 현상이다. 당연히 새로운 사회현상을 동반하게 될 것이다.

가장 큰 영향을 미칠 영역은 아무래도 소비 트렌드다. '인생은 지금부터'라고 생각하면 좀 더 적극적으로 소비하게 된다. '나'를 중요하게 생각하는 X세대는 '50부터 새로운 인생을 시작하는 나'를 위한 라이프스타일과 상품·서비스를 필요로 하게 될 것이다. 이들은 50이 넘어서도 여전히 왕성한 구매력을 자랑하는 현역 소비자로 남아 있을 것이다.

건강과 돈, 양대 불안 요소를 잡아라

2017년 DMC미디어가 실시한 소비자행태조사에 따르면 50대 소비자들의 최대 관심사는 '건강'이었고 다음으로는 '노후'와 '재산증식'이었다.[124] 이는 결국 '노후'를 생각할 때 가장 걱정되는 부분이 '건강'과 '돈'이라는 뜻이기도 하다. 건강과 돈은 노년의 생활의 질을 결정짓는 결정적인 요인이다. 건강과 돈은 노년의 양대 불안 요소이지만, 이 불안 요소를 잡을 수 있다면 안정감 있게 즐거운 노후를 보낼 수 있다.

불안과 즐거움은 동전의 양면 같은 것이다. 즉, 불안을 잠재우면 즐겁게 살 수 있는 것이다. '불안'을 '즐거움'으로 전환시킬 수 있다면 '인생은 지금부터 시작'이라는 마음을 실현할 수 있다. 자녀와 사회의 부양을 기대하기 어려운 X세대가 50+ 인생을 위해 집중적으로 준비해야 할 것이 바로 이 두 가지 요소다. 그리고 초고령화 시대를 준비하는 기업이 주목해야 할 부분도 이 지점이다. 건강과 돈, 이 양대 요소가 해결되어야 X세대는 활력 있는 중노년으로 50+ 인생을 살아갈 수 있다.

활력 있는 노년의 새로운 라이프스타일은 이미 그 가능성을 조금씩 보여주고 있다. 예전에는 노인들이 활약할 것이라고는 상상하지 못했던 다양한 분야에서 활발한 활동을 보여주고 있다. 순댓국집 사장에서 시니어 모델로 변신해 온갖 패션쇼와 화보 촬영을 휩쓴 김칠두 할아버지나 유튜브 크리에이터로 131만 명의 구독자를 보유한 박막례 할머니, 35.6만 명의 구독자를 보유한 실버 먹방 크리에이터 김영원 할머니 등이 그 예다.

이처럼 노인들이 활력 있는 라이프스타일을 영위하는 것은 사회적으로도 부담을 덜어주는 일이다. 이들이 사회나 국가의 보호를 받는 존재에서 적극적인 생산과 소비의 주체로 변화한다는 의미이기 때문이다. 그래야만 미래 젊은 세대의 부담을 덜어줄 수 있다.

이제 미래는 젊은이의 전유물이 아니게 되었다. 주류가 될 중노년 세대와 젊은이가 함께 만들어가는 것이 되었다. 거대한 인구수를 자랑하는 노인 세대가 될 X세대가 활력 있는 새로운 50+의 인생을 준비해야 할 이유다.

주석

1   김하영·이숙이, "[색다른 초대석] 긴긴세대 40대, 그들은 누구인가?", TBS 라디오 〈색다른 시선, 이숙이입니다〉, 2019.8.28.

2   전상진, 《세대 게임》, 문학과지성사, 2018, p.35

3   최샛별, 《문화사회학으로 바라본 세대 연대기》, 이화여자대학교출판문화원, 2018, p.21

4   정성호, 《20대의 정체성》, 살림출판사, 2006, p.87

5   최샛별, 《문화사회학으로 바라본 세대 연대기》, 이화여자대학교출판문화원, 2018, p.43

6   〈2019년 인구주택총조사〉, 통계청, 2020.8.

7   김호기, "[김호기 칼럼]외환위기 이후의 '망탈리테'", 경향신문, 2017.11.21.

8   주영재, "게임사-PC방 업계 과금 공방전", 주간경향 1241호, 2017.8.29.

9   허재민, "[BVRF #1]VR계의 '스타크래프트' 만드는 사람이 가상 현실의 왕이 된다", INVEN, 2018.7.26.

10   '벤처기업 뜻, 그리고 그 역사와 발전', 한국생산성본부 블로그, 2019.4.30.

11   김홍, "쥬라기공원 1년 흥행수입/차 150만 대 수출 맞먹는다", 조선일보, 1994.5.18.

12   김현종, 〈X세대에서 긴긴세대로 : 40대 그들은 누구인가〉, ㈜메디치미디어, 2019.10.14.

13   더불어민주당 김경협 의원실(기획재정위원회, 부천시갑), '2020 기재위 국감

보도자료', 2020.10.16.

14 이주영, "지난달 실업률 3.1% 4년 반 만에 최고", 한겨레신문, 1998.1.31.

15 박순빈·이봉현, "한 달 새 실업자 27만 명 늘어", 한겨레신문, 1998.2.28.

16 이경주·김정은, "[20&30]대학가 졸업식 그들만의 이야기", 서울신문, 2008.
    2.26.

17 〈연예가중계〉, KBS, 2014.6.28.

18 조유빈, "[응답하라 1990]1990이 2020마저 흔들었다", 시사저널, 2020.8.20.

19 서하나, "[Who Is?]방시혁 빅히트엔터테인먼트 대표이사", BUSINESS POST,
    2018.4.24.

20 두피디아 〈김영하〉 편, 두산백과.

21 차지연, "7월 온라인쇼핑 거래 13조, 역대 최대… 배달음식 등 66.3%↑", 연
    합뉴스, 2020.9.3.

22 김명선, "중고거래 라이벌 당근마켓과 번개장터는 어떻게 다를까", 비즈한
    국, 2020.11.18.

23 최민영, "애플식 탑다운? 구글의 바텀업? 당근마켓 김용현의 고민", 한겨레,
    2020.8.13.

24 임원기, "한국의 스타트업-(251)직방 안성우 대표", 임원기의 人터넷 人사이
    드, 2016.12.23.

25 이은정, "X세대, 재계 전면에… 55세 이하 젊은 총수 36명", 지디넷코리아,
    2020.10.26.

26 이명재, "작년 출산율 70년 이후 최저… 혼인 건수도 낮아져", 동아일보, 2000.
    9.27.

27 손영일, "딸의 눈물 이젠 옛말… 여성 중 대졸 비율 393배로", 동아일보, 2015.

8.10.

28 최샛별,《문화사회학으로 바라본 한국의 세대 연대기》, 이화여자대학교출판
    문화원 2018, p141

29 조창완,《신중년이 온다》, 창해, 2020, p9, p59.

30 노현웅, "예상 못한 '합계출산율 0.98'… 통계청 2년 만에 특별 추계", 한겨레
    신문, 2019.3.28.

31 김경윤, "[2019혼인이혼]지난해 부부 11만 쌍 헤어져… 40대 이혼율 가장 높
    아", 매일경제, 2020.3.19.

32 장덕진, "결혼 안 해도… 10명 중 6명 동거 가능, 3명은 아이도 가능", 서울경
    제, 2020.11.19.

33 여성가족부 보도자료, '제4차 건강가정기본계획', 2021.4.26.

34 〈한국의 사회동향 2016〉, '정치 태도와 행위의 세대 간 차이', 통계청, 2016.
    11.3.

35 "[총선특집] 성/연령별 정치성향 및 라이프스타일 분석", 입소스코리아, 2019.
    4.8.

36 윤호우, "X세대였던 40대, 일편단심 민주당", 경향신문, 2020.10.24.

37 윤호우, "X세대였던 40대, 일편단심 민주당", 경향신문, 2020.10.24.

38 박찬수, "보수화 변곡점, 47살→57살… 진보가 다수인 사회로", 한겨레신문,
    2020.11.16.

39 김종철, "보수색 강했던 '스윙보터' 50대, 왜 범진보로 기울었나", 한겨레신문,
    2020.5.10.

40 김동인, "[특집]신문 대신 유튜브 보고, 성향 같아야 신뢰", 시사IN, 2020.10.9.

41 김명성, "50대 이상이 전체 유권자의 절반 육박⋯ 30, 40대는 110만 명 줄어", 조선일보, 2020.4.5.

42 원선우, "'어린 제가 출마하다니 영광' 46세 박주민의 선배 찬가", 조선일보, 2020.7.22.

43 김용관, "닫힌 성장판, 한국경제 미래가 안 보인다", 더벨, 2019.9.16.

44 박소연, "[그날 그후]IMF, 국가 부도 23년⋯ 제일은행 눈물의 비디오, 고통의 대차대조표를 묻다", 녹색경제신문, 2020.11.20.

45 "나영석 PD, '과거 김태호와 콜라보할 뻔했다'⋯ 무산된 까닭은?", 이투데이, 2015.7.3.

46 김정민, "함께 일하고 싶은 상사 '전문가 육성형' 1위", 뉴시스, 2007.7.24.

47 김유림, "최악의 상사는 이런 사람", 머니투데이, 2006.10.17.

48 김성민·안준용, "[한국인 500명에게 물었다⋯ 世代공감, 새해의 꿈]20 · 30代 '인간미 넘치는 일터로'⋯ 40代 이상 '돈 좀 더 벌었으면'", 조선일보, 2015.1.2.

49 〈2020 직장생활 전반에 대한 인식 및 직업소명 의식 관련 조사〉, 엠브레인 트렌드모니터, 2020.6.

50 잡코리아 조사, 〈직장인이 꼽은 꼰대 1위 '답정너'〉, 잡코리아, 2016.3.18.

51 최샛별, 《문화사회학으로 바라본 한국의 세대 연대기》, 이화여자대학교출판문화원, p161.

52 최샛별, 《문화사회학으로 바라본 한국의 세대 연대기〉, 이화여자대학교출판문화원, p162-163.

53 〈2015 직장인의 점심식사 관련 인식 조사〉, 마크로밀엠브레인.

54 최혜령·김형민, "젊은 직원들 '직무급제 합리적' 공감⋯ 공기업 아직은 호봉

제 보완 수준[인사이드&인사이트]", 동아일보, 2020.2.28.

55 박신영, "신동빈 회장 '재택 화상회의 정례화 검토'", 파이낸셜 뉴스, 2020. 5.20.

56 이철승, 《불평등의 세대》, 문학과지성사, 2019, p.107

57 이정환, "삼성전자가 밀레니얼 커미티를 만든 이유", the bell, 2019.5.14.

58 김애니, "젊고 스마트해진 40대, 모바일 IT시장 이끈다", TENANT NEWS, 2020.4.8.

59 박선영, "한국사회 변화의 열쇠 영 포티(Young Forty)", 한국일보, 2016.1.8.

60 김흥식, "2019년형 기대감, 폭스바겐 아테온 '영 포티' 인기 절정", 오토헤럴드, 2019.2.5.

61 김준억, "수입차 구매 고객이 변한다… 20대보다 60대가 많아져", 연합뉴스, 2019.2.15.

62 조용만, "기업경영의 새 화두는 '일과 생활의 균형'", 이데일리, 2006.6.21.

63 BC카드 빅데이터센터, 《빅데이터, 사람을 읽다》, 미래의창, 2020, p.148

64 이소아, "[기업딥톡] '왠지 불안해… 직무능력 키우자' 직장인 온라인 열공 중", 중앙일보, 2020.5.11.

65 이소아, "[기업딥톡] '왠지 불안해… 직무능력 키우자' 직장인 온라인 열공 중", 중앙일보, 2020.5.11.

66 이건희·김아현, "4050 세대, VR 콘텐츠의 새로운 큰손 될까?", fol:in, 2020. 11.4.

67 민재용, "[겨를] '나이 잊고~ 깔끔 좀 떨어봤죠'… 꾸미기 열중하는 4050 아재들", 한국일보, 2017.9.13.

68 김대원, "상위 1% 남성을 사로잡은 바버샵의 비밀", fol:in, 2019.10.22.

69 최원혁, "[2018 영 포티 리포트 ④] 아재 개그는 옛말… '2030에 트렌드 밀리지 않아요'", 헤럴드경제, 2018.7.4.

70 신찬옥, "미용··성형시장 '4050 아재파워'", 매일경제, 2017.5.1.

71 문유석, "[문유석 판사의 일상有感] 전국의 부장님들께 감히 드리는 글", 중앙일보, 2017.01.10.

72 문유석,《개인주의자 선언》, 문학동네, 2015, p.17

73 장주영, "스마트폰 쥔 신소비권력… Z세대가 가족 지갑 움직인다", 중앙일보, 2017.1.16.

74 김윤미, "하나투어 '모녀여행 30% 증가'… '엄마愛 발견' 캠페인 진행", 부산일보, 2017.12.12.

75 황정옥·김미숙, "아파트멘터리가 주목한 미들노트 세대, 그들은 누구인가", fol:in, 2020.7.9.

76 서기열, "가구업계, 온라인 매출 36% 늘었다", 한국경제, 2020.8.23.

77 강승태, "[MINIPOLL]집에선 TV 보거나 쉬는 게 최고", 매일이코노미, 2017.10.10.

78 삼정KPMG 경제연구원,〈新소비 세대와 의식주 라이프 트렌드 변화〉, Vol.66, 2019.

79 김민지, "[포스트 코로나19]식문화 트렌드 바꿨다… 물 만난 HMR 시대", 뉴스웨이, 2020.5.6.

80 박성호, "여성이 남성보다 배달앱 '더 많이, 더 자주' 이용한다", 뉴시안, 2019.7.1.

81 신미진, "거리두기 격상될수록 주문 폭주… 배달 시장 코로나에 날개", 매일경제, 2020.11.25.

82 손성원, "美도 코로나19로 엄마만 더 바빠졌다", 한국일보, 2020.5.7.

83 송정, "호텔 같은 욕실을 구독하다, 호텔리브 만족도 95% 비결", fol:in, 2020.
3.30.

84 한채영, "영양제, 생리대, 이불... 톡톡 튀는 구독경제 서비스", 한국일보,
2019.11.20.

85 중앙일보 조인스랜드 취재팀, "홈 어라운드 소비 방식 아시나요? 원스톱 복합
단지 인기 급상승", 중앙일보, 2019.4.16.

86 김승일, "2010년대 도서 시장의 흐름은… 여성·40대·혜민·유시민·인문",
독서신문, 2019.12.30.

87 커넥팅랩, 《모바일 미래보고서 2021》, 비즈니스북스, 2020, p.18-19

88 진주희, "〈나는 자연인이다〉, 한국인이 좋아하는 TV 프로그램 1위… 다큐멘
터리로 첫 수성", 한국일보, 2019.6.26.

89 김다영, "루이비통은 왜 여행 가이드북을 만들까?", PUBLY, 2020.7.10.

90 윤선희, "고급호텔 이용객 젊어져… 영 포티·2030 주고객 부상", 연합뉴스,
2018.7.4.

91 고은빛, "여행시장서 큰손으로 부상하는 4050 아재들", 한국경제, 2017.1.12.

92 BC카드 빅데이터센터, 《빅데이터, 사람을 읽다》, 미래의창, 2020, p.66

93 조재형, "[위기의 위스키업계②]싱글 몰트 위스키로 코로나 돌파", 아주경제,
2020.11.16.

94 여행플러스 네이버 블로그, "미식 여행책 내기 위해 1억 원 쓰는 이 남자의 정
체는 '비밀이야!'", 2019.5.8.

95 박진우, "코로나 집콕 30·40대로 미어터진다… 온라인 취미 플랫폼", 한국경
제신문, 2020.4.11.

96 임아영, "'굿즈는 소속사에 화력을 보여주려는 거죠' | 이슈파이 덕질학개론-이론편①", 경향신문, 2019.6.2.

97 위용성, "작년 1인 가구 비율 30% 넘었다… 10명 중 2명은 독거노인", 뉴시스, 2020.8.28.

98 정희선, "중년 1인 가구 : 집에서 '나'를 찾다", PUBLY, 2020.3.6.

99 송응철, "[혼코노미 특집]대세는 1코노미, 국내 산업지도 바꿨다", 시사저널, 2019.11.21.

100 안희경·송형근, "[Issue+] 급성장하는 반려동물 시장", 농수축산신문, 2020.9.29.

101 강인선, "[히트상품]신세계백화점 타임스퀘어점, 36년 만에 리뉴얼… MZ세대 마음에 저장", 매일경제, 2020.7.9.

102 전상진, 《세대 게임》, 문학과지성사, 2018, p.163

103 김경은, "참이슬에 한 번, 진로로 두 번… 술판이 뒤집혔다", 머니S, 2020.12.24.

104 정지인, "시장의 젊은 타겟층 … Young 40(영 포티)", 소비자평가, 2020.7.28.

105 Isabella Andersen, "[마소캠퍼스]X세대 마케팅에 도움이 될 6가지 놀라운 통계", 마소캠퍼스, 2018.6.12.

106 김경영, "대세는 패션앱 국내 패션앱 사용자 수, 월 1000만 명 넘었다", TechM, 2020.9.28.

107 홍성일, "수입차 최초 현대차, 구독서비스 獨서 순풍… 유럽 확대 예고", 더 구루, 2020.11.17.

108 〈Using Neuroscience to Understand the Role of Direct Mail〉, Millward Brown Case Study, 2009.

109 신혜원·임현석, "포장에 광고까지 버렸다… 천연 수제비누로 매출 1조 931억

원 달성한 러쉬(LUSH)", 인터비즈 네이버 블로그, 2019.7.26.

110 박길자, "책과 문화 파는 '생각의 숲' 함께 걸어요", 여성신문, 2017.2.8.

111 도헌정·권해정, "'디테일 100%' 완벽한 휴식을 팝니다. 식스티세컨즈", fol:in, 2020.10.13.

112 윤다정, "KCC창호 유튜브 광고 2주 새 270만 뷰 대박… 얼마나 재밌길래", news1, 2020.12.25.

113 '고객이랑 어디까지 놀아봤니? 까칠한 그들을 사로잡는 법', 21세기북스 네이버 포스트, 2019.3.21.

114 세스 고딘, 《마케팅이다》, 쌤앤파커스, 2019, p.81

115 이순민, "누가 많이 샀나? 테슬라 모델3 성적표 분석", 카이즈유, 2020.4.17.

116 임홍택, 《90년생이 온다》, 웨일북, 2018, 재인용, p.85

117 전영수, 《대한민국 인구, 소비의 미래》, 트러스트북스, 2019, p.25

118 사카모토 쎄스오, 《2020 시니어 트렌드》, 한스미디어, 2016, p.19

119 사카모토 쎄스오, 《2020 시니어 트렌드》, 한스미디어, 2016, p.40

120 사카모토 쎄스오, 《2020 시니어 트렌드》, 한스미디어, 2016, p.93

121 김타영, "[액티브 시니어 비즈니스가 뜬다(1)]뉴시니어들, 소비시장 새로운 중심축으로", 포춘코리아, 2019.2.28.

122 정지원·원충열·유지은, 《맥락을 팔아라》, 미래의창, 2017, p.120

123 김타영, "[액티브 시니어 비즈니스가 뜬다(1)] 뉴시니어들, 소비시장 새로운 중심축으로", 포춘코리아, 2019.2.28.

124 문혜정, "소비시장의 새로운 큰손 50대를 공략하라", 대한금융신문, 2018.6.1.

참고도서

김용섭,《요즘 애들, 요즘 어른들》, 21세기북스, 2019.

엄한결 외,《2020 트렌드 노트》, 북스톤, 2019.

김병규,《노 브랜드 시대의 브랜드 전략》, 미래의창, 2020.

김성회,《센 세대, 낀 세대, 신세대》, 쌤앤파커스, 2020.

김현정,《90년생이 사무실에 들어오셨습니다》, 자음과모음, 2020.

닛케이 크로스트렌드,《구독경제는 어떻게 비즈니스가 되는가》, 한스미디어, 2020.

박기완,《트렌드를 넘는 마케팅이 온다》, 21세기북스, 2020.

전영수,《각자도생 사회》, 블랙피쉬, 2020.

영 포티,
X세대가 돌아온다

초판 1쇄 발행 2021년 5월 1일
초판 2쇄 발행 2021년 9월 1일

지은이   이선미

펴낸이   한선화
디자인   정정은
마케팅   김혜진

펴낸곳   앤의서재
출판등록   제2018-000344호
주소   서울 마포구 월드컵북로 400 5층 21호
전화   070-8670-0900
팩스   02-6280-0895
이메일   annesstudyroom@naver.com
인스타그램   @annes.library
블로그   blog.naver.com/annesstudyroom

ISBN 979-11-90710-22-0 03320